21世纪高等教育法学教材

国际私法教程

屈广清　著

知识产权出版社

内容提要

本教材以教育部法学核心课大纲及国家司法考试的要求为指导，突出重点，精简内容，以应用型为特色，以法律适用为中心，采取活泼新颖的体例，深入浅出，扬榷古今，风格统一。本书中采用的引例都是国际私法实践中发生过的案件，为了保护当事人的需要，笔者对当事人的真实情况进行了改编，并将全部案件集中发生在一个人的身上，使案件具有整体过程性及故事情节性，方便学习者理解与记忆。在配合引例的图片方面，采用了人物对话的形式，拓展了案件中的相关内容，这些写作方式在国内外的教科书编写上还从来没有人采用过。

此书可为各种法学类，经济类贸易，管理类等学生采用。

责任编辑：陆彩云

装帧设计：赵　莹　　**责任出版：**卢运霞

图书在版编目（CIP）数据

国际私法教程/屈广清著. —北京：知识产权出版社，2009.7
ISBN 978-7-80247-710-0
Ⅰ.国…　Ⅱ.屈…　Ⅲ.国际私法—教材　Ⅳ.D997

中国版本图书馆 CIP 数据核字（2009）第 097773 号

21 世纪高等教育法学教材
国际私法教程
屈广清　著

出版发行：知识产权出版社

社　　址：	北京市海淀区马甸南村 1 号	**邮　　编：**	100088
网　　址：	http：//www.ipph.cn	**邮　　箱：**	bjb@cnipr.com
发行电话：	010-82000893　82000860 转 8101	**传　　真：**	010-82000893
印　　刷：	北京富生印刷厂印刷	**经　　销：**	新华书店及相关销售网点
开　　本：	880mm×1230mm　1/32	**印　　张：**	10.125
版　　次：	2009 年 7 月第 1 版	**印　　次：**	2009 年 7 月第 1 次印刷
字　　数：	290 千字	**定　　价：**	20.00 元

ISBN 978-7-80247-710-0/D·823（2554）

目　录

第一章 绪 论

第一节 国际私法的定义

引例：国际私法案件的标准

案件的主角是邝先生。因为以后的案例都要涉及邝先生，所以我们还是对他简单介绍一下吧。邝先生是湖北一家眼镜公司的高级技术人员，生得好相貌：头圆耳大，鼻直口方，眉秀目疏，腰细膀阔。某年邝先生从中国搭乘飞机到A国参加世界眼镜制片技术研讨会，邝先生还精心打扮一番：上穿锦绣攒成红锦袄，下着抹黄皂靴翘尖红，中间是百花黠翠小短裤。正是手挑锦绣袍红霞初笼罩，脸推三月花掩映散乌云。不料飞机发生不虞之患，乘客伤死惨重。帕斯卡说过：人类的全部灾难都起于不肯老老实实待在家里。邝先生头部受重伤，被送该A国当地医院救治，后虽保住性命，然头顶留下馒头样大包，至今不消。以致后来邝先生一听说坐飞机就本能地心有余悸，一种恐怖就像电流一样浑身袭过（如图1.1所示）。

在处理上述空难的赔偿过程中，有人认为，如果旅客购买的是从中国至A国的单程飞机票，则是涉外案件，适用《华沙公约》赔

图1.1 航空案件

偿标准。如果旅客购买的是中国往返飞机票，则不是涉外案件，适用国内的赔偿标准。该观点正确吗？

以上案例便涉及国际案件与国内案件的判断标准及不同处理问题，涉及国际私法知识的具体应用。当你学习过国际私法之后，就会发现案例中的观点是不正确的。因为《华沙公约》规定："（国际运输）是运输合同所约定的起点和终点分别在两个缔约国内，或者虽然在一个缔约国内，但是约定中途在另一缔约国或者非缔约国的主权、宗主权、委任统治权或权力管辖下的领土内有经停地点"。根据该规定，只要涉及的是《华沙公约》的缔约国，无论乘客购买的是单程还是往返机票，都应该适用《华沙公约》，这是国际私法原理的基本要求。

一、国际私法的名称

在许多人的眼中，国际私法是一个非常奇怪或不易理解的学科。它奇怪是因为它和别的法学学科从体系到内容均不一样；它不易理解是因为它太过灵活不易掌握。美国法官卡多佐曾说：国际私法之冲突法是很难掌握的，是法律科学中最令人困惑的问题之一。一般的法官，当面临一个冲突法问题的时候，会感到几乎完全迷惘，而且像一个溺水的人，要去抓住一根稻草。[1]

了解国际私法历史的人们都知道，"国际私法"或 Private International Law（PIL），这一名称，在中国来说，实际上是舶来品，这是不容置喙的。所以在中国的法律部门中，国际私法最不容易被人理解。在实践中，人们还常常把国际私法的名字误叫做国际司法，对国际私法的内容更是不明底蕴。

国际私法发展到今天，虽已被一些国家的立法和国际立法所采用，但这是在经历了一个长期的发展和演变过程之后才出现的现象。而且，至今关于它的名称或叫法仍是聚讼纷纭，并非古今一揆的。所以完全可以说，国际私法各观点方枘圆凿，"是从书名页起就是有

[1] ［英］莫里斯《法律冲突法》，李东来等译，中国对外翻译出版公司，1990年，第7页。

争议的”一个法律学科或法律部门。过去或现在比较常用的名称就有数十个，撮聚如下（如表 1.1 所示）。

表 1.1　国际私法的名称

名　称	提出者	国　籍	时　间	基本内容
法则说或法则区别说（Traite de Statutes，Theory of Statues）	巴托鲁斯（Bartolus）	意大利	13、14 世纪	巴托鲁斯被尊称为“国际私法之父”。铄懿渊积的他从区别“法则”的性质着手来判定它们是否可以在域外适用，所以当时的国际私法就被称为“法则说”或“法则区别说”。这一名称一直使用到 17、18 世纪，奉为圭臬。“法则说”认为法律可以从它们的性质上区分为“物法”“人法”和“混合法”，并且各有不同的适用规则，例如关于权力能力和行为能力问题，依属人法；关于法律行为的方式依行为地法；关于物权，依物之所在地法；关于诉讼程序，依诉讼地法，等等
冲突法（Conflict of Laws）	罗登堡（Christian Rodenburg）	荷兰	1653 年	罗登堡在其所著的《关于婚姻的规则或因习惯冲突而产生的法律问题》一书中，首次使用了冲突法这一名称

续表

名　称	提出者	国　籍	时　间	基本内容
法律场所效力论	萨维尼 (Savigny)	德国	1849 年	萨维尼发表《现代罗马法体系（第八卷）》一书，其副标题为“法律冲突与法律规则的地域和实践范围”，他认为国际私法是规定场所效力的，所以在该书中把国际私法称为法律场所效力论
外国法适用论 (Application of Foreign Laws)	奥斯塔特 (Oerstadt)	德国	1822 年	奥斯塔特认为国际私法是规定对于涉外民事关系在何种情况下可以适用外国法问题的。因此，可以被称为外国法适用论
涉外私法（Foreign Private Law)	曼利 (Meili)	瑞士		该观点认为，国际私法是规定内外国交往私法关系的，应该称之为涉外私法
私国际法（Private International Law)	弗利克斯 (Foelix)	法国	1843 年	弗利克斯（Foelix ）用“Droit International Prive（私国际法）”来称谓这一法律部门。现在这个名称在法国和其他一些拉丁语系的国家较流行
国际私法（Internationales Privatrecht)	谢夫纳 (Schaeffner)	德国	1841 年	1841 年谢夫纳发表《国际私法发展史》一书，在该书中他把这一法律部门称为“Internationales Privatrecht”，如直译成英文，便成了

续表

名 称	提出者	国 籍	时 间	基本内容
国际私法（Internationales Privatrecht）	谢夫纳（Schaeffner）	德国	1841 年	“International Private Law”。现在德国学者仍沿用这一名称
其他名称“施行法”“法例”“私间法”界限法”“体系间法”“国际民法”“国际商法”“国际民商法”“私法关系的国际处理法”“国际民事诉讼法”，等等		德国等		

值得注意的是，在各国国际私法立法方面，采用的名称也不尽相同，新中国在 1986 年颁布的《中华人民共和国民法通则》中规定冲突规范的第 8 章，采用了“涉外民事关系的法律适用”来称谓。全国人民代表大会法律工作委员会 2002 年提出的《中华人民共和国民法（草案)》第九编也称之为“涉外民事关系的法律适用法”。但在我国日常司法实践及法学理论学习与研究工作中，则普遍称之为“国际私法”，并将“冲突法”只当作其中的一部分。目前，大部分国家采用的是国际私法这一称谓。

在一些致力于解决国际私法问题的国际组织中，有的就专门以国际私法命名，如美洲国家组织国际私法会议，海牙国际私法会议等。特别是海牙国际私法会议，通过了许多国际私法冲突法方面的国际条约，是国际私法领域影响最大的常设国际组织。

二、国际私法的概念

我国比较多的学者认为：国际私法是调整涉外民商事法律关系的法律部门。但关于国际私法的概念问题，学者的观点并不统一

（如表 1.2 所示）。

表 1.2 国际私法的不同定义

定义方式	具体定义	采用者
根据调整对象下定义	把国际私法定义为“调整涉外民事关系的法律部门”或者“调整涉外民事法律关系的法律部门”	主要是中国学者
从解决法律冲突的角度下定义	例如：国际私法是“供判定不同国家私法之间冲突的规范的总和”等	美国的斯托雷（Story），法国的弗利克斯（Foelix）等
从服从外国法效力的角度来下定义	例如：认为国际私法是规定在有关情况下或多或少要服从（或让位于）别国法律的规范	美国的立法规定等
从法律适用的角度来下定义	例如：认为国际私法是决定几种同时有效的法律制度中的哪一种可以适用于一组特定的事实的法律 ❶	德国的沃尔夫（Wolff），荷兰的阿瑟（Asser）等
从国际私法范围的角度来下定义	例如：认为国际私法是处理涉外民事关系案件解决管辖权、法律适用和外国判决的承认与执行的规范的法律	英国的戴西（Dicey），美国的温特劳布（Weintraub）等
从并不严格的角度来下定义	例如：认为国际私法是一国私法中处理含有涉外因素案件的那部分法律❷	英国的莫里斯（Morris）等

以上关于国际私法定义的不同理解和表述，各有侧重和特色，了解这些内容，有助于我们继续深入对该问题的研究，有助于国际私法其他理论的发展和提高。值得注意的是，对国际私法定义的不同认识，也会影响对国际私法性质的认识（如表 1.3 所示）。

---

❶ 沃尔夫著，《国际私法》李浩培等译，法律出版社，1988 年，第 228 页。

❷ 莫里斯著，《法律冲突法》李东来等译，中国对外翻译出版公司，1990 年，第 1 页。

表 1.3 国际私法的性质

国际私法究竟是国际法还是国内法		
国际法学派	德国的萨维尼(Savigny)巴尔(Von Bar)、弗兰根斯坦(Frankenstein)等,法国的魏斯(Weiss)和毕耶(Pillet)等	第一,从国际私法调整的社会关系的性质来说,已经超出一国范围而具有国际性,并且这种社会关系跟国际公法所调整的社会关系在本质上并无区别。苏联学者克雷洛夫认为,"在国际交往中,在每一个具体的公司,每一个人背后……都有它自己的国家,而在这民事法律关系中发生的任何争议,甚至有关的家庭纠纷,最终都可能转变为国家之间的冲突。"❶ 第二,从国际私法的渊源而言,国际条约和国际惯例已成为国际私法重要渊源,并有趋势表明国际条约作为国际私法的渊源将占越来越多的比重。 第三,国际私法的作用同国际法一样在于划分国家之间主权的效力范围。毕耶认为,国际私法和国际公法一样,都是解决主权冲突的,国际私法是一个从调整各个主权国家关系的国际公法规则中获取调整个人关系的规则的法律部门。他甚至认为,如果国际私法在国际范围内得不到统一,就等于法律不存在。❷ 第四,从国际私法本身所包括的原则、制度来说,其中不少是与国际公法一致的,诸如条约必须信守、主权原则、内外国公民平等的内外法律平等原则,互惠原则等。 第五,国际法分为国际公法和国际私法两个平行的部门,恰如同一树干上长出来的两个分支,因而国际私法是国际法

❶ 转引隆茨等著《国际私法》,法律出版社,中译本,1986年版,第9页。

❷ 转见李双元著《国际私法(冲突法篇)》,武汉大学出版社,1990年,第100页。

续表

国际私法究竟是国际法还是国内法		
国内法学派	德国的科恩（Franz Kahn）、纽梅耶（Neumeyer）、沃尔夫（Wolff）、梅尔基奥尔（Melchior）、利瓦德（Lewald）、努斯鲍姆（Nauusbaum），法国的巴丁（E. Bartin），尼波耶（J. P. Niboyet）、莫利（J. Maury）、巴迪福（Batiffol），英国的戴西（Dicey）、戚希尔（Cheshire），美国的比尔（Beale）、库克（Cook）、劳伦森（Lorenzen）等	第一，国际私法调整的是非主权者的民事关系； 第二，国际私法的主要渊源是国内法； 第三，国际私法上的争议一般由一国的国内法院处理； 第四，国际私法规范的制定和适用，都取决于一国自身的意志等
二元论学派	德国的齐特尔曼（Zitelmann）和捷克的贝斯特里斯基（R. Bystricky）等	国际私法是介于国际法与国内法之间的一个独立的法律部门。就国际私法规范而言，既有国际条约与国际惯例方面的渊源也有国内民法及与之相关的法律上的渊源

注：比较而言，国际法学派更具代表性一些。

第二节 国际私法的调整对象

一、国际私法的调整对象概述

任何法律部门都有自己的调整对象。这里的“调整”就是“规范”“规律”或“规定”的意思，法律的调整对象就是法律所要规定的某种法律关系。[1] 任何法律都有自己的调整对象，国际私法也不例外，只不过各法律部门对国际私法调整对象的认识是不一致的（如表 1.4 所示）。

[1] 韩德培主编《国际私法》高等教育出版社、北京大学出版社，2002 年，第 3 页。

表 1.4 我国关于国际私法调整对象的不同观点

国际私法调整对象问题上的不同观点	理 由
国际民商事关系	通常法律的调整对象都是"关系"而不是"法律关系"，例如民法的调整对象是民事关系，经济法的调整对象是经济关系等。只有经过法律调整之后才能够形成相应的"法律关系"，法律就是为形成"法律关系"才有存在必要的。在法律调整时的对象，或者说所调整的范围只能是"关系"，调整之后才能形成"法律关系"。国际私法也不例外
国际民商事法律关系	国际私法的调整对象是国际民商事法律关系❶，即国际私法调整的对象是已经经过民商事法律调整形成了具体权利义务的社会关系。因为在法律部门中，国际私法的冲突法是调整"法律"的法，它以法律选择为根本任务，调整的是各国法律已经调整完了的"关系"，所以其调整对象是"法律关系"
国际民商事关系及国际民商事法律关系	调整国际民商事关系的是实体法；调整国际民商事法律关系的是冲突法，国际私法既包括实体法又包括冲突法，所以其调整对象都是国际民商事关系及国际民商事法律关系

关于国际私法的调整对象，我国通说认为❷，国际私法的调整对象就是含有涉外因素的民商事法律关系，或称涉外民商事法律关系，或称国际民商事法律关系，或称跨国民商事法律关系，或称国际私法关系，也有人称之为含有国际因素的民商事法律关系。❸

那么，何为涉外民商事法律关系呢？

一般认为，涉外民商事法律关系就是指其主体、客体和内容这三要素中至少有一个或一个以上的因素与国外有联系的民商事法律关系。

我国的一些法律也对涉外民商事法律关系有明确规定，例如我

❶ 韩德培主编《国际私法》高等教育出版社 2000 年，第 3 页。

❷ 中华人民共和国司法部制定的《国家司法考试大纲》也规定国际私法的调整对象是国际民商事法律关系。

❸ 韩德培主编《国际私法》高等教育出版社、北京大学出版社，2002 年，第 3 页。

国全国人民代表大会常务委员会 2004 年 8 月 28 日通过的《中华人民共和国票据法》第 95 条规定："前款所称涉外票据，是指出票、背书、承兑、保证、付款等行为中，既有发生在中华人民共和国境内又有发生在中华人民共和国境外的票据。"但在实践中，比较有代表性的是最高人民法院 1988 年发布的《关于贯彻执行〈民法通则〉若干问题的意见（试行)》中的规定。《关于贯彻执行〈民法通则〉若干问题的意见（试行)》第 178 条规定："民事关系的一方或双方当事人是外国人、无国籍人、外国法人；民事关系的标的物在外国领域内的；产生、变更或消灭民事权利义务关系的法律事实发生在外国，为涉外民事关系"。

根据该规定，就主体涉外而言，指在这种民商事关系中至少有一方为拥有外国国籍者（无国籍人）或外国住所者的自然人或法人；或为外国国家或国际组织。如一个美国人甲与一个中国公民乙结婚；两个澳大利亚人在中国要求结婚；一个法国公民在中国投资建立企业；一位拥有德国住所的中国人甲持有我国乙公司发行的股票；国际货币基金组织的驻中国机构为开展和维持其公共活动而需要在中国购置房产与其他生活资料；外国人购买中国政府发行的债券等，便均属于涉外民商事关系。主体涉外的情况可细分如下（如表 1.5 所示)。

表 1.5　主体涉外的具体情况

当事人来自不同国家	民商事活动在其中一个当事人的国家进行
当事人来自不同国家	民商事活动在当事人之外的国家进行
当事人来自同国一家	民商事活动在当事人之外的国家进行
当事人一方有国籍（住所)，一方没有国籍（住所)	民商事活动在任何国家进行
当事人双方没有国籍（住所)	民商事活动在任何国家进行

就客体涉外而言，是指作为民商事关系中的客体是位于不同于主体所在国（地区）的物或者财产，或需要在不同于主体所在国（地区）实施或完成的行为。如中国人甲在德国购买西门子公司的股票；我国南方航空公司租用了一架美国客机；中建三局在阿拉伯承

建一大型体育馆；福州人甲要求继承叔叔位于台湾的不动产等。

就权利义务关系据以发生的法律事实（包括行为与事件）涉外而言，凡此种事实发生在外国，如甲与乙的收养关系是在外国成立的，对中国人甲的死亡宣告是在外国做出的，中国人甲对中国人乙的侵权行为发生在他们留学的外国，甲的作品的出版在外国，乙在外国申请专利的注册等，便属于涉外民商事关系。

以上几种情况，都是就民商事关系三因素中的其中一个因素与外国发生联系而言的。在实际生活中，许许多多的民商事关系都可能不仅仅只有一个因素跟外国有联系，比如说，中国某公司和一家日本公司在印度缔结一项买卖标的在英国利物浦港口待装货物的合同，在该合同关系中，主体一方是外国人，产生合同权利义务关系的法律事实即合同缔结地在印度，而客体又在英国，发生纠纷后又协议在瑞士诉讼，该案便有四个因素涉及外国。

关于涉外民商事法律关系，各国及国际条约均有明确的规定：

1980 年《联合国国际货物销售合同公约》规定："（国际合同）是营业地在不同国家的当事人之间订立的合同（当事人的国籍或者合同的民事或商业性质，应不给予考虑）。"

2005 年乌克兰《国际私法》第 1 条第 2 款规定：外国因素——本法所调整的私法关系的特征，并表现为以下一种或多种形式：应至少有一个法律关系主体是外国人、无国籍人或外国法人；法律关系的客体位于外国领域内；导致法律关系的产生、变更或终止的法律事实曾处于或正处在外国领域内。

2005 年保加利亚共和国《关于国际私法的法典》第 1 条第 2 款规定：本法典意义上的私法关系，是指与两个或多个国家有联系的私法关系。

在我国的司法实践中，对主体为两个中国内地公民的民商事纠纷，在中国法院诉讼的，尽管也有一些涉外因素，但法院往往并没有把案件作为涉外案件处理，比如两个中国内地公民在英国旅游过程中，根据中国法律签订了一份一方将其位于上海的房屋卖给另一方的合同，后来发生纠纷在中国法院诉讼，尽管他们的签约行为发生在英国，法院也不会将之作为涉外合同纠纷对待。这样的情况在实践中有许多，比如下例：

国外无单放货案[1]

原告青岛神龙进出口有限公司与被告连云港船务公司之间发生海上货物运输合同无单放货损害赔偿纠纷案，原告被告均为中国法人，诉讼在上海海事法院提起。该无单放货损害赔偿纠纷案中提单项下货物运输是从中国的连云港运至韩国的仁川，无单放货的事实也发生在国外的仁川，标的物也处在国外，但是上海海事法院并没有将之界定为涉外案件。

值得注意的是，如果我们严格按照最高人民法院1988年发布的《关于贯彻执行〈民法通则〉若干问题的意见（试行)》第178条的规定，上述案件应该属于具有涉外因素的情况，只是这种情况下的案件由我国法院管辖，与国内案件在处理上没有太大差别，实践中就没有将之作为涉外案件看待了。但是这样的案件与国内案件还是有所区别的，例如可能会涉及外国法院的管辖问题，一旦在外国法院涉诉，就成为涉外案件了。而国内案件是不可能在国外法院涉诉的（如表1.6所示)。

表1.6 国内民商事案件与涉外民商事案件的不同

案件类型	国内民商事案件	涉外民商事案件
管辖方面	国内各级法院管辖	2002年3月1日施行的最高人民法院《关于涉外民商事案件诉讼管辖若干问题的规定》第1条规定："第一审涉外民商事案件由下列人民法院管辖：（1）国务院批准设立的经济技术开发区人民法院；（2）省会、自治区首府、直辖市所在地的中级人民法院；（3）经济特区、计划单列市中级人民法院；（4）最高人民法院指定的其他中级人民法院；（5）高级人民法院。"第3条规定："本规定适用下列案件：（1）涉外合同和侵权纠纷案件；（2）信用证纠纷案件；（3）申请撤销、承认与强制执行国际仲裁裁决案件；（4）审查有关民商事仲裁条

[1] 参见（2004）沪海法商初字第501号民事判决书。

续表

案件类型	国内民商事案件	涉外民商事案件
管辖方面	国内各级法院管辖	款效力的案件；（5）申请承认与强制执行外国法院民商事判决、裁定案件。”1991年4月9日施行的《中华人民共和国民事诉讼法》第244条规定：“涉外合同或者涉外财产权益纠纷的当事人可以选择与争议有联系的（外国）法院管辖。”2000年7月1日施行的《中华人民共和国海事诉讼法》第8条规定：“海事纠纷的当事人都是外国人、无国籍人、外国企业或者组织，当事人书面协议选择中华人民共和国法院管辖的，即使与纠纷有实际联系的地点不在中华人民共和国领域内，中华人民共和国法院具有管辖权。”
法律适用方面	只适用中国法	除适用中国法外，还可以适用国际条约、国际惯例、外国法
起诉方面	受“一事不再理”的限制	基本不受“一事不再理”的限制，容易形成平行诉讼
调查取证方面	国内自行解决	往往需要国外的协助
承认与执行方面	国内承认与执行	往往需要国外承认与执行

二、国际私法的调整方法

（一）间接调整的方法

国际私法不同于其他法律部门的地方，不仅在于它的调整对象特别，而且在于它调整这种关系的方法也特殊。归纳起来，国际私法调整涉外民商事法律关系的方法有三种：即间接调整的方法；直接调整的方法；混合方法即间接调整的方法与直接调整的方法相结合（如图1.2所示）。

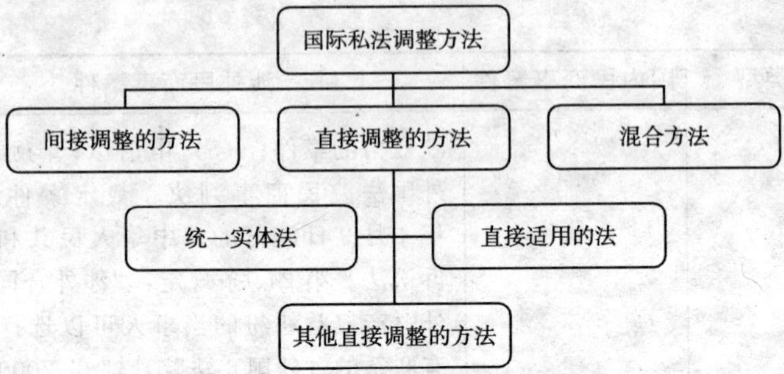

图 1.2　国际私法的调整方法

所谓间接调整方法也即冲突法的调整方法，是指在有关的国内法或者国际条约中规定某类涉外民商事法律关系受何种法律调整，而不直接规定如何调整当事人之间的实体权利义务关系的一种方法。中国早在公元 652 年的《唐律疏议》中的规定："诸化外人，同类自相犯者，各依本俗法；异类相犯者，以法律论。"该条规定也被学者认为是属于间接调整的方法，《唐律疏议》没有规定同类自相犯者，异类相犯者该如何处理，而只是规定要分别根据其本俗法等来处理，如何处理，还得看其本俗法等的规定。《唐律疏议》已经开始单方面允许外国法的适用了，这些规定，确值钦挹。由于当时是民刑不分，所以该条规定就是兼用于民刑事的冲突规则，矩矱绳尺，非常清晰。

1986 年的《中华人民共和国民法通则》第 148 条规定：抚养适用与被抚养人有最密切联系的国家的法律。该规定也没有说明抚养问题到底应该如何去做，而只是规定按照与被抚养人有最密切联系的国家的法律规定去做。2005 年乌克兰《国际私法》第 69 条第 2 款规定：确定收养者的能力，依其属人法。该规定没有说明收养者的能力是如何规定的，只是规定收养者的属人法的规定来确定。由于不同国家（住所）的当事人会有不同的属人法，因此，关于收养者的能力问题，没有统一的内容规定。

间接调整的方法是国际私法的特色方法，比较灵活，但缺乏预见，当事人往往无法预见法律行为的后果。由于国际私法间接调整的方法具有当事人往往无法预见法律行为的后果的弊端，因此从 19 世纪末期开始，各国在继续采用冲突规范解决法律冲突的同时，也开始探寻解决法律冲突的其他途径。这便产生了直接调整方法。

(二) 直接调整的方法

1. 统一实体法 (Uniform Substantial Rules)

与间接调整的方法不同，直接调整方法，主要是指有关国家间通过双边或多边国际条约的方式，制定统一的实体法，来确定涉外民商事关系当事人权利义务的一种方法。所谓统一实体法是指：调整平等主体之间的国际民事关系的统一实体法律规范的总和，或者说是调整国际私法关系的统一实体法律规范的总和。主要指国家间通过双边或多边条约签订的适用于涉外民商事关系的实体法律。例如 1980 年《联合国国际货物买卖合同公约》便直接规定了合同订立货物买卖等方面当事人的权利义务，所有缔约国的当事人直接根据该规定执行便可以，由于权利义务的内容都是一样的，因此消除了该领域的法律冲突。

全国人民代表大会常务委员会 2008 年 12 月 27 日通过，2009 年 10 月 1 日起施行的《中华人民共和国专利法》第 18 条规定：在中国没有经常居所或者营业所的外国人、外国企业或者外国其他组织在中国申请专利的，依照其所属国同中国签订的协议或者共同参加的国际条约，或者依照互惠原则，根据本法办理。该规定也消除了该领域的法律冲突。

直接调整的方法和间接调整的方法都解决了在国际民商事交往中可能发生的法律冲突，但是两种方法还是有区别的，有的学者称直接调整的方法为“避免法律冲突的规范”，间接调整的方法则是“解决法律冲突的规范”。前者冲突不会发生，后者是在发生冲突的情况下解决冲突的方法。从这个角度讲，用统一实体法规范直接调整的方法调整涉外民商事法律关系，较之适用冲突规范间接调整的方法确实前进了一大步。不过，这并不意味着统一实体法规范可以起完全取代冲突规范的作用，因为采用直接调整方法也有其自身的局限性（如表 1.7 所示）。

表 1.7 直接调整方法的局限性

局限一	统一实体法方法的适用领域比较有限。目前主要存在于国际商事领域，国际民事领域的统一实体法还甚为少见，在这些领域，还得靠间接调整的方法发挥作用
局限二	统一实体法方法的参加国家比较有限。因为统一实体法主要体现为国际条约，国际条约原则上只对条约的缔约国或参加国有约束力，目前国际私法方面国际条约的参加国通常并不太多，大多数非缔结国或参加国的当事人，就不一定能用统一实体法方法来调整他们之间的权利和义务关系了。即使是条约缔结国或参加国的当事人，也不一定非得适用国际条约，国际私法条约往往并不是强制适用的，如此情况下，还得靠间接调整的方法发挥作用
局限三	统一实体法方法的强制方式比较有限。如多数条约允许参加国作出保留等
局限四	统一实体法方法是否属于国际私法方法认识不一。关于统一实体法规范是否属于国际私法，认识不同。反对的观点认为，统一实体规范不应属于国际私法范围，而应属于国际私法相邻的诸部门法的范围。❶ 理由是：在用统一实体规范调整的情况下，该国际民商事法律关系已经不存在法律冲突，当然也就不存在法律选择或法律适用问题了，而国际私法是为专门解决国际民商事法律关系的法律冲突问题而存在的。另外，统一实体规范的发展，有的已经形成了独立的部门法，如国际贸易法、海商法、国际投资法等，这些法律虽然也是调整国际民商事法律关系的，但是更确切地说是调整国际经济关系，它们应属于国际经济法。因此，国际私法还得靠间接调整的方法发挥作用

2. “直接适用的法”（Directly Applicable Law）

“直接适用的法”通常指法律规定的，无论冲突规范如何指引，都必须适用于国际私法案件的那些强制性规范。例如《中华人民共和国合同法》第 126 条规定：在中国境内履行的中外合资经营企业合同、中外合作经营企业合同，中外合作勘探开发自然资源合同，适用中华人民共和国法律。

❶ 董立坤著：《国际私法论》，法律出版社 2000 年版，第 11—18 页。

在国际公约或国际惯例中，“直接适用的法”也是存在的。例如，1978 年《汉堡规则》第 2 条规定：“不论船舶、承运人、实际承运人、托运人、收货人或者任何其他有关人的国籍如何，本公约各项规定均应适用。”

3. 其他直接调整的方法（other Direct Regulating Methods）

其他直接调整的方法包括国际惯例和“用司法管辖权的划分来解决法律冲突的方法”等。国际惯例是国际私法的重要渊源，是实体性质的渊源，属于直接调整的方法。

“用司法管辖权的划分来解决法律冲突的方法”指享有司法管辖权的法院，只适用本国的法律来解决涉外纠纷，只要确定了管辖，即确定了适用的法律。在这种情况下，只是在确定司法管辖权方面存在的冲突需要国际私法直接或间接的方法来解决，一旦解决好司法管辖权的冲突问题，法律适用也就没有冲突了，因此在法律适用方面，不存在间接调整的方法，只存在直接调整的方法。例如在历史上的英国，法院把法律适用问题往往当作一个司法管辖权的从属问题来处理，甚至直到今天，英国法院在涉外婚姻家庭等领域仍然采用这一做法。

（三）混合方法

混合方法即国际私法的间接调整的方法与直接调整的方法相结合的方法，该方法在国际私法立法中也是非常普遍采用的。从立法体例上来看，一些国家将冲突法规范放在实体法典中规定，就是采用混合方法的一种形式。另外，在专门的冲突法立法中，也会将冲突法条款与直接适用的法、司法管辖权的划分方法等规定在一起，这是混合方法的另一种形式。

第三节 国际私法的历史

推本溯源，国际私法的发展一直是围绕为什么要适用外国法以及如何适用外国法这两个问题进行的，关于国际私法为什么要适用外国法以及如何适用外国法，历史上产生了许多学派（如表 1.8 所示）。

表 1.8 国际私法的理论学派

代表学说	法则区别说	“意思自治”原则	国际礼让说	本座说	既得权说	利益分析说
代表人物	巴托鲁斯（Bartolus，1314～1357）	杜摩兰（Charles Dumoulin，1500～1566）	胡伯（Ulrik Huber，1636～1694）	萨维尼（Saviny，1779～1861）	戴西（Dicey，1835～1922）	柯里（Brainerd Currie，1912～1963）
国籍	意大利	法国	荷兰	德国	英国	美国
适用外国法的原因	他第一个把解决法律冲突的问题分为两个主要的相互联系的侧面来进行探讨的，这就是：第一，城邦国家的法则能否适用于在域内的一切人包括非城邦居民？第二，城邦国家的法则能否适用于域外？对于这样两个问题的探讨，以后一直是国际私法学研究的中心		主张在解决法律冲突时主要应依属地原则，不过出于一种礼让也可以承认外国法的域外效力。提出了三项原则，即： （1）任何主权者的法律必须在其境内行使并且约束其臣民，但在境外则无效； （2）凡居住在其境内的人，包括常住的与临时的，都可视为主权者的臣民；		他在坚持法律的严格属地性前提下，认为为了保障合法法律关系的稳定性，对于依本国法有效设定的权利，应该坚决加以保护，这就是由他奠定的国际私法有名的“既得权说”（Doctrine of Vested Rights）的核心观点	

续表

代表学说	法则区别说	“意思自治”原则	国际礼让说	本座说	既得权说	利益分析说
代表人物	巴托鲁斯(Bartolus,1314～1357)	杜摩兰(Charles Dumoulin,1500～1566)	胡伯(Ulrik Huber,1636～1694)	萨维尼(Saviny,1779～1861)	戴西(Dicey,1835～1922)	柯里(Brainerd Currie, 1912～1963)
国籍	意大利	法国	荷兰	德国	英国	美国
适用外国法的原因			(3)每一国家的法律已在其本国的领域内实施,根据礼让,行使主权权力者也应让它在自己境内保持其效力,只要这样做不至损害自己的主权权力及臣民的利益			
如何适用外国法	把法则分为物法和人法两大类,而后提出了许多重要的冲突原则,诸如: (1)关于人的权利能力和行为能力,适用属人法,即	主张在契约关系中,应当适用当事人自主选择的那一习惯法。后来人们便把这种思想加以理论化概括为“意思自治”原则		认为涉外民事关系应该适用的法律,只应该是各该涉外民事关系依其本身性质固有的本座(Seat)所在地方的法律。他	戴西的“既得权说”的主要内容可概括如下:第一,解决涉外民事争议时,首先应该解决英国法院是否有管辖权。只有在有管辖权的前	柯里认为,每一个国家的实体法都表现着一定的目的或政策,国家在实现自己法律的目的或政策过程中自然会得到

续表

代表学说	法则区别说	“意思自治”原则	国际礼让说	本座说	既得权说	利益分析说
代表人物	巴托鲁斯(Bartolus,1314～1357)	杜摩兰(Charles Dumoulin,1500～1566)	胡伯(Ulrik Huber,1636～1694)	萨维尼(Saviny,1779～1861)	戴西(Dicey,1835～1922)	柯里(Brainerd Currie, 1912～1963)
国籍	意大利	法国	荷兰	德国	英国	美国
如何适用外国法	人的住所地法; (2)法律行为的方式,适用行为地法; (3)侵权行为适用场所支配行为的原则,即依侵权行为地法; (4)关于合同的成立,也应根据“场所支配行为”原则适用合同缔结地法; (5)关于遗嘱的成立要件及内容适用立遗嘱地法,但立嘱人的能力适用其属人法;	(autonnmie de le volonte, autonomy of will)。杜摩兰甚至认为,即使当事人在契约中没有明确地表示选择适用什么法律,法院也应该根据整个案件的多种迹象来推定当事人意欲适用哪一习惯法以支配契约的实质要件和效力		把法律关系作了如下的分类,即:身份法(权利能力和行为能力);物法;债法;继承法;家庭法(家庭关系法:婚姻;父权;监护)。他指出:对于以上每一问题的解决,人们已经提出了一个比较普遍的原则,即认为应该适用每种法律关系的“本座所在地法来解决存在冲突的案件。	提下,才能进一步谈得上法律适用问题;并且,英国法院也只有对能作出有效判决的事和自愿服从其管辖的人才行使管辖权;第二,凡是依据他国法律有效取得的任何权利,一般都应该为英国法院所承认和执行;而非有效取得的权利,英国法院则不应承认和执行;第三,如果承认与	一种利益。在解决法律冲突时,法院首先要查明各有关法律所体现的政策,察看各有关国家运用这些政策维护某种利益是否合理的各种情况。他认为法律冲突有“真实冲突”和“虚假冲突”两种情况。柯里取譬引喻地分析这两种冲突时指出:如果只有一个州对适用其法律

续表

代表学说	法则区别说	“意思自治”原则	国际礼让说	本座说	既得权说	利益分析说
代表人物	巴托鲁斯（Bartolus，1314～1357）	杜摩兰（Charles Dumoulin，1500～1566）	胡伯（Ulrik Huber，1636～1694）	萨维尼（Saviny，1779～1861）	戴西（Dicey，1835～1922）	柯里（Brainerd Currie，1912～1963）
国籍	意大利	法国	荷兰	德国	英国	美国
如何适用外国法	（6）关于不动产物权应适用物之所在地法； （7）诉讼程序适用法院地法，等等			每一种特定的法律关系的‘本座’的选择通常是比较固定的，这可以归纳为：法律关系所涉及的人的住所；法律关系的标的物所在地；法律行为实施地；法院所在地”等	执行这种依据外国法律合法取得的权利，同英国成文法的规定和英国的公共政策、道德原则以及国家主权相抵触，则可例外地不予承认和执行；第四，为了确定某种既得权利的性质，只应该依据产生此种权利的该外国的法律为准；第五，依照意思自治原则，当事人协议选择的法律具有决定他们之间法律关系的效力。	对适用其法律有利益，而其他州并无利益时，他认为这就是一种“虚假冲突”，应该适用与案件唯一有利益关系的政府的法律。假如认定有关各国均对案件适用其法律存在“政府利益”，这就存在着“真实冲突”，便应适用法院地法或那个有更大“政府利益”的国家的法律

为什么要适用外国法以及如何适用外国法是国际私法的根本问题，为什么要适用外国法解决的是前提条件问题，从各国的不同学派的观点来看，对为什么要适用外国法的问题的认识已经统一，尽管表述不一样，但都对国际私法适用外国法持肯定态度。

如何适用外国法是一个方法问题，本教材以后的内容大多是针对该问题进行的，如准据法的选择方法，物权的法律适用，知识产权的法律适用等内容解决的就是如何适用外国法的问题。

关于我国国际私法的历史发展比较简单，大致情况如下（如图 1.3所示）。

图 1.3　我国国际私法立法历史

第四节　国际私法的范围

国际私法的范围指国际私法包括哪些内容。关于这些问题，也是很有争议的（如表 1.9 所示）。

表 1.9　国际私法的范围

国　家		国际私法的范围
普通法国家		冲突法，涉外民商事案件管辖权的规范和外国民商事判决的承认和执行的规范，以及其他一些程序规范
大陆法系	法国	冲突法规范，国籍法规范，外国人的法律地位规范，涉外民商事案件管辖权规范
	德国	冲突法规范
前苏联和东欧国家		冲突规范、外国人民事法律地位规范、调整涉外民商事关系的统一实体规范和国际民事诉讼程序规范

我国一般认为，国际私法的范围包括：冲突规范、外国人的民事地位规范、国际民事诉讼程序与商事仲裁规范、统一实体私法规

范。但是中国的国际私法学者对国际私法的范围认识也不一致："小"国际私法的观点认为国际私法应该仅仅包括冲突法。"中"国际私法的观点认为，国际私法的范围包括：冲突规范、外国人的民事地位规范、国际民事诉讼程序等。但是，国际私法不应该包括统一实体法。[1]"大"国际私法的观点认为国际私法的范围包括：冲突规范、外国人的民事地位规范、国际民事诉讼程序与商事仲裁规范、统一实体私法规范。比较而言，"大"国际私法的观点没有抱瓮灌畦，比较科学。

第五节 国际私法的渊源

法律渊源，亦称法源，一般是指法律规范的创制及其表现形式，国际私法的法源即指国际私法规范的存在及其表现形式。国际私法的渊源具有两个明显的特点：一是由于国际私法调整的涉外民商事法律关系的复杂性与特殊性，决定了国际私法渊源的双重性，即既具有国内法渊源，又具有国际法渊源；二是由于各国立法者对国际私法的内容和范围认识不同，具体到一国立法中的哪些法律、国际条约中的哪些条约是国际私法的渊源，国家之间差别较大。

一、国际私法的国内法渊源

（一）国内立法、司法解释

国内立法是国际私法渊源的最早表现形式。[2]值得注意的是，在国际私法领域，存在内国法与国内法两个不同的国内立法的概念(如表 1.10 所示)。

表 1.10 内国法与国内法的区别

名　称	内国法	国内法
范围	国内法（不包括冲突法）	国内法（包括冲突法）

[1] 董立坤《国际私法论》法律出版社，2002 年，第 18 页。

[2] 赵相林主编《国际私法》中国政法大学出版社，2002 年，第 26 页。

续表

名　称	内国法	国内法
调整方法	直接调整	直接调整和间接调整
概念性质	属于国际私法概念	属于国内法概念

国际私法在国内立法中的表现形式主要有分散式、专编（章）式、法典式和专题式。分散式：即在国内各个相关的法律中分别规定一些国际私法的条款。在一些国家中，集中表现在外国人法中，而多数国家，则分别在宪法、民法、经济法、劳动法、民事诉讼法等部门法中加以规定。例如法国、比利时、希腊、巴西、墨西哥、埃及、叙利亚、西班牙等国即采用该形式。专编（章）式：即在国内民法或者其他法典中将有关国际私法的条款列入专编（章）进行系统的规定。例如葡萄牙、约旦、加蓬、阿尔及利亚、卡塔尔等国即采用该形式。法典式：即以专门法典和单行法规的形式专门规定国际私法的规范。例如日本、荷兰、阿根廷、德国、奥地利、匈牙利、瑞士、比利时、泰国、韩国、也门、土耳其、中非、布隆迪、波兰、乌克兰、保加利亚等国即采用该形式。专题式：即专门针对涉外民商事的某个问题制定单行法规。例如英国等。

我国采用的主要是分散式立法形式。我国的国际私法立法包括各种不同的层次（如图 1.4 所示）。

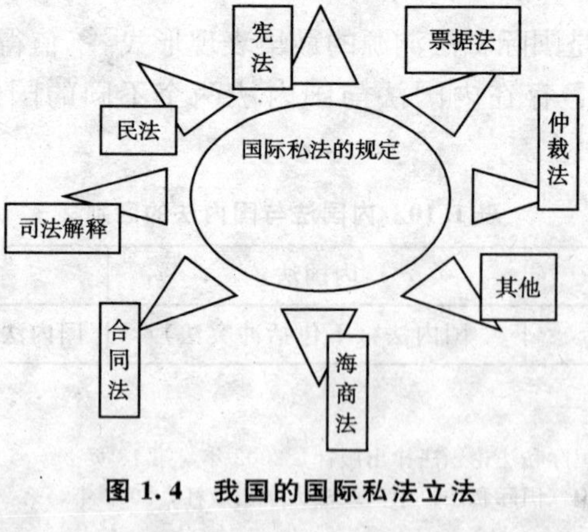

图 1.4　我国的国际私法立法

关于国际私法在我国法律体系和法学体系中的地位问题，一直是国内争论比较多的问题，这个问题直接涉及我国的国际私法立法模式。世界各国纷纷将国际私法独立，制定了单独的国际私法法典。而我国立法仍然主张将国际私法放在民法典中制定。究竟采用什么形式才能更好地制定出中国的国际私法来，理论上还有待于继续进行深入的研究。2000 年中国国际私法学会按照单独国际私法法典的立法模式起草完成了《中国国际私法示范法》，属于民间立法，共 166 条。2002 年 12 月全国人民代表大会法律工作委员会下发的《中华人民共和国民法（草案）》中，还是将国际私法放在民法典中制定，该草案第九编规定了《涉外民事关系法律适用法》，共 94 条。

（二）国内判例

一般认为，判例只是司法文书，不具有立法的性质。但是，在普通法系国家，经过汇编、整理以后的权威的有代表性的判决，对以后法院审理同类案件起着法律拘束力的作用。因此，这里的判例，是指法院作出的具有法律约束力的，可以成为以后审判同类案件的依据的判决。英、美等国一直是以判例法为主的国家，由于判例繁多，且十分零乱，互相抵触，因而这些国家的国际私法学者在整理编纂判例方面，有着杰出的贡献。例如在英国，法学家戴西（Dicey）于 1896 年编著出版的《法律冲突法》，归纳了英国判例中的冲突规范，并逐条进行解释。[1] 在美国，国际私法的判例是由美国法学会作为非官方的民间机构承担编纂工作的。大陆法系成文法国家早先一般不承认判例可成法律的渊源，但是，当法律没有明确规定时，不少国家的法院也可以以司法判例作为判决的依据，例如日本在 1965 年和 1966 年先后出版了《判例体系中的国际私法（第 1、2 卷）》，作为成文法的补充。

在我国现行的体制下，一般不承认判例可以作为法的渊源，判例不能成为法院处理案件的法律依据。但在国际私法中，应充分认识判例的作用（如图 1.5 所示）。

---

[1] 赵相林主编《国际私法》中国政法大学出版社，2002 年，第 27 页。

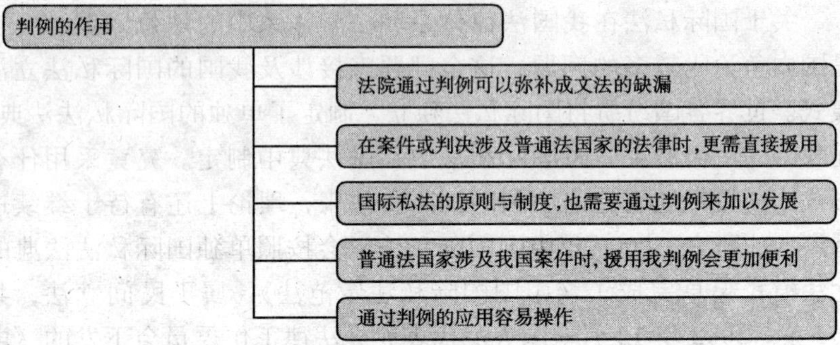

图 1.5 判例的作用

由于在国际私法领域，情况错综复杂，需要发挥判例的作用。因此，在我国司法实践中，应该注意发挥司法判例的下列作用：(1) 最高人民法院对涉外民商事关系的具体问题所作的“解释”“解答”“批复”等对法院等具有拘束力；(2) 最高人民法院针对地方各级人民法院请示的个案所作的各种“答复”“批复”等，对下级人民法院审理同类案件具有指导作用；(3) 最高人民法院判决的一些典型案例，对下级人民法院审理同类案件具有指导作用；(4) 最高人民法院对下级人民法院各类涉外案件重新判决、改判的，对下级人民法院审理同类案件具有指导作用；(5) 上级人民法院的司法判例，对下级人民法院具有一般借鉴作用。

(三) 学说

关于学说是否可以成为国际私法的渊源，在理论界有不同的看法。肯定的观点认为：事实上，国际私法是从学说发展起来的，最早的国际私法被称为“学说法”。即使在现代，由于国际私法的许多制度、规定还没有成熟，没有统一，因此权威学者的学说对国际私法的立法、审判等如栉发耨苗般有十分重要的价值。特别是在英美国家，法官在判决中援引权威学者的学说作为判决依据是十分普遍的事情。有的法官甚至通过援引权威学者的学说，推翻成文法或者判例法中的国际私法规则，而创立新的国际私法规则。[1]

---

[1] 韩德培主编《国际私法》高等教育出版社、北京大学出版社，2002 年，第 25 页。

二、国际私法的国际法渊源

(一) 国际条约

国际条约 (Treaty) 一般是指在国际民事交往中，主权国家之间缔结的调整其相互之间权利义务关系的协定。

通常国际条约是国际私法的重要渊源。《中华人民共和国民法通则》第 142 条第 1 款规定：中华人民共和国缔结或者参加的国际条约同中华人民共和国的民事法律有不同规定的，适用国际条约的规定，但中华人民共和国声明保留的条款除外。

2005 年乌克兰《国际私法》第 3 条规定：如果乌克兰参加或者缔结的国际条约规定了有别于本法的规则，则适用该国际条约的规则。

2005 年保加利亚共和国《关于国际私法的法典》第 3 条第 1 款规定：本法典各条款不影响已对保加利亚共和国生效的国际条约，其他国际法文书或者其他法律中有关国际私法关系的规定的适用。

(二) 国际惯例

国际惯例是指在国际交往中逐渐形成的、具有确定内容的、为世人所共知的行为规则。

在国际私法的理论与实践中，一般都认为国际惯例是国际私法的渊源之一。《中华人民共和国民法通则》第 142 条第 2 款规定：中华人民共和国法律和中华人民共和国缔结或者参加的国际条约没有规定的，可以适用国际惯例。

(三) 国际私法原理与原则

关于国际私法原理可以成为国际私法的渊源，在各国国际私法的规定中并不鲜见，例如 1939 年的泰国《国际私法》第 1 条就规定：在法无规定时，允许适用国际私法的一般原理。

法学理论通常认为，法由四要素构成：规范、原则、概念、技术。因此，原则本身即是法律，国际私法原则也应该是国际私法的组成部分。1987 年《约旦国际私法》第 2 条规定，其国际私法若无规定，可依穆斯林法律的原则，以及在无此种原则时，依公平原则裁判国际私法案件。1987 年《瑞士国际私法》第 187 条规定，在国际商事仲裁中，允许当事人授权依公平原则裁决实质问题。1976 年《联合国国际贸易委员会的仲裁规则》第 33 条也规定，虽应依当事人协议选择的法律裁决案件，但在无此选择时，仲裁庭首先应适用冲突规则所指定的法律，但如仲裁庭有当事人双方的明确授权且适用于仲裁程序的法律允许这样做时，亦可运用友好仲裁和按公平与善良的原则就实质问题做出裁决（如表 1.11 所示）。

表 1.11　我国国际私法的基本原则

原则名称	具体要求
主权原则	1. 自主立法。主权国家有权通过国内立法或参加国际立法，规定自己的冲突法制度，国际民事诉讼制度，外国人法律地位制度等。 2. 自主司法。 3. 自主确定。自行确定承认与执行外国判决裁定的条件。 4. 采取措施。按照对等原则采取限制措施，报复措施。 5. 财产豁免。国家及其财产的豁免权
平等互利原则	1. 平等对待各个国家； 2. 平等对待各国的法律； 3. 平等对待各国当事人； 4. 从有利各国关系的发展共同进步的视角来规范和处理国际民商事关系
国际协调与合作原则	1. 将一国国情与国际上的普遍实践或习惯做法相结合； 2. 在不损害国家利益的情况下，尽可能满足其他各国的国际私法需求
保护弱势群体的原则	1. 在国际私法冲突法制度的制定上考虑题时保护弱势群体的利益多； 2. 在司法实践中对各国弱势群体平等保护

通过以上分析，可以基本了解国际私法的渊源。值得注意的是，我国国际私法与其他国家国际私法在渊源方面并不是完全一致的

(如表 1.12 所示)。

表 1.12　国际私法的渊源

国际私法的渊源	是否是渊源（中国）	是否是渊源（外国）
国内立法、司法解释	是	一般是
国际条约	是	一般是
国际惯例	是	一般是
判例	否	一般是（普通法系国家）
学说及国际私法原理与原则法理	否	一般是（一些普通法系国家等）

本章涉及的内容是与国际私法内涵外延相关的问题。值得注意的是任何法律制度及法律关系都与人联系紧密，国际私法也不例外。人是超越万物的灵长，故人者，天地之德，阴阳之交，鬼神之会，五行之秀气也。天地之心也，五行之端也，食味，别声，被色，而生者也。究竟人在国际私法中如何发挥作用，且由下章分解。

本章相关知识掌握

■ 主要概念

国际私法　私国际法　国际民商事关系　间接调整方法　国际条约

■ 基础训练

▲ 选择题

1. 下列在我国法院提起的诉讼中，构成涉外民事法律关系的有哪些？（　）

A. 发生在美国的犯罪行为因在我国发生结果而对犯罪嫌疑人追究刑事责任

B. 中国公民与美国公民之间的婚姻关系

C. 中国公民与德国公民之间的继承关系

D. 因发生在印度的交通事故而产生的侵权行为关系

E. 中国公民与定居在意大利的中国公民的合同关系

【解答】应选 BCDE。

2. 下列哪些属于国际私法的范围？ （ ）

A. “宪法”第 18 条：中华人民共和国允许外国的企业和其他经济组织或者个人依照中华人民共和国法律的规定在中国投资，同中国的企业或者其他经济组织进行各种形式的经济合作。他们的合法权利和利益受中华人民共和国法律的保护

B. 中国公民和外国人结婚适用婚姻缔结地法

C. 《保护工业产权巴黎公约》、《伯尔尼保护文学和艺术作品公约》

D. 我国民事诉讼法关于涉外民事诉讼程序的规定

E. 引渡犯罪嫌疑人

【解答】应选 ABCD。

3. 下列哪些是国际私法的主要渊源？ （ ）

A. 国际条约　　B. 国际惯例

C. 国内立法　　D. 国内判例

E. 国际私法原理与原则

【解答】应选 ABCDE。

4. 国际私法在国外还被称为什么？ （ ）

A. 冲突法　　B. 统一实体法

C. 国际民事诉讼法　　D. 国际商事仲裁法

E. 国内涉外实体法

【解答】应选 A。

5. 在国际私法立法上，采用法典式立法的国家有哪些？ （ ）

A. 法国　　B. 葡萄牙　　C. 日本　　D. 德国

E. 中国

【解答】应选 CD。

▲ **判断题**

1. 中国参加或缔结的国际条约同中国的民事法律规定矛盾的，适用国际条约的规定。 （ ）

【解答】正确。

2. 只有民事关系的一方或双方当事人是外国人的，才构成涉外民事

关系。 ( )

【解答】错误。

3. 中国参加或缔结的国际条约同中国的民事法律规定不一致时，适用国际惯例。 ( )

【解答】错误。

4. 国际私法所称“含有外国因素”并不包括含有其他法域的因素。 ( )

【解答】错误。

5. 法律适用上的冲突，实质上是外国法律的域外效力与内国法律的域内效力，或内国法律的域外效力与外国法律的域内效力之间的冲突。 ( )

【解答】正确。

▲ 简答题

1. 简述内国法和国内法。
2. 简述国际私法与国内民法的关系。

■ 案例分析

原告甲及丈夫乙是华盛顿州居民，乙在华盛顿的一次车祸中受伤，被告丙为俄亥俄州居民。甲以丧失配偶权要求赔偿。华盛顿州规定不可以以丧失配偶权要求赔偿；俄亥俄州则规定可以。问：①根据柯里的理论，该案件存在的冲突属于什么冲突？②应该如何适用法律？

■ 实践训练

实训项目：网上搜集国际私法能力的训练。

具体组织与要求：在班级里分为两个小组，两个小组分别负责国际私法条约的网上搜集与各国国际私法立法的网上搜集。在两个小组内再分别设两个小组，其中一组负责将有关国际私法立法规范分门别类地进行整理，另一小组负责将有关与我国立法不一致的地方挑选出来并进行归纳。在这一过程中，各小组应当仔细认真地完成所布置的任务，并在自己所负责的其中一部分中通过归纳整理，结合教材中所学过的知识总结出国际私法立法的特点，例如总结出一个国家的国际私法立法特点及一个国际条约的立法特点。然后，各小组汇总，互相分享所获得的信息，共同总结出国际私法立法的总体趋势，并大胆预测国际私法立法的未来发展趋势。

考核标准：从两个方面考核：一是评价网上搜集法律资料的情况，如是否完整、正确、按时等；二是评价各小组对立法的特点的分析。其中网上搜集法律资料是前提和基础。

第二章 主　　体

国际私法的主体通常包括自然人、法人、国家、国际组织，下面分别叙述。

第一节 自　然　人

引例：国际私法主体的国籍

邝先生在A国的医院治疗期间，还因祸得福得到了航空公司及保险公司对空难给予的赔偿。他本是言谈林薮之人，善于花言巧语，凭此本事很快俘虏了医院后勤部门的清洁女工清女士的芳心与感情，一时两情缱绻，耳鬓厮磨，双方也没有父母之命媒妁之言便在A国结婚了。清女士蹁跹袅娜，明眸善睐，邝先生非常高兴。邝先生得到不菲赔偿，出手大方，清女士也暗自喜欢。但他们做梦也没有想到，此时国际私法一个重大问题的迷雾已经悄悄弥漫到他们头上了：因为男方国家的法律规定：外国妇女与本国公民结婚，并不当然取得夫方的国籍，女方国家的法律规定：本国妇女与外国公民结婚，当然丧失内国国籍。这样的结果是清女士结婚以后反而没有国籍了，这个问题值得研精覃思（如图2.1所示）！

图2.1　国籍问题

一、自然人的国籍和国籍冲突

（一）国籍的概念

国籍是指作为一个国家成员的身份或资格。自然人的国籍指自然人以国家成员身份与所属国的一种永久联系。2005 年保加利亚共和国《关于国际私法的法典》第 48 条第 1 款规定，在本法典意义上，自然人的本国法，系指其国籍所属国的法律。在国际私法上，国籍具有非常重要的意义（如表 2.1 所示）。

表 2.1 国籍的意义

自然人国籍的意义	法人国籍的意义
根据自然人国籍可以判断民商事关系是否具有涉外因素	根据法人国籍可以判断民商事关系是否具有涉外因素
自然人国籍是准据法的一个重要连接因素	法人国籍可以判断法人权利能力与行为能力
根据自然人国籍确定是否给予外国人待遇	根据法人国籍确定是否给予外国人待遇
根据自然人国籍确定是否给予外国人待遇	根据法人国籍确定是否给予外国人待遇
根据自然人国籍确定是否必须遵守该国强制性的规定	根据法人国籍确定是否必须遵守该国强制性的规定

（二）国籍的冲突及其解决

国际上关于国籍的规定并非虑周藻密的，自然人的国籍冲突存在积极的冲突和消极的冲突。积极冲突指当事人具有两个以上国家的国籍。消极冲突指当事人不具有任何国家的国籍。自然人国籍冲突的产生是因为存在不同的国籍的取得与国籍的丧失制度（如表 2.2 所示）。

对于自然人国籍的积极冲突，应分不同情况采取不同方法加以解决。

表 2.2　国籍的取得与国籍的丧失

国籍的取得			国籍的丧失	
生来取得	血统主义（父母的国籍来决定子女的国籍），采用国家有奥地利，斯里兰卡，苏丹，列支敦士登，埃塞俄比亚等	双血统主义	自愿丧失	申请退出一国国籍
		单血统主义		
	出生地主义（出生的地方决定子女的国籍），采用国家有英国等			
	混合主义，大部分国家采用		非自愿丧失	由于婚姻，收养等原因自动丧失原来国籍
传来取得	根据归划，婚姻，收养，领土割让，国家合并等又取得新国籍			
	根据自愿申请又取得新国籍			

如自然人同时既具内国国籍，又具有外国国籍时，国际上通行的做法是内国国籍优先，以内国法为该人的本国法。如 2005 年保加利亚共和国《关于国际私法的法典》第 48 条第 2 款规定，具有两个或多个国籍的自然人，如果保加利亚是其国籍之一，则以保加利亚法律为其本国法。

如自然人具有的两个以上国籍均为外国国籍时，解决办法并不一致（如图 2.2 所示）。

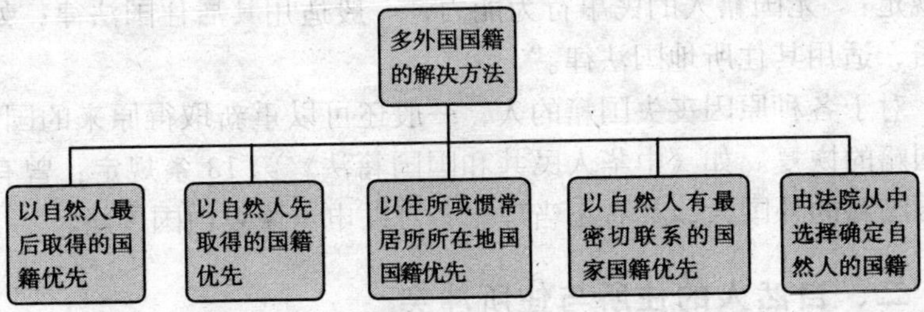

图 2.2　当事人国籍均为外国国籍时的解决办法

我国对于自然人国籍的积极冲突也有明确规定，1988 年我国最高人民法院《关于贯彻执行〈中华人民共和国民法通则〉若干问题的意见（试行）》第 182 项规定："有双重或多重国籍的外国人，以其有住所或者与其有最密切联系的国家的法律为其本国法"。由于我国 1980 年的《中华人民共和国国籍法》不允许具有中国国籍的人同时亦具有外国国籍，所以未规定一个人兼具中国与外国国籍时的解决办法。

国籍的消极冲突与国籍的积极冲突相反，是因为当事人没有国籍而产生的法律问题，具体可分为如下三种情况（如表 2.3 所示）。

表 2.3 国籍的消极冲突

生来无国籍	如出生地及生父母均不明确的弃婴
后来无国籍	如原来有国籍后来因身份变更或政治上的原因而变得无国籍
国籍无法查明	如属于何国国籍暂时无法查明

国籍的消极冲突在实践中也是大量存在的，由于没有确定的国籍，使得与国籍相关法律问题无法得到正确处理。

各国为解决国籍的消极冲突，也进行了积极的努力：国际上一般主张以当事人住所所在地国家的法律为其本国法；如当事人无住所或住所亦不能确定的，则以其居住地法为其本国法。如居住地也不能确定，有的国家规定适用法院地法，有的国家要求当事人归化法院地国国籍等。

对于国籍的消极冲突，1988 年我国最高人民法院《关于贯彻执行〈中华人民共和国民法通则〉若干问题的意见（试行）》第 181 项仅规定："无国籍人的民事行为能力，一般适用其居住国法律；如未定居，适用其住所地国法律。"

对于各种原因丧失国籍的人，一般还可以重新取得原来的国籍，即国籍的恢复。如《中华人民共和国国籍法》第 13 条规定：曾有过中国国籍的外国人，具有正当理由，可以申请恢复中国国籍。

二、自然人的住所与住所冲突

（一）住所的冲突

1. 自然人的住所

通常认为，住所指一个人久住的处所。一个住所的确立需要具备两个条件，即主观上当事人应有久住的意思，客观上当事人应有久住的事实。

由于各国对住所的规定不同，也会发生一人同时具有两个或两个以上的住所（住所的积极冲突）或一人无一住所或住所不明（住所的消极冲突）的情况。

2. *自然人的居所*

一般认为，居所即经常居住地。居所与住所不同，住所的确立需要主观和客观两个方面的要求，而居所的确立只需要有居住的事实，不需要有久居的意思。

自然人的居所也容易产生法律冲突，特别是消极冲突。

（二）自然人住所冲突的解决

对于住所的积极冲突，其解决原则大体为六种（如表 2.4 所示）。

表 2.4　住所的积极冲突的解决原则

依当事人的意思确定	
依法院地法确定	
依法律关系的性质确定	如在解决一些继承问题时，住所依遗产所在地法确定
内国住所优先	如在发生内、外国住所冲突时，以内国住所优先，而不问它们取得的先后
后取得的住所优先	如在发生外、外国住所冲突时，后取得的住所优先，同时取得的，则依其他因素（如居所设立在何国、其父母现在或过去的住所在何国等）考虑决定
依最密切联系原则确定	如 1988 年我国最高人民法院《关于贯彻执行〈中华人民共和国民法通则〉若干问题的意见（试行）》第 183 条规定，当事人有几个住所的，以与产生纠纷的民事关系有最密切联系的住所为住所

对于住所的消极冲突，各国解决的方法有：

一是以当事人的居所或者惯常居所代替其住所，即以当事人的居所地法或者惯常居所法代替其住所地法。

二是以当事人曾有过的最后住所为其住所，如无最后住所，则以其居所或者惯常居所代替其住所。

三是如果当事人既无居所也无惯常居所，一般以当事人的现在地法作为住所地法。

《中华人民共和国民法通则》第 15 条规定，公民以他的户籍所在地的居住地为住所，经常居住地与住所不一致的，经常居住地视为住所。

1988 我国最高人民法院《关于贯彻执行〈中华人民共和国民法通则〉若干问题的意见（试行)》第 183 条规定，当事人的住所不明或不能确定的，以其经常居住地为住所。

第二节 法 人

一、法人国籍的确定

法人的国籍指法人与所属国的一种永久联系。一般认为法人是依法定程序成立，有一定的组织机构和独立的财产，能够以自己的名义享受权利承担义务的社会组织。但各国对法人的规定并不一致，对内国法人与外国法人在权利义务方面的规定也存在差别，法律冲突经常发生。加之随着国际经济贸易活动的发展，特别是跨国公司的出现，法人的情况更加复杂，例如某一公司为甲国人集资所组成，但其登记注册地在乙国，董事会或管理中心设于丙国，而实际经营的业务却在丁国等，因此不但确定法人的国籍十分必要，而且确定法人的国籍也十分困难。目前，关于法人国籍的确定国际上有几种不同的主张，主要有：

(1) 法人成员国籍说，即依控制法人的自然人的国籍来确定法人的国籍。

(2) 设立地说，即依法人的登记地国来确定法人的国籍。

(3) 住所地说，即以法人的住所来确定法人的国籍。

(4) 准据法说，即依法人设立时所依据的法律来确定。

(5) 复合标准说，即法人设立地和住所地并用。

我国主张依法人的登记地来确定法人的国籍。1988 最高人民法院《关于贯彻执行〈中华人民共和国民法通则〉若干问题的意见(试行)》第 184 条规定，外国法人以其注册登记地国家的法律为其本国法。

《中华人民共和国民法通则》第 11 条第 2 款规定："在中华人民共和国领域内设立的中外合资经营企业、中外合作经营企业和外资企业，具备法人条件的依法经工商行政管理机关核准登记，取得中国法人资格。"我国《中外合资经营企业实施条例》第 2 条就规定，依照中外合资经营法批准并在中国境内设立的合资企业是中国法人。

二、法人的住所

法人的住所的确定与法人国籍的确定一样，在国际私法中非常重要，特别是欧洲大陆国家一般还主张法人的国籍依法人的住所地来决定。

因此，对法人住所的确定，更具十分重要的意义。不过，对于如何确定法人的住所，各国又有不同主张：

(1) 主要事务所所在地说，即以法人主要事务所所在地或法人的管理中心所在地为法人的住所。

(2) 营业中心所在地说，即以法人实际从事营业活动的所在地为法人的住所。

(3) 章程指定住所说，即以法人章程指定的住所为法人的住所。

(4) 主要办事机构所在地说，即以法人的主要办事机构所在地为法人的住所。

对于法人国籍法人住所的不同理解，是法律适用上的困难之一。

我国立法采用主要办事机构所在地说。《中华人民共和国民法通则》第 39 条规定，法人以它的主要办事机构所在地为住所。《中华人民共和国公司法》第 10 条规定，公司以其主要办事机构所在地为住所。

三、法人的营业所

法人所从事经营活动的场所是法人的营业所。法人和自然人都可以有营业所。

我国最高人民法院《关于贯彻执行〈中华人民共和国民法通则〉若干问题的意见（试行）》第 185 条规定，当事人有两个以上营业所的，应以与产生纠纷的民事关系有最密切联系的营业所为准；当事人没有营业所的，以其住所或者经常居住地为准。

值得注意的是，确定法人资格适用的法律非常重要，因为法人资格的确定往往是解决其他国际私法问题的前提。

四、外国法人的认可

（一）外国法人的认可的概念

外国法人的认可指内国对外国法人的法律人格的认可。外国法人的认可并不是重新赋予其法律人格，而是内国在法律上是否允许依外国法有效设立的外国法人从事民商事活动的问题。在内国要取得在内国活动的权利，无论大陆法或普通法，都认为必须经过内国的认可。它是外国法人进入内国从事民商事活动的前提。对外国法人是否许可其在内国活动，应分别从两个方面加以解决：一是该组织是否已依外国法成立为法人，另一是依外国法已有效成立的外国法人，内国法律是否也承认它作为法人而在内国存在与活动。

（二）外国法人的认可

关于外国法人的认可，国际上有几种不同的方式。

1. 相互认可制

一般是根据国际条约的规定，相互认可对方国家的法人。如 1956 年 6 月 1 日订于海牙的《承认外国公司、社团和财团法律人格的公约》第 1 条明确规定：“凡公司、社团和财团按照缔约国法律在其国内履行登记或公告手续并设有法定所在地而取得法律人格的，其他缔约国当然应予承认。”

2. 特别认可制

即内国对外国法人通过特别登记或批准程序加以认可。社会主义国家一般采用该制度。

3. 概括（分别）认可制

即内国对属于某一国家或某一类型的法人一概加以认可，对其他国家或其他类型的法人，采用特别认可制。法国等采用该制度。

4. 一般认可制

即外国法人根据内国法的规定办理必要的手续后就可以开展活动。日本、美国、英国、西班牙、瑞士等国采用该制度。

（三）我国对外国法人认可的有关规定

我国对外国法人认可也有明确的法律规定，具体内容如下（如表 2.5 所示）。

表 2.5 中国对外国法人认可的规定

认可方式	法律规定	具体情况
特别认可制	1980 年 10 月国务院《关于管理外国企业常驻代表机构的暂行规定》第 2 条：外国企业确有需要在中国设立法人常驻代表机构的，必须提出申请，经过批准，办理登记手续。未经批准登记的，不得开展常驻业务活动。《中华人民共和国公司法》第 193 条规定，外国公司在中国境内设立分支机构，必须向中国主管机关提出申请，并提交其公司章程、所属国的公司登记证书等有关文件，经批准以后，向公司登记机关依法办理登记，领取营业执照	在我国为进行连续的生产经营活动，以外国公司名义在我国设立分公司等分支机构
一般认可制	我国立法采取自动承认其在本国的主体资格的政策，在程序上属于一般认可	临时来华进行经贸活动等
无需认可	“三资”企业均为中国法人，故不存在认可问题	在我国直接投资，主要形式有中外合资经营企业、中外合作经营企业、外资企业等

第三节　国家及国际组织

一、国家

在国际私法中，国家同自然人、法人等一样，可以依据民商事法律之规定，参加国际民商事活动，与自然人、法人、其他国家和国际组织缔结国际民商事法律关系，取得其涉外民事法律关系的主体资格并进而享有民商事权利和承担民商事义务。如国家可以同外国私人投资者签订特许权协议以开发本国自然资源或发展基础设施等公用事业；国家可以同外国或外国人签订各种外贸合同，直接在国际市场上销售或采购商品；国家还可以对外发行债券、股票，向外国银行贷款，与外国自然人、法人、国际经济组织就国际间的技术合作等问题签订合同等，这也就是说，国家也可以成为国际民商事法律关系的主体即国际私法的主体。但国家参加国际民商事活动与自然人和法人参加国际民商事活动有所不同，其作为国际民商事法律关系主体有其特殊性。这种特殊性表现在：

(1) 国家是主权者。这种身份决定了国家参加国际民商事活动的场合和范围十分有限，国家不可能成为涉外婚姻关系、亲权关系及继承关系的主体。因此，国家只是国际私法的特殊主体。

(2) 国家具有当事者和主权者的双重身份。在国际民商事法律关系中，国家首先是民商事法律关系的当事者，应限制其主权者的地位，以免背离民商法律关系的平等性原则。

(3) 国家活动是以国家本身的名义并由其授权的机关或负责人进行的活动。以独立法人身份出现并以自己的名义参加国际民商事活动的国有公司和企业不能代表国家。

(4) 国家参加国际民商事活动是以国库财产作为后盾的。以国库财产为基础承担民商事法律责任，一般来讲，国家所负的责任是无限责任。

(5) 国家通常享有豁免权。国家虽作为民商事主体参与国际民商事法律关系，但它毕竟是主权者，国家及其财产享有豁免权。

二、国家及其财产的豁免权

所谓国家及其财产的豁免权，是指国家及其财产在国际交往中享有未经其同意免受他国的管辖及执行措施的权利。关于国家及其财产的豁免权问题，目前国际上的认识并不一致，形成了不同的观点（如表 2.6 所示）。

表 2.6 关于国家财产豁免权问题上的不同主张

绝对豁免	基本含义是：凡外国国家所有的财产无论其性质和用途如何，都当然地不受内国管辖，仅在外国国家明示放弃豁免者除外。发展中国家采用该主张
相对豁免	相对豁免也称为限制豁免，或职能豁免，其主要内容是把国家的活动划分为主权行为和非主权行为，或统治权行为和事务权行为，或公法行为和私法行为，并由此把国家财产依其用途的不同而划分为两部分，隶属于国家从事主权行为所涉及的财产可以主张豁免，而隶属于国家从事于非主权行为时的财产不再享受豁免权。美国、英国等采用该主张
平等豁免	平等豁免指国家不享有绝对豁免只享有平等豁免。只存在理论，无采用国家
废除豁免	废除豁免主张以国内立法和国际条约的方式完全废除国家财产的豁免权。但是国家所享有的财产豁免权，是由国家主权原则派生出来的一项重要权利，如果完全否定国家财产的豁免权，国家主权原则势必遭到破坏，所以，废除豁免主义的观点，实际上与国家主权原则的要求完全相背离。正因如此，废除豁免主义不仅在实践中难以得到支持，而且在理论上也受到多数学者的批判。只存在理论，无采用国家

值得注意的是，由于关于国家及其财产豁免权问题存在不同观点，因此在实践中，采用绝对豁免与采用相对豁免的国家经常会发生矛盾冲突。

（一）国家财产豁免权的内容

按照一般国际惯例，国家财产豁免权主要包括以下几项内容。

1. 司法管辖豁免

指未经财产所属国的同意，其他任何国家不得受理以位于其境内的的该外国财产为诉讼标的案件；不得受理以该外国国家为被告的案件。

2. 诉讼程序的豁免

指即使一国放弃了司法管辖豁免，参与了在他国法院的民商事诉讼，他国法院未经该国同意，仍然不能强迫它出庭作证或提供证据以及实施其他诉讼行为，也不得对它的财产采取诉讼保全等诉讼程序上的强制措施。

3. 强制执行豁免

指非经财产所属国的同意，则产所在地国家的法院不得依判决对该外国的国家财产采取强制执行措施，如不得拍卖该外国的国家财产、不得强行划拨该外国国家的银行存款等。

（二）中国在国家及其财产豁免问题上的立场

目前我国还没有有关国家豁免权的专门立法，但在中国缔结或参加的一些双边或多边国际条约中涉及国家及其财产豁免问题，如我国 1980 年参加的 1969 年《国际油污损害民事责任公约》第 11 条规定，缔约国就油污损害赔偿案件放弃对油污损害所在缔约国法院的管辖豁免。

迄今为止，中国法院还没有审理过涉及外国国家及其财产豁免权的案件，但是中国在其他国家或地区的法院被诉的情况时有发生。具有较大影响的主要有“贝克曼诉中华人民共和国案”“湖广铁路债券案”“光华寮案”等。

在这些案件中，中国鲜明地表明了自己在国家及其财产豁免问题上的立场和态度，我们可将之归纳为以下几点（如表 2.7 所示）。

表 2.7　中国在国家及其财产豁免问题上的立场

中国在国家及其财产豁免问题上的立场	
立场一	中国坚持国家及其财产豁免是国际法上的一项重要原则，反对限制豁免论和废除豁免论

续表

中国在国家及其财产豁免问题上的立场	
立场二	中国坚持国家本身或者说以国家名义从事的一切活动都享有豁免，除非国家自愿放弃豁免
立场三	中国坚持应将国家本身的活动与国家公司、国家企业的活动严格区分开来，国有公司或国家企业是具有独立法律人格的经济实体，不应享受豁免
立场四	中国坚持到外国法院特别出庭抗辩该外国法院的管辖权，不得视为接受该外国法院的管辖
立场五	中国坚持如果外国国家任意侵犯中国的国家及其财产豁免权，中国可以对该国采取相应的对等报复措施
立场六	中国赞成通过达成国际协议的方式来消除各国在国家豁免问题上的分歧

值得注意的是，中国对涉及外国国家等豁免主体的案件是非常重视的，2007 年 5 月 22 日，最高人民法院发布了《关于人民法院受理涉及特权与豁免的民事案件有关问题的通知》。该《通知》规定，我国法院受理的涉及外国国家等特权与豁免主体的案件应该实行报告制度。

《通知》规定：凡以下列在中国享有特权与豁免的主体为被告、第三人向人民法院起诉的民事案件，人民法院应在决定受理之前，报请本辖区高级人民法院审查；高级人民法院同意受理的，应当将其审查意见报最高人民法院。在最高人民法院答复前，一律暂不受理。这些在中国享有特权与豁免的主体包括：外国国家；外国驻中国使馆和使馆人员；外国驻中国领馆和领馆成员；途经中国的外国驻第三国的外交代表和与其共同生活的配偶及未成年子女；途经中国的外国驻第三国的领事官员和与其共同生活的配偶及未成年子女；持有中国外交签证或者持有外交护照（仅限互免签证的国家）来中国的外国官员；持有中国外交签证或者持有与中国互免签证国家外交护照的领事官员；来中国访问的外国国家元首、政府首脑、外交部长及其他具有同等身份的官员；来中国参加联合国及其专门机构召开的国际会议的外国代表；临时来中国的联合国及其专门机构的官员和专家；联合国系统组织驻中国的代表机构和人员；其他在中国享有特权与豁免的主体。

三、国际组织

国际组织有广义和狭义之分。广义的国际组织是指若干国家或其政府、个人、民间团体为了共同的目的，依协议而建立的常设的国际性团体。狭义的国际组织是指国家之间为了实现特定的目的和任务，根据共同缔结的条约而设立的常设性组织实体，是跨越国界的一种多国机构。

国际组织无论是履行其职能的需要还是其生存的需要，都将不可避免地要与有关国家或其他国际组织以及有关国家的自然人或法人组织进行民商事交往，结成特定的民商事法律关系，因此，国际组织是国际民商事法律关系的特殊主体，这就必然地也成为国际私法的特殊主体。

国际组织作为国际民商事法律关系的主体有如下特点：

(1) 国际组织是以其本身的名义进行活动的。由于国际组织本身具有独立的法律人格，因而它参加民商事活动是以自已的名义进行的，而不牵涉到组成国际组织的各个成员。国际组织的成员对国际组织的债务不负连带责任。

(2) 是执行其职务及实现其宗旨所必需的民商事活动。这也就是说，国际组织所从事的民商事活动一般应与其职能和宗旨有关。

(3) 必须严格按照有关条约和组织章程的规定。国际组织与国家不同，它作为国际民商事法律关系的主体资格是由各成员之间缔结条约、协议或共同制定组织章程而确立的。因此，国际组织的职能和活动范围必须严格按照有关条约和组织章程的规定。

(4) 国际组织所能参与的国际民商事活动的范围极其有限。通常是由其宗旨或是基本法律文件所决定的，不可能如同自然人和法人一样可以广泛地参与国际民商事活动。

(5) 享有一定的特权与豁免。政府间国际组织由于行使职能的需要，在国际上享有一定的特权与豁免。这种特权与豁免也适用于参与国际民商事活动的国际组织。国际组织在国际民商事交往中的特权与豁免主要有：国际组织及其财产享有司法管辖与执行豁免；国际组织的财产和资产免受搜查、征用、没收、侵夺和其他任何形式的干涉；国际组织的会所、公文档案不受侵犯等。

值得注意的是，国家与国际组织可以成为国际私法的主体，但各国关于国家与国际组织权利义务责任的规定各不一致，容易产生法律冲突，需要进行解决。关于这一问题的解决，国际上也有一些相关的制度和规定。一般认为，国家与国际组织的权能力与行为能力适用其行为地法，如1984年《秘鲁民法典》第2072条规定：在秘鲁的外国国家和其他公法实体以及依对秘鲁有拘束力的国际条约建立的国际公法实体，依秘鲁法取得权利和承担义务。

第四节 外国人的民商事法律地位

一、外国人的民商事法律地位概述

外国人的民事法律地位，是指外国自然人和法人能在内国享有民事权利和承担民事义务的法律状况。

虽然代远年湮，但可以肯定的是赋予外国人在内国以平等的民事法律地位，并不是自古以来就有的，而是各国人民经济贸易交往日益频繁以及社会日益进步的结果，在历史的发展中，外国人的民事法律地位的确定情况可以分为几个时期（如表2.8所示）。

表2.8 外国人的民商事法律地位的不同时期

敌视主义待遇	原始社会不存在国家，因而也不发生有关外国人民事法律地位的问题。奴隶社会的前期，也不赋予外国人的民事法律地位，在内国的外国人不得成为法律关系的主体
贱视主义待遇	随着社会分工的发展带来了商业的发达和生产力的进步，商品交换的规模渐渐超越了一个国家的国界，内外国人的交往增多，各个国家不再将外国人视为敌人，但由于宗教信仰、风俗习惯不同，对外国人仍然采取贱视的态度

续表

差别主义待遇	随着生产力已进一步发达，封建社会开始在欧洲建立。尽管封建割据和绝对属地管辖倾向十分严重，但无论是东方国家还是西方国家，外国人经封建君主或国王的恩准或特许，还是可以获得诸如经商、求学等某些民事权利。但那时，内外国人的民事法律地位还有差别的
相互主义待遇	18世纪末，商品经济发展迅速，国际贸易逐渐增多，商品经济不仅要求国内的通商自由，而且也要求国际通商自由，为了便利商品交换的正常进行，势必要求各国相互承认对方国家商人在内国的民事法律地位。各国在不影响国家利益的前提下，或以国内立法、或以缔结国际条约的方式，来规定外国人在内国的权利和义务。这一时期，构成了外国人待遇的相互主义时期，前者被称为法律（立法）上的相互主义，后者被称为条约（外交）上的相互主义
平等主义待遇	最早在立法上采用该原则的是1829年的《荷兰民法》，该法第2条规定："在王国领土之内，皆自由人，有享有私权之权利。"此后，各国先后都废除了旧的规定，采用平等主义待遇的规定。 在国际上，国家之间还常通过双边或地区条约，给予缔约他方国民以某种民事法律地位。1948年通过的《世界人权宣言》规定：人人于任何所在国有被承认为法律上主体的权利；在法律上悉属平等，且应一体享受法律的平等保护

值得注意的是，个人的民事权利地位在外国受到外国国家的侵害，应根据"用尽当地救济的原则"（exhaustion of local remedies rule），首先寻求所在国的司法保护。只有在所在国拒绝司法，或无正当理由故意拖延审理，或对外国人实行歧视不给予充分的司法救济的情况下，所属国才能行使外交保护权。

二、外国人的民商事法律待遇的几种制度

（一）国民待遇（national treatment）

国民待遇原则，又称平等待遇原则。根据这一原则，所在国应给予外国人与内国人同等的民商事权利地位。民商事权利主要指财

产权、亲权、诉讼权等方面。

国民待遇原则在国际私法上的意义，是在于保证在所在国领域内的（增加内）外国人之间的民事权利地位的平等，从而排除外国人在民事法律地位方面低于内国人的歧视待遇。

我国在处理外国人民事待遇地位问题时，是一贯对国民待遇原则持肯定态度的。如《中华人民共和国民法通则》第 8 条第 2 款就指出，本法关于公民的规定，除法律另有规定外，同样适用于在我国领域内的外国人。《中华人民共和国民事诉讼法》第 5 条规定："外国人、无国籍人、外国企业和组织在人民法院起诉、应诉，同中华人民共和国公司、法人和其他组织有同等的诉讼权利和义务。"在我国缔结或参加的双边或多边国际条约中，也不乏此类规定。

（二）最惠国待遇（most-favored-nation treatment）

最惠国待遇是指在民商事权利方面，授予国给予外国人的待遇，不低于授予国已给予或将给予任何第三国国民的待遇。如在 1955 年的《中国和埃及政府贸易协定》中规定："双方同意在发给输出、输入许可证方面和征收关税方面相互给予最惠国待遇。"《关税与贸易总协定》第 1 条第 1 款即规定了多边最惠国条款。

最惠国待遇有以下特点：

(1) 最惠国待遇是根据某一项双边或多边条约的规定，授予国给予受惠国约定范围的优惠待遇（即互惠的最惠国待遇）；

(2) 当授予国给予任何第三国最优惠待遇时，受惠国即可根据最惠国待遇条款的规定，取得与该第三国相同的待遇，而无需向授予国履行任何申请手续（即无条件的最惠国待遇）；

(3) 最惠国待遇与国民待遇不同，后者在于保障在内国的外国人与内国人民事法律地位平等，而前者可以实现在内国的外国人与外国人之间的民事法律地位平等；

(4) 在最惠国条款中，一般都对最惠国待遇的适用范围作了规定，最惠国待遇一般是在经济贸易的某些事项上适用，诸如关税、航行、旅客、行李和货物过境、铁路、公路的使用等；

(5) 在某些情况下，也可以例外地不把给予第三国的优惠提供给缔约对方。在缔结最惠国条款时，一般都规定了最惠国待遇的例外条款，指出一些不适用最惠国待遇的例外事项（如图 2.3 所示）。

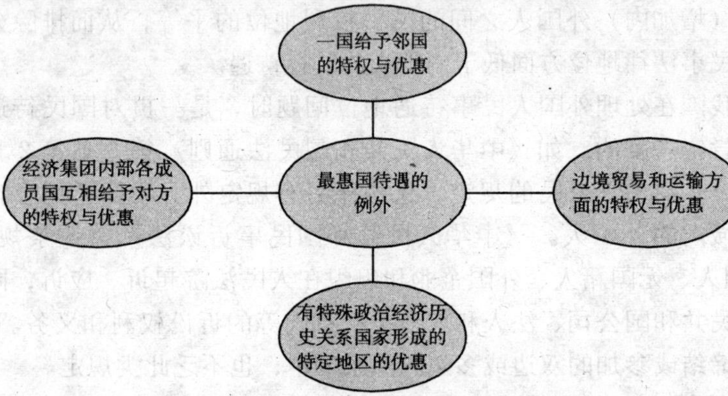

图 2.3 最惠国待遇的例外

新中国最早是在 1955 年与埃及签订的贸易协定中开始采用最惠国待遇制度的。目前因对外开放政策的实施，与许多国家签订的投资保护和贸易协定中都广泛适用这一制度，当然也有例外事项的规定。如《中华人民共和国和法国关于相互鼓励和保护投资的协定》中就规定："（1）缔约各方承诺在其领土和海域内给予缔约另一方的投资者的投资以公正和公平的待遇；（2）缔约各方对于在其领土和海域内的缔约另一方投资者的投资，应给予不低于第三国投资者的待遇；（3）上述待遇不涉及缔约一方因加入自由贸易区、关税同盟、共同市场或其他任何形式的地区经济组织而给予第三国投资者的优惠待遇。"

（三）优惠待遇（preferential treatment）

优惠待遇指一国给予外国人在特定事项方面优惠于本国人的待遇。在现实生活中，一些发展中国家，从吸引外国投资、技术与人才的需要出发，往往主动在一定时期内或一定条件下，给予外国人某些方面高于内国人的民商事待遇。例如我国就通过国内立法及签订国际条约的方式，规定了外国人在某些方面享有某种优惠。前者如《中华人民共和国外资企业法》第 17 条规定："外资企业依照国家有关税收的规定纳税并可以享受减税、免税的优惠待遇。外资企业将缴纳所得税后的利润在中国境内再投资的，可以依照国家规定申请退还再投资部分已缴纳的部分所得税税款。”后者如《中国和尼泊尔关于两国关系中的若干有关事项的交换文本》第 6 条规定：“双方同意各按本国规定的优惠税率对彼此出入口商品征收关税。”

本章涉及的是国际私法法律关系主体的相关内容。这些主体在什么情况下形成的是国际私法关系，国际私法关系与其他法律关系竟有什么不同，解决国际私法关系中的法律冲突如何谨于文法，关于这些，且由下章分解。

本章相关知识掌握

■ 主要概念

国籍　住所　绝对豁免论　限制豁免论　外国人民事法律地位　最惠国待遇

■ 基础训练

▲ 选择题

1. 甲公司在德国注册成立，在中国进行商业活动时与中国的乙公司发生商务纠纷并诉诸中国法院。法院经审理查明：中公司的控股股东为英国人，甲公司在德国、英国和中国均有营业所。依照我国有关法律及司法解释，法院应如何选择确定本案甲公司营业所？（　）

   A. 以其德国营业所为准
   B. 以其英国营业所为准
   C. 以其中国营业所为准
   D. 以当事人共同选择的营业所为准

   【解答】应选 C。

2. 某专门生产化妆品的跨国公司，其股东大部分是以色列的犹太人，该公司在美国注册登记，但其主要营业机构设在其最大的市场——法国。现在，该公司欲在中国设立它的分支机构，并获得批准。不久，该公司与中国某国有商场就其销售合同发生争议。我国法院应认定该跨国公司的国籍国是（　　）。

A. 以色列　B. 美国　C. 法国　D. 中国

【解答】 应选 B。

3. 中国人甲与澳大利亚人乙结婚后取得澳大利亚国籍，甲的中国国籍（　　）。

A. 取决于澳大利亚国籍法的规定

B. 取决于本人选择

C. 自动丧失

D. 仍然保留

【解答】 应选 C。

4. 甲具有美国国籍，在加拿大有其原始住所。现甲在英国及中国均有住所。甲家人常住英国，甲为生意常年往返于中国和英国。甲在中国住所居住期间，与他人发生民事纠纷而诉至中国法院。依中国有关法律及司法解释，法院应以何地为甲的住所？（　　）

A. 甲的原始住所，即在加拿大国的住所

B. 甲常住地的住所，即在英国的住所

C. 与产生该纠纷有最密切联系的住所，即在中国的住所

D. 同时以其英国和中国的住所为住所

【解答】 应选 C。

5. 某英国石油公司在马来西亚投资设立了庄承海洋石油有限公司，在中东石油危机期间，马来西亚政府为了缓解国内市场的石油供需矛盾，并把握国家的主要经济命脉，决定对该庄承海洋石油有限公司实行国有化，对于马来西亚政府的这一举措，是否应该对该英国石油公司给予补偿，从理论上讲，国际私法主要有下列几种处理方法：（　　）。

A. 不予补偿

B. 给予“适当的、合理的”补偿

C. 要求对国有化财产给予“充分、及时、有效”的补偿

D. 部分补偿

【解答】 应选 ABC。

6. 某甲与某乙系美国某跨国公司在中国北京所设子公司的业务主管。二人因业务需要 2008 年 2 月，一同去加拿大出差，某甲在加拿大驾车不慎冲出公路，撞到一墙上，致使某乙严重受伤。回北京后，二人就伤害赔偿额发生争议，诉至法院。对此，法院可以适用的法律有（　　）。

A. 美国法　　　　B. 加拿大法

C. 中国法　　　　D. 法院应不予受理

【解答】应选 ABC。

▲ **判断题**

1. 从 1804 年《法国民法典》第 11 条规定“外国人在法国享有与其本国根据条约给予法国人的同样的民事权利”起，直到现在，相互赋予对方国家公民以国民待遇，仍须以有条约的存在为条件。（　　）

【解答】错误。

2. 对一个复合法域国家的公民，在适用其本国法时，最终也可能转而适用其本国住所地法。（　　）

【解答】正确。

▲ **简答题**

1. 简述国际组织权利能力和行为能力产生的法律冲突原因及其法律适用。
2. 外国法人的认可的概念及其主要内容。

■ **案例分析**

大卫是甲国人，同时具有乙国国籍，其住所在甲国，其惯常居所在乙国。后因在丙国为票据行为所引起的票据纠纷在我国涉诉。为了确定大卫之票据行为的效力，我国法院首先要确定他是否有民事行为能力。按照我国《票据法》的规定，票据债务人的民事行为能力适用其本国法。大卫同时具有甲国国籍和乙国国籍，我国法院应该如何确定其本国法？

分析：国籍在确定自然人的本国法方面非常重要，但是国籍往往还会产生冲突，包括积极的冲突和消极的冲突。国际上解决国籍冲突的方法有：内国国籍优先，以内国法为该人的本国法；以自然人最后取得的国籍优先；以自然人先取得的国籍优先；以自然人住所或惯常居所所在地国国籍优先；以自然人有最密切联系的国家国籍优先；由法院从中选择确定自然人的国籍等。

我国在以上方法中选择了以其有住所或者与其有最密切联系的国家的法律为其本国法”的方法，没有区分国籍的取得先后以及内国外国国籍等因素，比较易行。

■ 实践训练

实训项目：处理涉及外国国家及其财产豁免权纠纷案件能力的训练。

迄今为止，中国法院还没有审理过涉及外国国家及其财产豁免权的案件，但是中国在其他国家或地区的法院被诉的情况时有发生。具有较大影响的主要有“贝克曼诉中华人民共和国案”“湖广铁路债券案”“光华寮案”等。请同学们根据各相关国家在外国国家及其财产豁免权问题上的主张，寻找对中国有利的法律依据，并就今后如何避免类似问题提出建议。

考核标准：根据大家提出的理由或建议进行评价。

第三章　法律冲突与准据法

第一节　法 律 冲 突

引例：法律冲突

邝先生在 A 国居住，A 国允许一夫多妻，他见当地的一些男士公开娶有多个妻子，不免有些羡慕。邝先生经常独自去一家酒吧，与酒店服务员酒女士开始熟悉。酒女士杏目含嗔，粉面带笑，朱唇微启说道："男人来喝酒通常有两个原因：因为他家里还没有一个老婆，或者因为他家里已经有了一个老婆。"邝先生连说："知音啊"！遂即向酒女士求婚，希望松萝共倚（如图 3.1 所示）。

图 3.1　娶多个妻子的法律问题

酒女士生得螓首蛾眉，明眸皓齿，十分漂亮。酒女士见邝先生谑而不虐，也甚欢喜。他们哪里知道，此时又一个国际私法的重大问题已经悄悄缠绕上他们了：邝先生可以娶多个妻子吗？

以上案例涉及国际私法法律冲突与法律适用问题。如果邝先生可以娶多个妻子，他死亡以后，还涉及其哪个妻子可以继承财产的问题，比较复杂。

一、法律冲突释义

国际私法理论认为，所谓“法律冲突”，是指两个以上国家的法律对同一民商事法律关系规定不同而发生的法律适用上的冲突。

在国际私法中，凡是民商事法律关系出现涉外因素，往往会涉及两个以上的国家。法院在审理这样的民商事案件时，与审理国内案件是不同的，法官不能只考虑自己国家法律的适用，否则国际私法就不会出现。而司法实践中，法官在处理同一个民商事法律关系时，常常会遇到依据所涉及的一国的法律，该关系已经有效成立或已经有效解除，而依据所涉及的另一国的法律，该关系又未有效成立或有效解除等。在遇有上述情况时，究竟应该适用哪一国家的法律来作出判决呢？这就是两个以上国家的法律发生的法律适用上的冲突，由于世界上 200 多个国家的法律各不相同，甚至互相矛盾，现代社会立法越来越多，法制越来越完备，都鄙有章，一些国家还规定了千奇百怪的法律：例如在某些地方，太胖或是太丑也可能是违法的。如在意大利的脱比亚，禁止胖、丑、不好看的女人在海滩上裸体。法律规定只许能展现女性体态美的年轻妇女裸体做日光浴。

29 岁的理查被约翰内斯堡的警方控以妨害风化，交通警察逮捕他时，他腰部以下一丝不挂。但是他辩称当时他女友正坐在他的腿上，正好遮住他的重要部位。结果，他获判无罪。

到肯亚度假的人，如果看到当地人没穿衣服裸奔，可别一时兴起也跟着脱光衣服裸奔，因为肯亚的本地人可以裸奔，但是外国观光客裸奔就是违法。

俄克拉何马州有一条法规：驾驶人肇事致人死亡，应立即告知对方自己的姓名与地址。

在 1797 年时一位叫詹姆斯·希瑟林顿的人，于伦敦市区戴着史上的第一顶高帽子逛街，然后他被带到市长面前。结果市长大人把他关起来，还罚他 50 英镑，罪名是：在公共道路上戴着一顶很高、很亮的东西，蓄意要使胆小的人吓到。

以上这些情况虽然有些荒唐谬悠，但更加说明法律冲突存在的现实严重性，动心触目。目前世界上有大小 200 多个国家或地区，分别属于不同的法律体系，法律规定既有质的不同，也有量的不同，法律冲突十分明显，上述多数国家采用法系大致情况如图 3.2 所示。

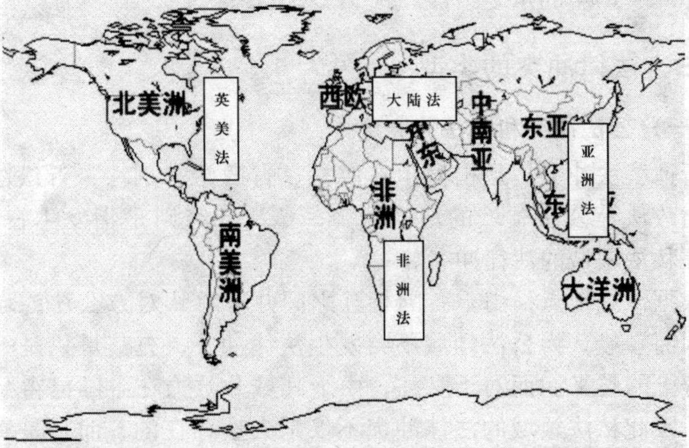

图 3.2　法律冲突

二、法律冲突产生的条件

一般认为，法律冲突的产生必须具有下列条件：

一是各国民商事法律制度规定不同。由于世界各国民商事法律制度互不相同，这便在遇到涉外民商事关系，就会提出应适用何国法律来解决当事人的权利和义务更为公平合理的问题。二是各国国际民商事关系大量出现。如果各国没有往来或很少往来，各国只适用自己的法律来解决有关的问题，也不会引起太多争论，国际私法也就没有必要去解决各国法律实际存在的冲突问题了。而一旦国际民商事关系大量出现，法律就要寻求更为公平合理的解决冲突的办法，这就产生了国际私法。三是外国人的民商事法律地位在内国得到承认。因为在内国法不允许外国人享有民商事权利的领域，外国人就不能作为民商事法律关系的主体，便不会产生民商事法律冲突。另外如果外国人享有在内国凌驾内国主权管辖之上的特权地位，也不会产生内国法的适用问题，不会发生民商事法律冲突。四是各国承认外国民商事法律在内国的域外效力。法律的域外效力指本国法律既对本国境内的本国人和外国人适用，又对在外国的本国人适用。各国在一定条件下相互对对方的民商事法律效力予以承认，是民商事法律冲突产生的重要条件。

三、法律冲突的类型

（一）公法冲突和私法冲突

所谓公法冲突，是指发生在宪法、行政法、刑法、诉讼法、税法、财政法等公法领域的法律冲突；私法冲突则是指发生在民法、商法等私法领域的法律冲突。

根据传统观点，由于各国相互之间并不承认对方公法的域外效力，因而一般认为公法领域不会发生法律冲突，充其量只是一种法律内容上的歧义。而对于私法，由于其域外效力在各国已得到普遍承认，因此私法领域的法律冲突不仅是大量存在的，而且是真正需要我们去加以研究和解决的。

但也有观点认为，随着国际交往与合作的不断发展，以及各国新的法律理念的确立，公法的域外效力在一定范围内已经开始得到承认，公法严格的属地性也逐渐被突破。由此，那种认为公法领域不存在或不会发生法律冲突的传统观点显然太过褊狭而且已经过时。

（二）空间冲突、时际冲突和人际冲突

空间冲突（interspatial conflict of laws），就是指不同地区之间的法律冲突，包括国际法律冲突和区际法律冲突。国际法律冲突指不同国家之间的法律冲突。区际法律冲突是指在一国内部不同地区（法域）法律制度之间的冲突。

时际冲突（intertemporal conflict of laws），是指可能影响同一社会关系的新法与旧法、先法与后法之间的冲突。

人际冲突（interpersonal conflict of laws），是指适用于不同种族、宗教团体、部落以及不同阶级的人的法律之间的冲突。

（三）平面冲突和垂直冲突

平面冲突，是指发生冲突的法律属于同一效力级别、位于同一

层面或处于同等地位。垂直冲突，是指发生冲突的法律位于不同层面，在地位上是一种高低或上下的关系。

此外，根据其他标准，还可对法律冲突作出更多不同的分类（如图 3.3 所示）。

- 法律冲突
  - 依法律冲突的领域分
    - 公法冲突
    - 私法冲突
  - 依法律冲突的内容分
    - 空间冲突
    - 时际冲突
    - 人际冲突
  - 依法律冲突的性质分
    - 平面冲突
    - 垂直冲突
  - 依法令冲突的阶段分
    - 立法冲突
    - 司法冲突
    - 守法冲突
  - 依法律冲突的效力分
    - 平面的法律冲突
    - 垂直的法律冲突

图 3.3　法律冲突的分类

综上，国际民商事法律冲突是同一民商事关系因所涉各国民商事法律规定不同而发生的法律适用上的冲突，属于跨国的、空间的、平面的、私法的冲突。

第二节　人际法律冲突与时际法律冲突

一、人际私法（Private Interpersonal Laws）

解决人际法律冲突的法律是人际私法。人际法律冲突之所以存在，是因为在有些国家，不同的种族、宗教或阶级的人要分别适用不同的民商法。这种情况，在亚洲和非洲的一些国家随处可见。比如，在印度，关于人的身份的法律、亲属法和继承法等方面，信仰印度教的人受到印度教法支配，信仰伊斯兰教的人受到伊斯兰教法的支配。如果不同宗教信仰的人因继承关系发生诉讼，印度法院就要适用印度的人际法律冲突来确定哪一宗教的法作为判案的根据。又如摩洛哥的《个人身份法》第 30 条第 1 款规定，信奉伊斯兰教的男子可以娶四个妻子。而在摩洛哥的犹太人则受犹太法支配。所以，在摩洛哥不同宗教信仰的人之间通婚，也得适用人际私法。

被誉为“近代国际私法之父”的德国历史学派巨子萨维尼曾从法律的“种族或民族性”入手来探讨这一问题。逸群轶材的萨维尼指出，法律的“种族或民族性”在很大程度上是作为游牧部落法律共同体的基础和界限而出现的，这些部落没有固定的领地，恰如游牧部落时代的日耳曼人（Germens）。然而，在这些日耳曼人部落间，即使在他们定居在罗马帝国的领土之上以后，仍然各自受其属人法的支配。萨维尼甚至还追溯到古罗马时代，因政治等级的不同区分的罗马市民（civies）、拉丁人（latini）和外来人（peregrini）三个阶层，他们分别受到市民法（jus civile）和万民法（jus gentium）的支配，这可以说是人际私法的最早形态。而这种属人法时代直到后来被法律的地域性（即国家作为法律的共同体）所取代，才产生出国际私法。[1]

事实上，人际私法与国际私法有着本质的区别：国际私法解决不同国家法律的空间上的冲突，而人际私法所要解决的是在一个国家内部哪一部分人应适用哪一个民商法的问题。人际私法所调整的并不是两个国家或两个法域的法律冲突问题，因而它所调整的民事关系不含有外国因素。当然，人际私法和国际私法都采用间接调整方法，仅仅指出应适用哪一个法律来调整当事人间的民事权利义务关系，这又是两者相同之处。

二、时际私法（Private Intertemporal Laws）

解决时际法律冲突的法律是时际私法。萨维尼在《现代罗马法体系（第 8 卷）》中就同时讨论了法律规则的地域效力和时间效力问题。荷兰学者弗鲁德恩（O. Kahn －Freund）也曾说过，国际私法中“Where”这个词固然十分重要，但“When”这个词也不容忽视。这句话的意思是说，国际私法固然主要是解决某民事关系适用“什么地方”的法律这个问题，但是有时也会提出某民事关系应适用

---

[1] 参看李双元等译萨维尼《现代罗马法体系（第 8 卷）——法律冲突法与法律规则的地域和时间范围》一书，法律出版社 1999 第 1 版第 7—9 页。

什么地方的“什么时候”的法律的问题。例如，我国于 1950 年和 1980 年分别公布实施了两个《婚姻法》，前者规定五代以内的旁系血亲间的婚姻可从习惯，后者禁止三代以内的旁系血亲结婚。1979 年有一对三代以内的表兄妹依习惯结婚，其后表兄加入了美国国籍并在纽约定居。1987 年 5 月表兄向我国法院请求以违反《婚姻法》的禁止性规定为由要求宣告该婚姻无效。这时，我国法院不仅需要首先考虑美国纽约州的法律与中国法律的冲突（即法律的空间冲突或地域冲突），而且在确定应适用中国法后，还需要考虑我国 1950 年的《婚姻法》和 1980 年的《婚姻法》中的不同规定的冲突（即时际冲突），并从中做出选择。这种时际冲突还可能因整个冲突规则的改变而发生。除此之外，在时际冲突中，还有一种“动态冲突”（conflict mobile），它是在如于外国取得的一件动产被转移至法院国，或另一国以及一个人由甲国国籍（或住所）改变为乙国国籍（所住所）等类情况而发生的对有关问题，究竟应适用前一个法律还适应适用后一个法律的冲突。这种动态冲突是因冲突规则所采用的连接因素在实际生活中具有可变动性而导致的。

值得注意的是，区际法律冲突、人际法律冲突、时际法律冲突三种法律冲突均不同于国际私法主要解决的国家之间法律的空间冲突，但在实践中却往往构成法律的二级冲突、三级冲突或四级冲突。例如当我们在解决民事关系等问题究竟应适用何国法律的问题时，冲突规则指定应适用有关当事人的本国法后（一级冲突的解决）；假若他的本国是一个存在多法域法律、多民族、种族的国家，这时候就得进一步解决法律的区际冲突、人际冲突（二级冲突）；如果再进一步查明他的住所地法或他所隶属的宗教法时，发现该住所地法或该宗教法在所涉法律关系或法律行为发生时的法律现在已经有了改变，适用过去的那一法律和适用现在的法律会得出不同的判决结果，那就得再来解决时际法律冲突的问题（三级冲突）[1]。所以，国际私法学对这些问题也是需要加以研究的。

---

[1] 参看李双元，谢石松《国际民事诉讼法概论》1990 年第 1 版第 4 章第 1 页；或 2001 年增订版第 4 章第 2 节。武汉大学出版社。

第三节　冲突规范

一、冲突规范的概念与特点

所谓冲突规范，又称为法律适用规范、法律选择规范，是国内法或者国际条约规定的，指明某种涉外民商事法律关系应该适用何种法律的规范。冲突规范的特点表现在：

（一）冲突规范是法律适用规范

冲突规范并不直接规定当事人的实体权利和义务，而只规定某种涉外民商事关系应适用何种法律。如《中华人民共和国民法通则》第 144 条规定："不动产的所有权，适用不动产所在地法律。"该法并没有规定不动产所有权方面的当事人的实体权利和义务如何，只规定该方面的实体权利和义务依不动产所在地法律而定，不动产所在地不同，不动产当事人的实体权利和义务也是不同的。

（二）冲突规范是间接法律规范

冲突规范是间接规范，必须与它所指引的某国的实体法结合起来，才能最终确定当事人的实体权利和义务。如《中华人民共和国民法通则》第 144 条"不动产的所有权，适用不动产所在地法律"的规定，当事人仅依据冲突规范本身的规定，是无法预见某种法律关系的后果的，当事人不动产的所有权是否成立，是否转移，是否消灭，只能依据不动产所在地法律的规定，所以说冲突规范是间接法律规范。

（三）冲突规范是结构独特的法律规范

一般法律规范为保证其能有效地发挥作用，通常是由假定、处理和制裁三部分组成的。所谓"假定"，是指明该法律规范适用条件的部分，其作用在于限定该法律规范发挥作用的范围；所谓"处理"，是指明该规范所要确定的行为规则具体内容的部分，即有关当事人具体权利义务的内容；所谓"制裁"，则是表明适用或是不适用该规范所造成的法律后果的部分，是该法律规范所具有的法律效力的体现。冲突规范作为法律规范的一种，结构上应该包括以上三部分，然而，由于冲突规范不直接规定涉外民商事关系当事人的实体权利和义务，这就决定了冲突规范的结构比较独特。

二、冲突规范的结构

冲突规范通常是由范围、系属和连结点三部分组成的，现分别论述如下：

（一）范围

所谓范围，是指冲突规范所要调整的涉外民商事法律关系或要解决的法律问题。例如 2005 年《乌克兰国际私法》第 17 条规定：自然人的民事权利能力的产生和终止由其属人法确定。在这一冲突规范中，该冲突规范仅作用于解决“自然人的民事权利能力的产生和终止”这一法律问题，只有在有关“自然人的民事权利能力的产生和终止”方面产生法律适用上的冲突，需要对此加以解决时，才能适用该条冲突规范，因此“自然人的民事权利能力的产生和终止”就是该条冲突规范的“范围”。

（二）系属

所谓系属，是指冲突规范所调整的涉外民商事法律关系或要解决的法律问题所应适用的法律。例如《乌克兰国际私法》第 17 条规定：自然人的民事权利能力的产生和终止由其属人法确定。“自然人的民事权利能力的产生和终止由其属人法确定”这一冲突规范就明确规定了法院应以自然人的属人法的规定为标准，解决发生于涉外民商事交往领域内有关自然人的民事权利能力的产生和终止方面的争议。因此，“属人法”就成为该条冲突规范的“系属”部分。

（三）连结点

连结点是将范围与系属连结在一起的标志点。连结点可以有多种，例如侵权行为地、合同缔结地、婚姻登记地等。连结点的外在表现形式是一定的客观标志，这些客观标志必须是清晰可辨、易于确认的。实践中，经常被选择作为连结点使用的客观标志有国籍、住所、物之所在地、行为地、法院地、旗帜国、当事人的合意等。

如《中华人民共和国民法通则》第 144 条规定："不动产的所有权，适用不动产所在地法律。"在这里，不动产所在地就是将范围与系属连结在一起的标志点，即连结点（如图 3.4 所示）。

图 3.4 冲突规范的构成

值得注意的是，一个冲突规范中不仅仅只有一个连结点，特定情况也可以是两个或两个以上的连结点指示适用两个或两个以上国家法律。因此，连结点的表现形式不同，形成了冲突规范不同的种类。

三、系属公式

所谓系属公式，又被称之为冲突原则、法律适用原则，是指在长期实践中已被公式化和固定化的系属，具体说，就是把一些解决特定化的法律冲突应适用的原则公式化而形成固定的系属，使之适合于解决同类性质法律关系的冲突问题。总体而言，这些公式大醇小疵，非常有用。

常见的系属公式主要有：

（一）属人法

属人法是指以当事人的国籍、住所或者居所作为连结点确定的法律。该系属公式所指引的准据法，可以解决有关身份、能力（包括权利能力和行为能力）、婚姻家庭关系以及继承等方面的法律冲突问题。如卡塔尔国《民法典》第 11 条规定：民事身份和行为能力，依当事人的国籍国法。

目前各国对属人法有本国法和住所地法的不同理解。本国法是指以国籍作为标志指定的属人法，一般为大陆法系各国所采用。住所地法是指以住所或者居所作为标志指定的属人法，一般为英美法系各国采用。法人的属人法，可以是指法人的国籍国法，也可以是指法人住所地法（或主事务所所在地法）。

（二）物之所在地法

物之所在地法是指根据标的物所在地确定的法律。该系属公式所指引的准据法，通常可以解决有关涉外物权等的法律冲突问题。如《中华人民共和国民法通则》第 144 条规定："不动产的所有权，适用不动产所在地法。"第 149 条规定："遗产的法定继承，动产适用被继承人死亡时住所地法律，不动产适用不动产所在地法律。"

（三）行为地法

行为地法是以当事人的行为作为连结点所确定的法律。该系属公式所指引的准据法，通常可以解决行为方式法律冲突问题。在国际私法实践中，逐渐形成了"场所支配行为"这一法律格言、国际惯例，即法律行为方式是否有效，应由其行为地国家的法律决定。如卡塔尔国《民法典》第 30 条规定：因侵权行为产生的债务关系，依该债务关系据以产生的事件发生地国法。

（四）法院地法

法院地法是以法院所在地作为连结点确定的法律。该系属公式所指引的准据法，通常可以解决有关诉讼程序方面法律冲突问题。但在司法实际中，许多实体性问题也都可能依法院地的有关实体法处理。2007 年 10 月 28 日我国全国人民代表大会通过的《中华人民共和国民事诉讼法》第 235 条规定：在中华人民共和国领域内进行涉外民事诉讼，适用本编规定。本编没有规定的，适用本法其他有关规定。

（五）当事人选择的法

当事人选择的法，是指由当事人通过协商共同选择所确定的法律，也就是国际私法中所谓的"意思自治"原则。该系属公式所指引的准据法，通常可以解决有关涉外合同等法律冲突问题。如乌克兰《国际私法》第 43 条规定：合同双方当事人可以依照本法第 5 条和第 10 条的规定，选择合同的准据法。

（六）最密切联系的法律

最密切联系的法律，是指与涉外民商事法律关系有最密切联系的国家的法律。《中华人民共和国民法通则》和《中华人民共和国合同法》也都规定，在涉外合同当事人未能选择法律时，“适用与合同有最密切联系的国家的法律”。

（七）旗国法

旗国法，是指交通运输工具注册国的法律。专门用以解决与船舶、飞机等有关的法律适用问题。

四、冲突规范的类型

（一）单边冲突规范

单边冲突规范，是指直接规定适用内国法或外国法的规范。实践中一般有三种不同的表现形式：

（1）明确规定适用内国法。如1804年《法国民法典》第3条规定：“不动产，即使属外国人所有，仍适用法国法。”这是国际上最早以成文法方式规定的单边冲突规范。《中华人民共和国合同法》第126条第2款规定：“在中华人民共和国境内履行的中外合资经营企业合同，中外合作经营企业合同，中外合作勘探开发自然资源合同，适用中华人民共和国法律。”以上规定都排除了外国法的适用。

（2）明确规定适用外国法。如《中华人民共和国民法通则》第143条规定：“中华人民共和国公民定居国外的，他的民事行为能力可以适用定居国法律”。定居国法律只能是外国法，该规定都排除了内国法的适用。

（3）直接指明应适用某一特定国家的法。如《苏联与比利时—卢森堡经济同盟临时贸易专约》第13条规定：“关于苏联驻比利时商务代表处订立或担保的贸易合同的一切争执，如在该合同中没有关于司法管辖或仲裁的专门条款，应受比利时法院的司法管辖，并依比利时法令解决”。

（二）双边冲突规范

双边冲突规范，是指只规定一个可以推定的系属，可以根据该系属的指示寻找应适用的法律的规范。

这里“可以推定的系属”是指不能直接规定应适用内国法还是外国法，而是需要根据该系属的指示，结合案件的实际情况，具体确定应适用的是内国法还是外国法的系属。例如《中华人民共和国民法通则》第144条规定了“不动产的所有权，适用不动产所在地法律”这一内容，在这里，冲突规范本身并没有直接规定解决不动产所有权争议，应适用内国法还是外国法，而只是规定应适用“不动产所在地法律”，也就是说，该不动产位于内国时，应适用内国法的有关规定解决该不动产的争议；相反，如果不动产位于国外，就应适用其所在地那个国家的法律，依据该外国法的相关规定予以处理。究竟应适用内国法还是应适用外国法，完全取决于客观存在而不能依人的意志为转移。该规定既没有排除内国法的适用，也没有排除外国法的适用。

（三）选择冲突规范

选择冲突规范，是指存在两个或两个以上的系属，但需选择其一适用的规范。该类冲突规范又可以分为两种，即：

1. 有条件的选择冲突规范

有条件的选择冲突规范，指必须按照冲突规范设定的条件对冲突规范中的系属进行选择的规范。如《中华人民共和国民法通则》第145条规定：涉外合同的当事人可以选择处理合同争议所适用的法律。涉外合同的当事人没有选择的，适用与合同有最密切联系国家的法律。该规定便属于有条件的选择冲突规范，它要求法院在处理涉外合同纠纷时，首先应该适用当事人选择的那个法律作为合同的准据法，只有在当事人没有选择时，才能够适用与合同有最密切联系国家的法律。

2. 无条件的选择冲突规范

所谓无条件的选择冲突规范，是指可以任意对冲突规范中的系属进行选择的规范。例如，1982年的土耳其《国际私法和国际民事诉讼程序法》第6条规定：法律行为的方式适用行为完成地的法律，也可以适用调整行为效力的法律。在这里，冲突规范同时罗列了几个国家的法律，如行为完成地的法律、调整行为效力的法律等可供选择，而且，这些国家法律间具有同等价值，可以任意地、不加限制地选择其一适用。类型的规定很多，如2005年保加利亚共和国

《关于国际私法的法典》第 98 条规定：合同的效力，应遵守依照本章规定适用于合同的法律或者合同缔结地国法的形式要求。

（四）重叠冲突规范

重叠冲突规范，是指存在着两个或两个以上的系属，必须同时适用的规范。如 1902 年《海牙关于离婚及别居法律冲突与管辖冲突公约》第 2 条规定："离婚之请求，若非依夫妇之本国法及法院地法皆有离婚之理由的，不得为之"。根据该条规定，如果提起涉外婚姻离婚诉讼的话，不仅需要同时符合夫妇双方的本国法的规定，而且还要同时符合法院地国家有关离婚的规定。《中华人民共和国民法通则》第 146 条规定，侵权行为的损害赔偿，适用侵权行为地法律。中华人民共和国法律不认为在中华人民共和国领域外发生的行为是侵权行为的，不作为侵权行为处理。该规定也要求在我国人民法院审理涉外侵权案件时，需要同时适用侵权行为地法及我国法律。卡塔尔国《民法典》第 30 条也规定：侵权行为适用侵权行为地法，对于在外国发生的事件，即使在事件发生地国被视为违法行为，但在卡塔尔属于合法行为，不适用前款的规定。

通常在重叠冲突规范适用的准据法中，必须有一个是法院地的法，但是，有些重叠冲突规范适用的准据法并不要求其中必须有一个是法院地的法律。例如 1926 年的波兰《国际私法典》第 28 条规定：继承依被继承人死亡时的本国法。但继承人的资格，他必须依继承的准据法及其本国法均有取得遗产的能力时，才能成为继承人。2005 年保加利亚共和国《关于国际私法的法典》第 95 条第 2 款规定：与消费者订立的合同，依当事人所选择的法律。但是，准据法的选择不得剥夺消费者惯常居住地国的强制性规范给予消费者的保护。

第四节　准　据　法

一、准据法的概念和特点

（一）准据法的概念

通常认为，准据法是指冲突规范指明的用以确定国际民商事法律关系的当事人具体权利义务的实体法。

（二）准据法的特点

1. 准据法必须是通过冲突规范所指引的法律。

目前世界各国都制定有调整民商事关系的实体法，这些实体法规定的内容不尽相同，甚至存在根本不同，哪一个国家的法律应该得到适用呢？由于实体法本身并不能自发地成为准据法而被适用，因此只有经冲突规范指示的实体法才能被某一涉外民商事案件适用，从而成为准据法。

2. 准据法是可以具体确定国际民商事法律关系的当事人权利义务的实体法。

3. 准据法是依据冲突规范中的系属，并结合有关国际民商事案件的具体情况而确定的法律。

4. 准据法必须是现行有效的法律。

综上所述，准据法是具有其特定含义和要求的概念，是为完成国私法解决法律冲突这一使命而经特殊的手段予以确定的。作为准据法应当同时具备上述特征。

二、准据法的选择方法

准据法是处理涉外民商事案件的依据，在国际私法中，选择准据法的方法有许多，并不完全统一，根据这些方法拔钉抽楔，就是能够找到准据法（如表 3.1 所示）。

表 3.1　常见的准据法的选择方法

方　法	内　容
依法律的性质决定法律的选择	该方法起源于意大利法则区别说，要求根据法律规则的性质（例如强行法还是任意法等）决定其的适用
依法律关系的性质决定法律的选择	该方法即从分析法律关系的性质入手，寻找适用于该法律关系的准据法
依最密切联系原则决定法律的选择	在适用该方法的过程中，法院应对案件作出全面而客观的分析，找出本案与哪个国家存在着“最密切联系”的因素，从而决定适用哪个国家法律。当今国际社

续表

方　法	内　容
依最密切联系原则决定法律的选择	会对如何断定“最密切联系”缺乏统一的、客观的标准，各国实践中通常是按照自己的理解与要求作出选择，因此，以此确定的准据法更多地体现出法院或法官的意志，具有极大的弹性
依当事人的意思自治决定法律的选择	根据“意思自治”的要求，授权当事人通过合意自行选择应适用的法律，并承认其选择的结果，以该种选择作为准据法适用，已成为当今国际社会解决合同等领域法律适用问题通常的做法
依特征性履行方法确定	乌克兰《国际私法》第 44 条规定：在双方当事人没有选择法律时，适用最密切联系方法，通常适用对法律行为内容具有决定意义的一方当事人的住所地国法或者居所地国法，这些当事人是：买卖合同中的出卖人；承包合同中承包人；服务合同中的执行人；保管合同中的保管人；保险合同中投保人；代理合同中的代理人；担保合同中的担保人等
依政府利益分析决定法律的选择	这种方法是美国学者柯里提出的，他认为，任何一个涉外民商事案件都有与一定的国家或政府间存在着利益关系，如果同时与几个国家或政府都有这种利益关系，就将在这些国家或政府之间存在着利益冲突。因此，应适用何国法律，取决于哪个国家对该案件有着真实的利益。柯里还把“利益冲突”分成几种不同的情况，即“虚假冲突”与“真实冲突”等，并指出在各种情况下应如何决定准据法的适用
依有利于判决在外国得到承认与执行决定法律的选择	这种方法是为了实现判决将来能够得到外国的承认和执行这一目的而为的，也就是说，法院在对应适用的法律做出选择之前，必须对该判决将来需要在哪些国家承认和执行做出判断，同时，更要对这些国家的法律规定予以了解和掌握，特别是要熟悉这些国家对法律的适用的要求，如果该国家法律明确规定，适用什么样的法所形成的判决是不予承认和执行的这一内容时，为保证将来该判决能够得到该国的承认和执行，处理案件就不能适用该种法律

续表

方　法	内　容
依案件应取得的结果决定法律的选择	这种方法是美国学者凯弗斯提出来的，实质上，是一种将案件所涉及的国家的实体法直接加以比较，从中依一定的标准加以选择适用的做法，也有人将此种做法称之为“规则选择法”或“结果选择法”

三、准据法的确定

准据法的确定主要涉及人际法律冲突、时际法律冲突等问题。

(一) 人际法律冲突与准据法的确定

对于发生人际法律冲突时的准据法确定问题，各国还没有统一的做法。我国《内蒙古自治区执行中华人民共和国婚姻法的补充规定》第 3 条规定：结婚年龄，男不得早于 20 周岁，女不得早于 18 周岁。汉族男女同蒙古族和其他少数民族男女结婚的，汉族一方年龄按《中华人民共和国婚姻法》执行。

在处理外国人际法律冲突时，我国没有明确的法律规定，依一般的理论和实践，通常是依据该国的人际冲突法来确定准据法。在该外国没有人际冲突法时，则依与当事人有最密切联系的法律来确定准据法。

(二) 时际法律冲突与准据法的确定

对于时际法律冲突，各国通常采用“新法优于旧法”和“法律不溯及既往”的原则。依一般的理论和实践，对于时际法律冲突的解决首先应依新法对其是否有溯及力的规定来确定应适用的法律，对于新法生效前的国际民商事法律关系，如新法规定其有溯及力则应适用新法，如新法规定其没有溯及力则应适用旧法。如新法对溯及力的问题没有规定，则应该依法律不溯及既往的原则确定适用的法律，即对于新法生效前发生的国际民商事法律关系仍应该适用旧法。

关于区际法律冲突与准据法的确定问题，本书将专门论述。

本章研究了国际私法法律冲突及解决方法，这些是学习国际私法需要重点掌握的问题，通常根据这些知识，解决一般国际私法纠纷便可以随方就圆了。但是，在立法及实践中，国际私法形成了一些特别的制度，会对解决国际私法法律冲突的方法产生改变性的影响，关于这一点，且由下章分解。

本章相关知识掌握

■ 主要概念

法律冲突　积极冲突　冲突规范　系属公式　准据法

■ 基础训练

▲ 选择题

1. “在中华人民共和国境内履行的中外合资经营企业合同、中外合作经营企业合同、中外合作勘探开发自然资源合同，适用中华人民共和国法律。”该条款属于下列选项中哪一类型的冲突规范？（　　）

   A. 单边冲突规范　　B. 双边冲突规范
   C. 重叠适用的冲突规范　　D. 选择适用的冲突规范

   【解答】 应选 A。

2. “遗产的法定继承，动产适用被继承人死亡时住所地法律，不动产适用不动产所在地法律”，这是一条什么类型的规定？（　　）

   A. 双边冲突规范　　B. 选择型冲突规范
   C. 重叠型冲突规范　　D. 单边冲突规范

   【解答】 应选 B。

3. 下列选项中属于动态的连接点的是哪一个？（　　）

   A. 最密切联系地　　B. 不动产所在地
   C. 动产所在地　　D. 侵权行为地

   【解答】 应选 D。动态的连接点是可变的连结点，主要有国籍、住所、居所、动产所在地等。

4. “动产继承适用被继承人住所地法”，这条冲突规范中的“住所地”

在国际私法上称作（　　）。

A. 范围　B. 准据法　C. 指定原因　D. 连结点

【解答】应选 D。

5. 属于主观连结点的是（　　）。

A. 住所　B. 物之所在地

C. 当事人的合意　D. 最密切联系

【解答】应选 C。主观连接点主要是指当事人的意思，这个连结点主要用于确定合同关系的法律适用。

▲ **判断题**

1. 相比较而言，当事人与其住所地的联系，通常比当事人与其国籍国的联系更为密切，所以，为了保证最密切联系法律的适用，当今各国已不再将当事人的国籍作为确定属人法的依据。（　　）

【解答】错误。

2. 重叠性冲突规范通常要求将行为地法与当事人属人法同时适用。（　　）

【解答】错误。

3. 中国的当事人和美国当事人之间发生争议的一宗货物买卖，符合《联合国国际货物销售合同公约》适用的条件，因此我国法院直接根据公约的规定确定买卖双方的权利义务。这种情况下，《联合国国际货物销售合同公约》即是该货物买卖的准据法。（　　）

【解答】错误。

4. 我国法院依冲突规范适用外国法时，如果该外国存在多个法域的，应当适用外国首都所在地的法律。（　　）

【解答】错误。

▲ **简答题**

1. 简述法律冲突的种类。
2. 简述国际民事法律冲突的解决方法。

■ **案例分析**

请根据下图的内容，回答下列问题（1）图中涉及汉族与少数民族法律不同规定问题，属于什么法律冲突？（2）如何解决这样的法律冲突？

分析：属于人际冲突，不同民族的人适用本民族的规定，而不论他在哪个地区。

■ 实践训练

实训项目：处理国内法律冲突纠纷案件能力的训练。

《内蒙古自治区执行中华人民共和国婚姻法的补充规定》第 3 条规定：结婚年龄，男不得早于 20 周岁，女不得早于 18 周岁。汉族男女同蒙古族和其他少数民族男女结婚的，汉族一方年龄按《中华人民共和国婚姻法》执行。请寻找其他类似的规定，并讨论该规定的适用范围。

考核标准：根据大家提出的理由或建议进行评价。

第四章　冲突规范的基本制度

第一节　先　　决

引例：离婚的先决问题

邝先生在 A 国向酒女子求婚并结婚。清女士知道后头一下子炸了，三千发丝，根根竖起，额头冰凉，眼冒金星，不能再与靦然人面的丈夫薰莸同器了，她的第一反应就是发疯似的赶往当地法院提交离婚诉状（如图 4.1 所示）。

图 4.1　离婚的先决

法院在处理离婚诉讼之前，需要确定清女士与邝先生之间的婚姻关系是否已经成立，这就是实践中经常发生的涉及婚姻效力的先决问题。

一、先决问题的概念、构成要件

国际私法中的先决问题，是指为解决涉外民商事关系的主要问题所必须先行解决的附带性问题。

在国际私法中，解决争讼问题是最终目的，该问题的解决有时比较简单，可以直接解决；有时客观情况波诡云谲比较复杂，需要先解决好一些附带性问题，才可能解决争讼问题。如日本人甲在美国死亡，没有留下遗嘱。现乙以甲妻子的身份要求继承甲在日本和美国的财产，在该案中，争讼问题是乙的继承权问题，但解决该问题，必须首先解决甲与乙的真实婚姻关系状况，即乙与甲生前是否存在有效的婚姻关系，该问题即国际私法中的先决问题，先决问题的处理结果直接决定案件争讼问题的结果。

通常认为，作为国际私法中的先决问题，必须具有以下构成要件：其一，争讼问题依法院地国的冲突规范应当适用外国法；其二，先决问题具有相对的独立性，可以作为一个独立诉讼提起并产生准据法的适用问题；其三，在确定先决问题的准据法时，法院地国法与争讼问题准据法所属国冲突规范的适用将导致适用不同国家法律；其四，依不同国家的实体法规定，先决问题可能出现相反的结果。

有时，一个案件中需要解决的先决问题可能不止一个。例如，甲死亡时未立遗嘱，乙要求以甲的婚生子身份继承甲的遗产，而乙是否为甲的婚生子取决于其父母当时的婚姻是否有效这一先决问题。而其父母之间当时婚姻的有效性又取决于其父或其母以前和第三人所缔结的婚姻是否已经合法解除为前提条件，这就产生二级先决问题或多个先决问题。

二、先决问题准据法的确定

关于先决问题准据法的确定问题，各国目前没有形成统一的标准（如表 4.1 所示）。

表 4.1　先决问题准据法的确定方法

确定方法	理　由	采用国家
依争讼问题准据法所属国冲突规则来确定先决问题的准据法	（1）可以避免人为地将先决问题与争讼问题这两个本来有联系的问题分割；（2）先决问题与争讼问题准据法所属国最具关联性；（3）有利于达到判决结果一致	美国，英国，加拿大，澳大利亚等

续表

确定方法	理　由	采用国家
依法院地国解决先决问题的冲突规则来确定先决问题的准据法	（1）先决问题具有独立性；（2）先决问题包括的家庭身份婚姻等问题与法院地关系更密切	1979年美洲国际私法特别会议通过的《关于国际私法一般规则的公约》参加国等
依对先决问题有管辖权国家的冲突规则来确定先决问题的准据法	（1）先决问题是一个独立的问题，应该和“主要问题”平行地确定各自的管辖权；（2）国际条约或各国对“主要问题”和“先决问题”所属领域分别规定了不同的管辖权原则，这种不同管辖权原则是国际社会多数国家或案件所涉及国家都采用或接受的	
依国际私法的基本原则来确定先决问题的准据法		

第二节　识　别

一、识别的概念及其法律意义

所谓识别，又称定性或归类，是指在适用冲突规范时，将待解决的事实情况或法律问题归入一定的法律范畴的过程。

各国法律通常对事实情况或法律问题的规定并不相同，对同一事实情况或法律问题，可能会规定有不同的分类和定性，将其纳入不同的法律范畴。

识别不仅要对冲突规范中的范围定性或归类，而且要对系属中的连结点定性或归类。对冲突规范中的范围定性或归类，如各国冲突规范一般规定，婚姻实质要件适用当事人本国法，婚姻的形式要件适用登记地法，那么对于“未成年人结婚需要其父母同意”的问题，应该如何定性或归类呢？如将其归入婚姻实质要件则应该适用当事人本国法，但是如将其归入婚姻形式要件则应该适用登记地法。对系属中的连结点定性或归类，如各国冲突规范一般规定，当事人的能力问题适用其属人国法。属人国到底是指国籍国还是居住国？也存在不同的定性或归类。

因此，只有正确地解决了识别问题，才能保证冲突规范的正确适用，保证准据法的正确适用。

二、识别的准据法的确定

各国对于识别的方法规定也是不同的（如表 4.2 所示）。

表 4.2　识别的方法与理由

识别的方法	理　由
依法院地法进行识别	（1）冲突规范是国内法，冲突规范中待解决的事实情况或法律问题只能按照其所属国家的法律即法院地法进行定性、归类。 （2）一个国家的法官最熟悉本国的法律。 （3）依法院地法进行识别是国家主权的要求
依准据法进行识别	（1）准据法是解决争讼问题的法律，应该对争讼问题的相关问题进行识别。 （2）法院地国的冲突规范规定适用外国法，就不能再以法院地法进行识别
依比较法和分析法进行识别	依比较法和分析法进行识别即根据各国对法律事实法律问题形成的共同认识和普遍性概念进行识别
依个案具体情况进行识别	由于个案具体情况不同，识别的依据也应有相应变化
依折衷的方法进行识别	应该在依法院地法进行识别和依准据法进行识别两者之间进行折衷，不能采用单一的标准进行识别

目前，我国理论上关于识别的崇论闳议比较多，但是立法方面

还没有识别方面的规定。

三、“二级识别”问题

“二级识别”是指对外国法的解释，即对冲突规范所指定的外国法的性质和内容作出解释的问题。“二级识别”是把识别按照先后分为两种，一种是对冲突规范进行的识别，指对冲突规范的“范围”和“连结点”的识别，该识别是“一级识别”；另一种是对准据法的识别，即通过“一级识别”确定准据法以后，还要依据法院地法对该准据法进行的识别就是“二级识别”。

也许有时准据法也是需要识别，例如当准据法为属人法时，需要解决属人法是国籍国法还是住所地法等。但有时对准据法的识别是含有明确的政治目的，如英美等国法院就曾经以“二级识别”为借口，将社会主义国家国有化法律识别为“刑事法律”而不予适用。

第三节　反　致

一、反致的概念和类型

反致，指甲国法院在审理涉外民商事案件时，根据甲国的冲突规范应适用乙国的法律，而根据乙国的冲突规范应适用甲国的法律，甲国法院最后适用了甲国法律的这种情况。关于反致，各国也有不同的理解（如表 4.3 所示）。

表 4.3　反致的类型

反致	
广义的反致	狭义的反致
“一级反致”，指甲国法院在审理涉外民商事案件时，根据甲国的冲突规范应适用乙国的法律，而根据乙国的冲突规范应适用甲国的法律，甲国法院最后适用了甲国法律的这种情况。仅仅指“一级反致”	仅仅指“一级反致”

续表

反致	
广义的反致	狭义的反致
“二级反致”（转致），指甲国法院根据甲国的冲突规范应适用乙国的法律，而根据乙国的冲突规范应适用丙国的法律，甲国法院最后适用了丙国法律的情况	
间接反致，即大反致，指在处理涉外民商事案件时，甲国法院依甲国的冲突规范应适用乙国的法律，乙国的冲突规范规定应适用丙国的法律，丙国的冲突规范又规定应适用甲国的法律，甲国法院最后适用了本国的法律的这种情况	
完全反致（英国独有），指法官在处理特定涉外民商事案件时，依英国的冲突法应适用某一外国法时，法官应“设身处地”地将自己视为在该外国审判，根据该外国对反致的态度来决定应该适用的法律。如果该外国承认反致，就会出现“双重反致”，从而要适用该外国的法律为准据法	

二、反致的产生条件

反致制度的存在至少需要具备以下几个方面的条件：

其一，各国的冲突规范对涉外民商事关系的法律适用规定不同。

其二，审理案件的法院将本国冲突规范所指定的外国法视为包括冲突规范在内的该国的全部法律。

其三，法院地法律接受反致制度。

三、关于反致的实践

各国立法关于反致的态度不一（如表 4.4 所示）。

表 4.4　各国对反致的态度

态　度	国　家
承认反致、转致	波兰、奥地利、法国等
接受反致而不接受转致	匈牙利、日本、泰国等
部分领域接受反致	英国等
拒绝接受反致、转致	希腊、意大利、巴西、荷兰、秘鲁、埃及、伊朗等

四、中国关于反致的规定

我国在立法上没有明确的关于反致的专门规定，但是相关于问题在司法解释中有所涉及。

我国主要用来规定反致制度的，是 1988 年最高人民法院《关于贯彻执行〈民法通则〉若干问题的意见》第 178 条第 2 款的规定："人民法院在审理涉外民事案件时，应遵照《民法通则》第 8 章的规定来确定适用的实体法。"

第四节　公共秩序保留

一、公共秩序保留的概念及其法律意义

公共秩序保留指一国依据冲突规范指引应适用外国法时，发现该外国法的规定与本国的公共秩序相抵触，可以限制或排除该外国法适用的一种制度。

关于公共秩序保留，各国均有这样的规定，如乌克兰《国际私法》第 12 条第 1 款规定：外国法规范不予适用，如果其适用引起的后果明显与乌克兰基本法律秩序（公共秩序）不符。保加利亚共和国《关于国际私法的法典》第 45 条第 1 款规定：根据本法典本应适用的某外国法的规定，仅在其适用的结果明显与保加利亚的公共秩序不相容时，方不予以适用。卡塔尔国《民法典》第 38 条规定：依

照上述条款应适用的外国法，如果其规定违反了卡塔尔的公序良俗，则排除该外国法的事宜。此时，适用卡塔尔法律。

公共秩序保留具有重要的法律意义。其一，公共秩序保留是维护本国利益的一种工具。其二，公共秩序保留可以直接排除外国法的适用。其三，内国有关公共秩序规定涉及国家或社会重大利益、道德与法律的基本原则可以直接适用，排除冲突规范的适用。

二、各国关于关公共秩序保留制度的实践

各国关于关公共秩序保留制度的立法并不一致（如表 4.5 所示）。

表 4.5 各国关于关公共秩序保留制度的立法

直接限制式	直接规定适用外国法不得违背内国的公共秩序，否则，该外国法不得适用	如《日本法例》第 30 条规定："应依外国法时，如其规定违反公共秩序及善良风俗者，不适用之"
间接限制式	不直接规定拒绝适用有关的外国法，只是规定内国法对某些特定的涉外民商事法律关系，具有绝对的、普遍的效力，必须适用	如 1804 年《法国民法典》第 3 条第 1 款之规定："有关警察与公共治安的法律，对于居住在法国境内的居民均有强行力"
合并限制式	同时采用直接和间接限制两种方式	如 1942 年《意大利民法典》第 28 条规定："刑法、警察法和公共安全法，对在意大利领土上的一切人均有强行力"。同时，该法第 31 条又规定："在任何情况下，外国的法律和法规，一个组织或法人的章程和规定，以及私人间的协议和规定，如果违反公共秩序或善良风俗，在意大利领土上无效"

三、中国关于公共秩序保留的规定

1950 年，我国中央人民政府法制委员会发布的《关于中国人与外侨、外侨与外侨婚姻问题的意见》中就有了公共秩序保留的规定，其中指出，中国人与外侨、外侨与外侨在中国结婚或离婚，不仅适用中国的婚姻法，而且在适当限度内照顾当事人本国的婚姻法，但适用当事人的本国的婚姻法以不违背中国的公共秩序、公共利益和目前的基本政策为限度。

1986 年颁布的《中华人民共和国民法通则》第 150 条规定：“依照本章规定适用外国法律或者国际惯例的，不得违背中华人民共和国的社会公共利益”。依该条的规定，通过公共秩序保留排除的可以是外国法律，也可以是国际惯例。这种规定是我国特有的。

《最高人民法院关于审理涉外民事或商事合同纠纷案件法律适用若干问题的规定》第 7 条规定，适用外国法律违反中华人民共和国社会公共利益的，该外国法律不予适用，而应当适用中华人民共和国法律。

第五节　法律规避

一、法律规避的概念

国际私法中的法律规避，又称法律欺诈，是指当事人为避开本应对其适用的准据法，故意改变连结点，使对其有利的法律得以适用的行为。

二、构成法律规避的条件

（1）主观条件：当事人必须具有规避某国法律的故意。

（2）行为方式：通过改变连结点来实现。

（3）规避对象：当事人本应适用的法律。

（4）客观结果：规避行为已经完成。

三、法律规避的效力

各国对法律规避的态度并不相同:

(1) 法律规避有效论。该观点认为，连结点是可以变动的，这并不违背冲突规范的原理，而且最终适用的法律依旧是冲突规范援引的结果。所以国际私法上的法律规避是一种有效的行为。

(2) 法律规避无效论。该观点认为，国际私法上的法律规避和国内法中的法律规避行为一样，都是一种欺诈行为，按照“欺诈使一切归于无效”的原则要求，法律规避应是一种无效行为。

(3) 法律规避部分有效论。该观点认为，法律规避如果规避的是内国法，则无效；如果规避的是外国法，则有效。

以上各国对法律规避的不同态度，将直接影响法律关系的效力。

四、法律规避的对象

法律规避的对象是指本应对当事人适用的准据法，多数是强制性的法律规范。

五、中国关于法律规避的规定

中国立法对法律规避没有明文规定，但是最高人民法院《关于贯彻执行〈中华人民共和国民法通则〉若干问题的意见（试行)》中第 194 条明确规定:“当事人规避我国强制性或者禁止性法律规范的行为，不发生适用外国法律的效力”。该《意见》在法律规避的对象上，只包括了我国的法律，没有规定规避外国法的效力问题。

《最高人民法院关于审理涉外民事或商事合同纠纷案件法律适用若干问题的规定》第 6 条也规定：当事人规避中华人民共和国法律、行政法规的强制性规定的行为，不发生适用外国法律的效力，该合同争议应当适用中华人民共和国法律。

第六节 外国法查明

一、外国法查明的概念

外国法查明，又被称之为外国法的确定或外国法的证明，是指一国法院根据冲突规范的规定适用外国法时，对该外国法内容的确定。

二、外国法查明的一般方法

关于外国法查明的一般方法，各国均有规定。如保加利亚共和国《关于国际私法的法典》第43条第1款规定：法院或者其他法律适用机关依职权查明外国法的内容，并可借助于国际条约中规定的协助方式，请求司法部或其他机构以及专家，专业机构提供答复。乌克兰《国际私法》第8条第4款规定：如果外国法规范的内容在合理的期限内采取本条所述措施后仍未能查明，则适用乌克兰法。具体而言，各国的做法可以归纳如下（如表4.6所示）。

表4.6 外国法查明的一般方法

由当事人负责举证查明	认为外国法是“事实”，与证明案件事实的其他证据一样，由当事人负担举证责任	这是以英国为代表的一些国家的做法
原则上由当事人负责举证，但法官也可以直接查明	认为外国法是“事实”，原则上由当事人负举证责任。但法官也可以直接查明	这是以法国为代表的一些国家的做法
由法官负责查明	认为外国法是“法律”，根据“法官知法”的原则要求，法院应依职权查明外国法	这是以意大利为代表的部分国家的做法
原则上应由法官负责查明，但当事人也应协助查明		这是德国、东欧、北欧以及拉丁美洲许多国家所采用的做法

三、无法查明外国法时的解决办法

在司法实践中，如果经过各种途径和适当时间仍不能查明外国法，或经查明外国法无相关规定时，究竟应如何解决法律适用的问题。各国立法和司法实践对这一问题的解决办法也不一致，主要有以下方法（如图 4.2 所示）。

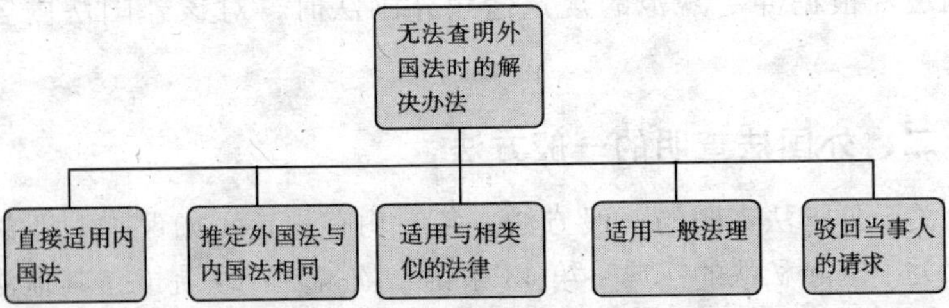

图 4.2　无法查明外国法时的解决办法

四、外国法的错误适用及其救济

外国法的错误适用可能因两种情况而发生，相应可采取的救济办法也有所不同。

一是适用内国冲突规范的错误。即依本国冲突规范指定本应适用某一外国的法律，但在实践中却适用了另一外国或本国的法律，或者本应适用内国法，却适用了外国法而发生的错误，被称为“适用冲突规范的错误”。由于这种情况是适用内国法律的错误，因此，各国一般都允许上诉。

二是适用外国法的错误。即依本国冲突规范指定适用某一外国法时，对该外国法的内容做了错误解释，或者本应适用该外国法的甲法却适用了该国法的乙法，并据此做出了错误的判决，这叫做“适用外国法的错误”。对于这种情况，存在有允许当事人上诉与不允许当事人上诉两种不同的处理途径。

第一，不允许当事人上诉。这种主张为法国、德国、瑞士、希腊、荷兰、比利时、西班牙等国所采用。第二，允许当事人提起上诉。意大利、奥地利、葡萄牙、芬兰、英国、美国等采取这种做法。

五、中国关于外国法查明的规定

中国立法没有明文规定外国法查明的方法。我国最高人民法院发布的《关于适用〈涉外经济合同法〉若干问题的解答》第 2 条第 11 款,《关于贯彻执行〈中华人民共和国民法通则〉若干问题的意见(试行)》第 193 条规定，人民法院不能确定外国法的内容时，外国法的查明方法有：(1) 由当事人提供；(2) 由我驻该国的使领馆提供；(3) 由该国驻华使领馆提供；(4) 由中外法律专家提供；(5) 由与中国订立司法协助协定的缔约对方的中央机关提供。

在外国法通过上述途径不能查明时，应适用我国法律。

《最高人民法院关于审理涉外民事或商事合同纠纷案件法律适用若干问题的规定》第 9 条规定，当事人选择或者变更选择合同争议应适用的法律为外国法律时，由当事人提供或者证明该外国法律的相关内容。人民法院根据最密切联系原则确定合同争议应适用的法律为外国法律时，可以依职权查明该外国法律，亦可以要求当事人提供或者证明该外国法律的内容。当事人和人民法院通过适当的途径均不能查明外国法律的内容的，人民法院可以适用中华人民共和国法律。

关于适用外国法的错误，我国目前尚无这方面的立法或判例。但从我国的《民事诉讼法》的规定看，我国是允许当事人上诉的。我国没有区分法律审和事实审，因此无论是发生哪种适用上的错误，从保护当事人的合法利益及国际私法的理念看，都应允许当事人上诉。

本章涉及的内容是国际私法特别的制度，这些内容与前面各章所述内容一样，针对的是国际私法的普遍问题。为了更加明确国际私法的具体法律适用，接踵而至的是需要对国际私法法律关系的各具体种类进行细化研究，首先需要涉及的是形成国际私法关系的能力问题，关于这一点，且由下章分解。

本章相关知识掌握

■ 主要概念

先决　识别　反致　法律规避　外国法的查明

■ 基础训练

▲ 选择题

1. 一对夫妇，丈夫为泰国人，妻子为英国人，丈夫在中国去世后，妻子要求中国法院判决丈夫在中国的遗产归其所有。判断妻子对其夫财产的权利是基于夫妻财产关系的权利还是妻子对丈夫的继承权利的问题在国际私法上被称为什么？（　　）

A. 二级识别　　B. 识别

C. 法律适用　　D. 先决问题

【答案】 应选 B。

2. 甲国法院在处理某涉外民事案件时，根据其本国的冲突规范，应适用于乙国法。但根据乙国法的冲突规范，此案应适用丙国法。如果法院按国实体法处理了此案，这一适用法律的过程称为(　　)。

A. 反致　　B. 转致

C. 间接反致　　D. 外国法的适用

【答案】 应选 B。

3. 人民法院处理涉外民事案件会碰到依据我国法律中冲突规范的规定应当适用外国法的情况。对于应当适用的外国法律，人民法院可以通过下列哪些途径查明？（　　）

A. 由当事人提供　　B. 由该国驻我国使馆提供

C. 由我国驻该国使馆提供　　D. 由中外法律专家提供

【答案】 应选 ABCD。

4. 世界各国都将公共秩序保留作为捍卫本国根本利益的一项重要法律制度。关于这一制度，下列哪项判断是错误的？（　　）

A. 我国的公共秩序保留制度仅在适用外国法律将违反我国社会公共利益的情况下才可以适用，其结果为排除相关外国法律

的适用

B. 在英美普通法系国家中，“公共秩序”的概念一般表述为“公共政策”

C. 公共秩序保留制度已经为国际条约所规定

D. 我国法律中常常采用“社会公共利益”来表述“公共秩序”的概念

【答案】应选 A。

5. 下列关于法律规避的说法中哪些是正确的？（　）

A. 当事人有规避法律的故意

B. 当事人是通过变更静态连接点而实现规避法律的

C. 当事人规避我国强行法的行为无效

D. 国际私法上的法律规避是当事人滥用冲突规范的结果

【答案】应选 ACD。

▲ 判断题

1. 有时，一个案件中需要解决的先决问题可能不止一个。（　）

【解答】正确。

2. 外国法的错误适用是指适用内国冲突规范的错误。（　）

【解答】错误。

3. 各国对法律规避的态度都是否定的。（　）

【解答】错误。

▲ 简答题

1. 简述我国查明外国法的方法。

2. 简述国际上对待反致的态度。

■ 案例分析

中国人甲，已婚。1995 年被派往穆斯林国家建设某项工程。甲由与当地一女子结婚。1999 年，甲回国，在一次车祸中丧生，在中国留有遗产。穆斯林女子来到中国要求继承遗产。问：穆斯林女子能否继承甲的财产？

分析：应该允许，但这不是承认甲的重婚行为，而是为了保护弱者。

■ **实践训练**

实训项目：处理识别问题能力的训练。

对于依准据法进行识别的观点，有些学者提出了反对，认为该种主张在强调准据法的重要性的同时，忽略了这样一个问题，即在依据准据法进行识别之前，必须首先确定冲突规范，因为只有确定了应适用的冲突规范，才能通过冲突规范的援引指示确立准据法。而识别的目的恰恰在于正确地确定冲突规范从而正确的确定准据法，在冲突规范尚未确定之前，何为准据法是不得而知的，因此，依准据法作为标准进行识别也就无从谈起。所以说，该种主张是自相矛盾、违反逻辑的，因而也就无法实施。

请针对以上观点尽量寻找反对的理由。

考核标准：根据大家提出的理由进行评价。

第五章　权利能力和行为能力

第一节　自然人权利能力与行为能力的法律适用

引例：行为能力的法律适用

邝先生心绪不宁，蜩螗沸羹，他不愿意与清女士离婚，决定韬迹匿光，三十六计，走为上策（如图 5.1 所示）。

图 5.1　宣告失踪

邝先生失踪了，在这种情况下法院是应该缺席判决呢，还是应该宣告邝先生失踪？如果宣告邝先生失踪，应该按照什么程序进行？宣告邝先生失踪将会对他们的婚姻起什么影响？该案的这些问题实际上涉及的是当事人权利能力与行为能力的法律适用问题。

一、自然人权利能力与行为能力的法律冲突

（一）自然人权利能力的法律冲突

国际私法中自然人的权利能力是指自然人依法享有民商事权利和承担民商事义务的资格。目前多数国家均规定自然人的权利能力始于出生，终于死亡。这表面上看，不待蓍龟，似乎不易发生法律

冲突。然而问题在于各国对自然人的“出生”和“死亡”的理解存在不同，因此，在自然人权利能力方面，法律冲突依然存在（如表5.1所示）。

表5.1 各国关于“出生”的不同理解与规定

各国规定的标准	内 容
阵痛说	婴儿出生前，其母亲分娩发生阵痛时取得权利能力
露头说	婴儿从母体露头时起具有权利能力
独立呼吸说	婴儿脱离母体后，开始独立呼吸时获得权利能力
初声说	婴儿发出第一声啼哭时具有权利能力
出生完成说	婴儿脱离母体完成出生过程之时具有权利能力
存活说	婴儿出生后必须成活才能取得权利能力
保留说	我国是采用独立呼吸说的，因此，胎儿没有民事权利能力，但为了保护他们出生后的利益，在特殊情况下，采用了保留说。《中华人民共和国继承法》第28条规定：“遗产分割时，应当保留胎儿的继承份额。胎儿出生时是死体的，保留的份额按照法定继承办理。”

在民商事权利能力终止方面，各国一般规定自然人死亡则权利能力终止。通常在法律上将死亡分为两类：生理死亡和宣告死亡（自然死亡、拟制死亡）。但对于死亡的判断标准，存在较大分歧（如表5.2所示）。

表5.2 各国关于死亡的判断标准

死亡	生理死亡	有些国家以人的呼吸停止作为死亡的时间
		有些国家以脉搏消失、心脏停止跳动作为死亡时间
		有些国家以脑电波停止作为死亡时间
	宣告死亡	1. 制度设置各异。有些国家同时存在宣告失踪与宣告死亡（如中国）；有些国家只有宣告失踪而无宣告死亡（如日本）；有些国家只存在死亡宣告，不存在失踪宣告，（如前民主德国）。

续表

	宣告死亡	2. 宣告时间各异。有些国家规定自然人离开住所下落不明满4年即可宣告失踪（如法国）；有些国家规定必须满7年（如日本）；有些国家规定自然人生死下落不明满2年可宣告失踪，满4年可宣告死亡，因意外事故下落不明，从事故发生之日起满2年即可宣告死亡（如中国）。 3. 生效日期不同。有的国家规定以宣告之日或宣告确定之日发生效力；有的国家规定以最后消息日发生效力；有的国家规定依宣告所认定的死亡之日起发生效力；有的国家规定以法律规定的从失踪期间届满之日起便发生效力。 4. 法律后果不同。如关于宣告死亡人的婚姻效力，如果被宣告死亡人的妻子已经再婚，德国规定，失踪人过去的婚姻因其妻第二次结婚而解除。西班牙、葡萄牙、意大利的法律则保护前一婚姻
死亡	死亡顺序	互有继承关系的人在同一事件中死亡，无法确定死亡先后时间的，一些国家规定了“推定存活”制度。法国《民法典》第720～722条规定：“互有继承权的数人，如在同一事故中死亡，何人死亡在先无法辨明时，死亡在后的推定，根据事实情况确定，如无此种情况，根据年龄或性别确定，如同时死亡的人不足15岁时，年龄最长的人为后死之人；如均在60岁以上时，年龄最小的人推定为后死之人；如同时死亡的数人，年龄均在45岁以上、60岁以下年龄相等或相差不超过一岁时，男性应被推定为后死之人；如同时死亡之数人为同一性别时，死亡在后的推定，应使继承能按照自然的顺序开始，即年龄较幼者被推定为比年龄较长者死亡在后。”德国《民法典》第20条则规定：“数人因共同危难而死亡者推定同时死亡。”我国最高人民法院在1985年《关于贯彻执行〈中华人民共和国继承法〉若干问题的意见》中指出，凡相互有继承关系的数人于同一事件中死亡而不能确定其死亡先后时间的，首先可推定无继承人的人先死；而在均有继承人者之间，如辈分不同，可推定长辈先死；如辈分相同，推定同时死亡，彼此不发生继承关系，他们的财产即由他们各自的继承人继承

（二）自然人行为能力的法律冲突

自然人的民商事行为能力，是指法律确认的公民通过自己的行为参加民商事法律关系，享有民商事权利和承担民商事义务的能力。民商事行为能力有广义和狭义之分（如图 5.2 所示）。

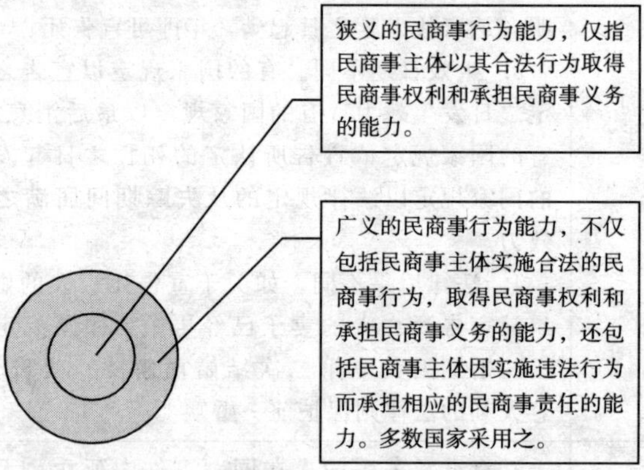

图 5.2 两种民商事行为能力

根据各国的立法，通常自然人取得行为能力的条件有两个：其一是必须达到法定成年的年龄；其二是必须心智健全，能够正确地认识和理解自己的行为并能够以自己的名义独立地承担自己行为的法律后果。这两个条件必须同时具备，缺一不可。然而，各国民法对法定成年年龄，构成限制民商事行为能力的条件以及有关禁治产制度等规定的内容不同，在涉外民商事交往中，必然导致有关自然人民事行为能力的法律冲突。

1. 法定成年年龄的法律冲突

成年年龄是划分完全行为能力人与非完全行为能力人的重要标志。所谓“成年人”，是指达到一定年龄、具有行为能力或完全行为能力、能够通过自己的行为取得民商事权利和承担民商事义务，并可以以自己的名义独立承担其行为后果的人。但是，各国对于成年年龄的规定差异却很大（如图 5.3 所示）。

各国对成年年龄的规定不同，就会导致某个人在甲国依甲国法是具有完全民商事行为能力人，而在乙国如若依乙国法则可能成为

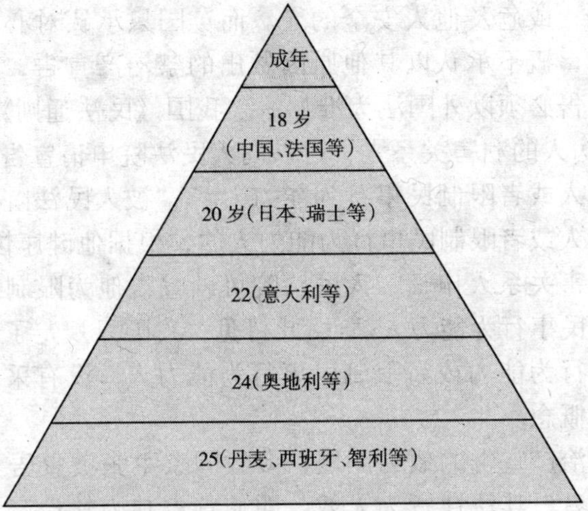

图 5.3　各国对于成年年龄的规定

限制民商事行为能力人。[1]

2. 禁治产制度的法律冲突

禁治产制度是一些国家为了保护虽达到成年年龄、但由于各种原因造成的能力低下人的利益而禁止或部分禁止其以自己意志处分自己财产的制度。自然人被宣告为禁治产人后，法院应该为其设置法定代理人或监护人，禁治产人的法律地位与未成年人一样同属无民商事行为能力人或是限制民商事行为能力人。但各国在禁治产法律制度方面的规定同其他法律规定一样存在着差异，主要表现在宣告禁治产的原因和法律效力两个方面。

宣告禁治产主要的原因是个人因精神失常而不能处理自己的事务，这是各国法律规定的共同点。除此之外，各国还有不同的规定。如德国民法规定具备下列条件的成年人，可宣告为禁治产者：一是因精神病或心神耗弱或低能而不能管理自己财产的人；二是因其挥霍无度致使他自己或他的家庭生活发生困难的人；三是因酗酒成性或吸毒成癖而不能管理自己事务，或因此而使他自己或他的家庭生

[1] 韩德培《国际私法》高等教育出版社，北京大学出版社，2000 年，第 159 页。

活发生困难，或危及他人安全的人。而英国只承认对心神失常者做禁治产宣告，概不承认以其他原因做出的禁治产宣告，除非根据国际私法该宣告必须以外国法为准据法。我国《民法通则》第 19 条规定："精神病人的利害关系人，可以向人民法院申请宣告精神病人为无行为能力人或者限制民事行为能力人。""被人民法院宣告为无民事行为能力人或者限制民事行为能力人的，根据他健康恢复的情况，经本人或利害关系人申请，人民法院可以宣告他为限制民事行为能力人或完全民事行为能力人。"由此可见，我国只规定了宣告精神病人为无民事行为能力或者限制民事行为能力人，没有采用"禁治产宣告"这个概念。

关于禁治产宣告的效力问题，多数国家主张被宣告为禁治产者或准禁治产者，其法律行为无效。即使宣告其为禁治产人的原因已消失（如精神病患者已痊愈），只要其本人或与其有利害关系的人没有申请法院撤销其禁治产宣告，则其法律行为始终无效。另一国家认为，被宣告为禁治产者或准禁治产者的法律行为只是可撤销的行为，并不当然无效。宣告禁治产的原因消失后，即便法院未取消对其的禁治产宣告，只要其本人或与其有利害关系的人不要求撤销其法律行为，这种行为就应该认为有效。❶

二、自然人权利能力与行为能力的法律适用

（一）自然人权利能力的法律适用

根据各国的立法和司法实践，解决自然人权利能力方面的法律冲突所应适用的法律大致上有三种确定办法：

第一，适用有关法律关系的准据法。一些国家认为，当事人权利能力无单独的准据法。因为权利能力应该附属于有关的涉外民商事法律关系，所以要适用有关法律关系的准据法。例如，瑞士联邦《国际私法》第 34 条第 2 款规定："自然人的权利能力的产生和终止，适用调整民事权利关系的法律。"这种做法不承认权利能力具有相对独立性，不具有单独适用的可能性。实践中，采用这种做法的

❶ 韩德培《国际私法》高等教育出版社，北京大学出版社，2000 年，第 160 页。

国家比较少。

第二，适用法院地法。一些国家认为，自然人的权利能力问题通常涉及法院地国的公共利益和公共秩序，因此，应该适用法院地法的规定来确定。采用这种做法的国家也比较少。

第三，适用当事人的属人法。自然人的权利能力问题适用当事人的属人法是目前大多数国家采用的做法。但什么是属人法，各国立法规定不一致，形成了三种不同的主张：一是大陆法系国家主张属人法是指国籍国法，或称本国法，如法国《民法典》第 2209 条规定："人和身份与能力由其本国法规定。"二是英美法系国家认为属人法系指住所地法，如秘鲁《民法典》第 2070 条规定："自然人的身份和能力，依其住所地法。"第三种主张是对在内国的外国人以住所地法作为其属人法，对在外国的内国人，则以其本国法作为属人法。例如加蓬《民法典》第 32 条规定："个人的身份与能力依其本国法，但是，在加蓬设有住所五年以上的外国国民，得依加蓬法。"以上对属人法的不同理解，会增加各国法律适用上一些困难，因为需要了解具体国家的态度（如图 5.4 所示）。

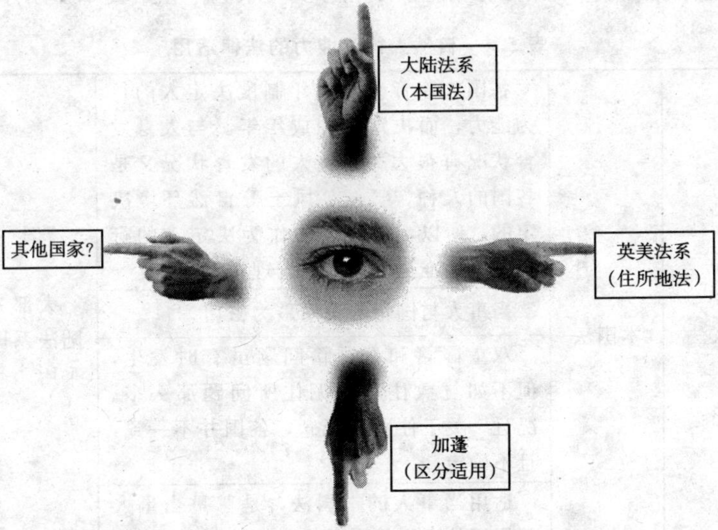

图 5.4　自然人权利能力属人法的法律适用

关于失踪或者死亡宣告的法律适用问题，各国原则上适用失踪人的属人法，但在具体适用上也存在差异（如表 5.3 所示）。

表 5.3 失踪或者死亡宣告的法律适用

内 容	采用国家
适用失踪人的本国法	奥地利等
适用失踪人的住所地法	秘鲁
原则上适用失踪人的本国法，但内国法院对失踪或者死亡宣告有管辖权时适用法院地法	波兰
原则上适用失踪人的本国法，但涉及在内国的不动产时例外	泰国
原则上适用失踪人的本国法，但失踪外国人在内国有财产的适用内国法	日本

（二）自然人行为能力的法律适用

自中世纪意大利的法则区别说开始，属人法就成为自然人行为能力的准据法。这在欧洲大陆早已成为国际私法中一条公认的法则。但对属人法又有国籍国法和住所地法的不同理解（如表 5.4 所示）。

表 5.4 自然人行为能力的法律适用

<table>
<tr><td rowspan="5">属人法</td><td rowspan="5">本国法</td><td>各国法律皆采取成年制度决定人的行为能力，而决定人的成年年龄与人身发育状况有很大关系，人的发育状况又是各国的人种、气候、风土等自然环境决定的，所以，以本国法作为决定人的行为能力的准据法，最为合理</td><td rowspan="5">大部分大陆法系国家采用</td></tr>
<tr><td>当事人与国籍的关系最为密切</td></tr>
<tr><td>双重国籍和无国籍问题虽有时发生，但不如复数住所或无住所问题那么多。况且，关于住所的概念，各国并不一致，且不确定</td></tr>
<tr><td>适用当事人的本国法，是尊重当事人所属国的主权的表现</td></tr>
<tr><td>国籍的标准比较统一，容易确认</td></tr>
</table>

续表

属人法	住所地法	不问当事人的国籍如何，以住所地法作为行为能力的准据法，比较合乎内外国人平等原则	英美普通法系国家和丹麦、挪威、冰岛以及拉丁美洲的一部分国家采用
		住所是由个人自由意思而设立的，表明他愿意遵守住所地的法律	
		住所是个人永久居住地，亦是个人利益的中心基地，故以住所地法决定人的行为能力比较合理	
		一国法院在处理涉外案件时，如当事人具有多重国籍或无国籍，以住所地法决定人的行为能力比较方便	
		在复合法域国家内，适用当事人的本国法常不可能，故以住所地法决定人的行为能力较为妥善	
		在外国人移入居住者众多的国家，以住所地法作为行为能力的准据法，较能保护内国的利益	

值得注意的是，以属人法作为人的行为能力的准据法已经成为普遍的做法，但如果只是适用属人法原则，对内国交易的安全有时不利，因为当事人在一国境内与外国人进行交易时，很难了解对方国家的法律，因此无法知道依其属人法其是否有行为能力。在这种情况下，不少国家对属人法的适用都有一定的限制，这种限制或例外表现在两个方面：一是当事人处理不动产的行为能力应该适用不动产所在地法，而不适用属人法；二是当事人有关商务活动的行为能力，可以适用属人法或者行为地法，只要有一个认为有行为能力即认为其有行为能力。

关于禁治产宣告的法律适用，各国规定的方法有：适用被宣告人的本国法；适用法院地法；适用被宣告人的本国法及法院地法。

中国立法对自然人民商事行为能力的法律适用也作了规定。1986 年《中华人民共和国民法通则》第 143 条规定："中华人民共和国公民定居国外的，他的民事行为能力可以适用定居国法律。”最高人民法院1988年《关于贯彻执行〈中华人民共和国民法通则〉若干问题的意见（试行）》又作了进一步的补充，其规定为：（1）定居国外的我国公民的民事行为能力，如其行为是在我国境内所为，适用我国法律；在定居国所为，可以适用定居国法律；（2）外国人在我国领域内进行民事活动，如依其本国法律为无民事行为能力，而依我国法律为有民事行为能力，应当认定有民事行为能力；（3）无国籍人的民事行为能力，一般适用其定居国法律，如未定居，适用其住所地国法律。

根据以上规定，如果定居国外的我国公民的民事行为能力，如其行为既不是在我国境内所为，也不是在定居国所为，以及没有定居国外的我国公民的民事行为能力如何适用法律呢？笔者认为，根据以上司法解释的精神，这些情况不能适用行为地法，而应该适用当事人的属人法。

第二节　法人权利能力与行为能力的法律适用

一、法人权利能力和行为能力的法律冲突

尽管法人和自然人一样具有民商事权利能力，但是法人的民商事权利能力不同于自然人的民商事权利能力。首先，某些专属于自然人的权利，法人是不能享有的，如继承的权利、接受扶养的权利等；而某些专属于法人的权利自然人也不能享有，如银行法人开展信贷业务的权利。其次，自然人的权利能力是普遍的、共同的，即凡是自然人都享有相同的权利能力。而法人因其各自经营业务范围的不同，分别受到法律和自己章程的限制，其权利能力的具体内容各有区别。因此，法人的权利能力被称为特殊的权利能力。

与自然人的权利能力和行为能力相比，法人的权利能力与其行为能力的关系有如下特点：首先，两者在时间上是一致的，也就是说，法人组织的民商事权利能力与其民商事行为能力是同时产生和同时消灭的。法人的民商事行为能力与其民商事权利能力一样，同

是始于其法人组织的成立，终于该法人组织的消灭，在法人组织存续期间始终存在。其次，自然人行为能力的取得要符合法定的条件，因此，自然人的行为能力与权利能力在一定条件下是不一致的。而法人的民商事行为能力和其民商事权利能力在范围上则是完全一致的。法人能够以自己的行为取得权利和承担义务的范围，不能超出它们的民商事权利能力所限定的范围。再次，法人的民商事行为能力是以团体意思为前提的。因而法人实现行为能力的方式也不同于公民实现行为能力的方式。由于法人组织的民商事权利能力与其民商事行为能力是同时产生和同时消灭的，因此法人的权利能力的法律冲突与行为能力的法律冲突也是完全一样的。

不仅法人的权利能力和行为能力与自然人的权利能力和行为能力有不同规定，而且各国关于法人的权利能力和行为能力的规定也是不同的：(1) 关于法人的范围，法国等国家认为单纯的合伙也是法人，而英国等国家则不承认单纯的合伙是法人。(2) 关于法人登记，德国等认为登记是公司成立的要件，日本等认为登记仅为对抗第三人的要件。(3) 关于法人的权利，瑞士规定除专属自然人的权利义务外，法人的权利能力与自然人完全相同。日本等国则规定，法人依其规定的活动目的享有民商事权利能力。(4) 关于法人的解散，有的国家规定法人因破产或自己的决定而解散，有的国家除规定法人因破产或自己的决定而解散外，还可以因法人违背善良风俗而解散。因此，各国关于法人的权利能力与行为能力的规定也是存在严重法律冲突的，需要按照国际私法规则加以解决。

二、法人的权利能力与行为能力的法律适用

一般认为，法人的权利能力与行为能力适用其属人法。但是外国法人要取得在内国活动的权利，无论是大陆法还是普通法，都要求必须经过内国的许可。对外国法人是否许可其在内国活动，应分别从两个方面加以解决（如图 5.5 所示)。

在我国，最高人民法院 1988 年《关于贯彻执行〈中华人民共和国民法通则〉若干问题的意见（试行)》有如下意见：“外国法人以其注册登记地国家的法律为其本国法，法人的民事行为能力依其本

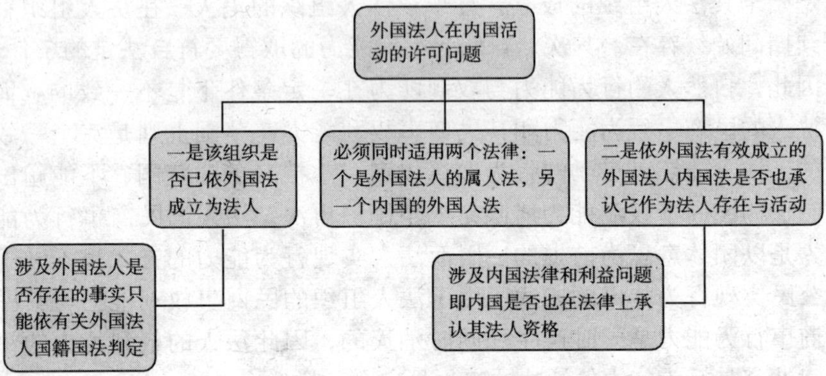

图 5.5　外国法人在内国活动的许可

国法确定。外国法人在我国领域内进行的民事活动，必须符合我国的法律规定。”我国一些相关法律还直接规定了外国法人可以享有的具体权利。例如，根据 1990 年修订的《中华人民共和国中外合资经营企业法》第 1 条，外国公司、企业和其他经济组织，按照平等互利的原则，经中国政府批准，有在中华人民共和国境内同中国的公司、企业或其他经济组织共同举办合营企业的民事权利。1982 年《中华人民共和国对外合作开采海洋石油条例》第 1 条也规定，外国企业有参与合作开采中华人民共和国海洋石油资源的民事权利。

第三节　法律行为的法律适用

一、法律行为概述

法律行为，又称民商事法律行为，是指民商事主体以设立、变更或终止民商事权利义务为目的，以意思表示为要素，依法产生民商事法律效果的行为。

法律行为的成立要件可分为实质要件和形式要件。实质要件包括行为人具有相应的行为能力；意思表示真实；法律行为内容合法等。法律行为的形式要件，主要是指行为人意思表示应采取的法定形式，如口头方式、书面方式、默示方式以及某些特定形式，如登记、公证等。

二、法律行为的法律冲突

（一）实质要件方面

1. 关于当事人的行为能力

如各国对公民享受何种行为能力的年龄限制互有差别等。

2. 关于意思表示

意思表示是表意人将其期望发生某种法律效果的效果意思，以一定方式表现于外部的行为。意思表示的过程可分为两个阶段：一是效果意思，即存在于内心的期望发生某种法律效果的意思，它是行为人的内心真意；二是表示行为，即将内心的效果意思通过一定方式表现于外部的行为，它是行为人内心真意的客观表现。

意思表示是法律行为的要素，世界各国法律对意思表示都做了规定，但各国的规定存在着差异，主要表现在三个方面：

第一，如何确定意思表示的内容。在确定意思表示的内容时，是以内心的效果意思为重点还是以外部的表示行为为重点，在效果意思与表示行为一致的场合不会发生什么问题。但是两者很难不差累黍，不失圭撮，在效果意思与表示行为不一致的场合，如何确定意思表示的内容，各国法律则形成了意思说、表示说与折衷说三种不同的标准。意思说着重于内心的效果意思，主要是大陆法系国家主张；表示说则着重于外部的表示行为，主要为英美法系国家所主张；而折衷说则根据不同的情况或采用意思说，或采用表示说，日本《民法典》即采用该说。

第二，在意思表示的效力上，有发信主义（投邮主义）和到达主义（到达生效）两种不同的标准。前者为普通法系国家所采用，后者为大陆法系的多数国家以及《联合国国际货物买卖合同公约》所采用。

第三，在对意思表示错误的处理上，有的国家如日本规定为无效，有的国家如德国规定为可撤销。

3. 关于法律行为内容合法性

各国法律对此不仅都有各自严密的具体规定，而且还使用“善良风俗”“公共秩序”“社会基本利益”等法律原则对此加以弹性补充，有时可能要完全依赖于各国根据自身利益来解释，这就很容易产生法律冲突。

（二）形式要件方面

各国在法律行为形式要件立法上的差异主要表现在：

(1) 虽然各国多规定意思表示的方式为书面和口头形式，但哪些行为可以书面方式为之，哪些行为可以口头方式为之，各国的规定是不一致的。

(2) 各国对于要式行为与不要式行为各自范围的划分不同。有些法律行为在甲国被要求采用特定形式，而在乙国则可能完全是私法自治。

(3) 对特定类型的法律行为，虽然各国都要求采用特定形式，但这些特定形式却可能是互不相同的。如各国虽然都规定结婚应以特定形式进行，但英国同时承认宗教方式和民事登记方式，而有些国家要么只承认宗教方式，要么只承认民事登记方式。

(4) 对不遵守法定方式的民事行为的效力，各国法律一般认定其无效。但有些国家规定其对任何人的行为均无效，有的则仅规定对某些特定的人的行为无效。

三、法律行为的法律适用

涉外法律行为法律冲突的解决，从大的方面看，应从两个方面解决，即实质要件的法律适用及形式要件的法律适用。

（一）实质要件的法律适用

在国际私法的普遍实践中，对于法律行为实质要件的法律适用，多依不同法律关系的性质而分别加以规定，如合同行为受当事人选择的法律支配，物权行为受物之所在地法支配。因而对法律行为实质要件的法律适用问题，并无同一冲突法规则可以遵循。[1]

---

[1] 参见韩德培主编《国际私法》，高等教育出版社，2002 年，第 167 页；李双元等《中国国际私法通论》法律出版社，2003 年，第 231 页。

（二）形式要件的法律适用

从国际私法的立法及实践看，各国关于法律行为形式要件法律适用的方法主要有以下几种：

其一，根据“场所支配行为”原则主张适用行为地法。

关于“场所支配行为”原则，各国对其性质的认识却有不同的看法。有的学者认为它是国际习惯法，是具有强制性质的规范，因而必须绝对适用，即法律行为方式只适用行为地法，如阿根廷、智利、古巴、哥伦比亚、洪都拉斯等中南美洲国家及荷兰、西班牙等国即采用此做法。另一种主张则认为它是任意性质的规范，允许选择适用其他法律。如德国、瑞士、比利时、意大利、波兰、瑞典、日本等国。从当今的国际私法立法实践来看，绝对采用行为地法主义的国家，有日渐减少的趋势，各国倾向于认为“场所支配行为”原则是任意性规范，而多采选择适用主义。

其二，选择适用法律行为本身的准据法与行为地法。

采取这一立法原则的国家又可细分为两类。第一类是以法律行为本身的准据法为主而以行为地法为辅，这种方法比强制适用行为地法更好。德国、奥地利、匈牙利、挪威、日本、波兰、瑞典和瑞士等许多国家的国际私法均采取这种原则。第二类是以适用行为地法为主，兼采适用法律行为本身的准据法的原则。

其三，采用多种连结因素，制定选择性的冲突规范，以确定法律行为方式的准据法。

（三）法律行为准据法适用的例外

(1) 登记行为只适用登记地法；

(2) 物权行为方式一般只适用物之所在地法；

(3) 一些债权行为方式适用当事人选择的法律。

在我国，民商事法律行为的形式可以分为书面形式、口头形式或者其他法定形式三种不同的形式，但相关法律只是对某些法律行为规定了特定的形式，而未能专门就法律行为方式的法律适用问题作出规定。实践中需要对有关法律规定进行仔细分析，如关于不动产所有权的法律行为方式，按《中华人民共和国民法通则》第 144 条“不动产所有权，适用不动产所在地法律”之规定，就应该理解为，这条冲突规范所指引的准据法不仅仅用来规范不动产的取得、处分、抵押等行为的实质要件，同时也将决定着上述行为实施的形式要件。又如我国 1999 年颁布实施的《中华人民共和国合同法》并未对涉外经济合同的形式进行限定，但我国在参加 1980 年《联合国国际货物销售合同公约》时，对该公约中非书面形式的条款作出了保留。在《中华人民共和国合同法》颁布之后也并未撤回这一保留，因此，凡是有中方当事人缔结的涉外经济合同，包括国际货物买卖合同等，中方当事人还应采取书面形式。另外，根据《中华人民共和国票据法》第 98 条、第 99 条的规定，对票据行为，我国一般适用相关票据的行为地法。

第四节　代理的法律适用

一、代理的法律冲突

（一）代理的概念

代理是一种特殊的民商事法律关系，通常是由三方当事人构成，即代理人、本人和第三人。代替他人实施法律行为的人，称为代理人；由他人代替自己实施法律行为并承受法律行为效果的人，称为本人，而本人又称为被代理人、授权人或委托人。第三人又称为相对人，是指由于代理人的代理行为而与本人发生民商事法律关系的对方当事人。

代理有广义代理与狭义代理之分。所谓广义代理，指代理人以本人名义或以自己名义，代替本人实施法律行为，并使所产生的法律效果直接或间接归属于本人。所谓狭义代理，仅指代理人以本人名义实施法律行为，并使其法律效果直接归属于本人。

代理不仅可以有广义与狭义之分，还可以分为直接代理与间接代理两种不同的形式。直接代理即狭义代理。间接代理，是指代理人以自己名义实施法律行为，并使其法律效果间接地归属于本人。

上述广义代理概念中既包括直接代理，也包括间接代理。

（二）代理的法律冲突

1. 关于代理的概念

各国民法关于代理概念的规定存在较大的差异，大陆法系国家通常采用狭义的代理概念，其法律所规定的代理仅指直接代理，不包括间接代理；而英美法系的国家则通常采用广义的代理概念，其法律所规定的代理，不仅包括直接代理，而且包括间接代理。这就意味着对于间接代理行为，在大陆法系国家不能适用有关代理的法律规定来解决代理人、本人和第三人之间的权利义务关系，而在英美法系国家则可认定为代理关系，适用代理法的有关规定。

2. 关于代理权的产生

关于代理权的产生，大陆法系各国的规定基本相同，认为代理权主要产生于如下两种情况：（1）依据法律规定产生的法定代理权，如，父母对于未成年子女的代理权，法院指定监护人、遗产管理人而产生的代理权等；（2）根据当事人本人意思表示而产生的意定代理权。即当事人根据自己的意思，以书面或口头方式通过委托或授权，授予代理人以代理权，使代理人通过实施民商事法律行为，行使代理权。

英美法系各国则认为，除法定代理外还可以基于以下原因产生代理权：

（1）明示的授权；（2）默示的授权，又称为不可否认的代理，是指当事人本人以他的言辞或行动使另一个人有权以他的名义为法律行为，如果第三人据此与代理人进行了法律行为，本人不得否认代理权的存在；（3）客观必需的代理权。这种代理权是指一个人（代理人）受另一个人（被代理人）的委托照管财产或代为经营管理某商务时，为了管好财产、经营好商务，虽然没有得到被代理人的直接授权，但又被认为有合法的实施代理行为的权利；（4）追认的代理。

3. 关于无权代理

无权代理是指没有代理权而以他人的名义进行代理活动的民商

事行为。对这种辄代辄肆，各国法律都规定，无权代理所实施的代理行为，非经本人的追认，对本人是没有拘束力的。如果善意的第三人由于无权代理人的行为而遭受损失，该无权代理人应对善意的第三人负责。但各国法律在对第三人的保护、无权代理人承担责任的内容及无权代理人承担责任的归责原则等问题的规定则各不相同。

4. 关于无权代理人的责任

在无权代理人的责任内容上，各国的法律规定也是极不一致的。如法国《民法典》和瑞士《债务法典》都规定，无权代理人应对善意的第三人负损害赔偿责任。但德国《民法典》则规定，无权代理人以他人的名义订立合同时，如本人拒绝追认，则第三人可以要求无权代理人履行合同或要求无权代理人赔偿损失，第三人对此有选择权。而在英美法，第三人只能要求无权代理人承担损害赔偿的责任。

在无权代理人承担责任的归责原则上，大陆法系和英美法系各国的规定更是大相径庭。大陆法系各国以过错责任为归责原则，即无权代理人对第三人是否须承担责任，主要取决于第三者是否知道该代理人没有代理权。而在英美法中，无权代理人的行为不论是出于恶意或者是出于不知情，他都要对此负责，即使他不知道他的代理权已因本人的死亡或精神错乱而告终止，他亦须负责。因此在英美法中无权代理人的责任是无过错责任。

5. 关于代理的终止

代理的终止分两种情况：（1）如果是根据当事人的行为终止代理关系，无论是代理期满还是双方同意均可终止代理关系。同时，各国的相关立法原则上允许当事人本人单方面终止代理关系，但大陆法系国家通常规定，本人须在合理的时间内事先给代理人以通知。如就合同代理而言，德国规定，通知的期限在订约后的前 3 年内为 6 个星期，3 年以后为 3 个月。英美普通法认为，如果代理关系与代理人的利益联系密切，如靠代理收入来偿付当事人本人的借款，则本人不能单方面终止代理关系。（2）如果根据法律规定终止代理关系，在出现本人死亡、法人破产等情况时，大陆法系国家认为，只能终止民法上的代理权，而商法上的代理权则应适用商法的特别规定。

英美普通法认为，无论民事上的还是商事上的代理权均因之消灭。

6. 关于代理各方的关系

在代理关系中，代理人与被代理人之间的关系，称为代理内部关系。被代理人、代理人与第三人之间的关系，称为代理外部关系。不同国家对代理的内部关系和代理的外部关系的具体规定并不相同。如在代理的内部关系中，大陆法系的有些国家规定代理人有权查对本人的账目，但英美法系则无此规定。

二、代理的法律适用

（一）国内法中有关代理关系准据法确定的主要规则

在实践中，涉外代理的法律冲突常常涉及代理关系的成立及其效力、当事人的权利义务、代理权的变更及终止、代理人逾越代理权以及滥用代理权的后果等各个方面。不同类型的代理关系所适用的准据法并不相同，其具体的确定方法也各不一样。

由于代理关系由被代理人与代理人之间的内部关系和被代理人、代理人与第三人之间的外部关系这两个方面构成，因此，在解决涉外代理的法律适用问题时，一般是将代理关系分割为代理内部关系和代理外部关系，分别确定应适用的准据法。

1. 代理内部关系的准据法

代理的内部关系一般是基于合同关系建立的，属于委托代理关系。被代理人与代理人往往通过书面形式或口头形式，明确双方的权利和义务。如代理人权限的范围、代理人的报酬、代理关系的终止以及代理人超越代理权限应承担的责任等。因此，被代理人与代理人之间的权利义务关系的法律适用原则，应依照适用于合同关系的冲突原则。关于合同准据法各国多采用当事人意思自治原则来确定，因此对于支配被代理人与代理人间权利义务关系的准据法亦应当是当事人合意选择的法律。但是，在当事人未选择代理合同的准据法时，对代理内部关系应适用何种法律的问题，主要有以下几种做法：

（1）适用与代理关系有最密切联系地的法律。（2）适用代理人实施代理行为所在地的法律。（3）适用代理人营业地法或住所地法。

2. 代理外部关系的准据法

代理外部关系的准据法确定的事项，通常包括代理人是否有代理权、代理权的范围限制、代理权是否已被撤销以及越权或无权代理行为的责任归属等问题。由于被代理人与第三人的关系问题，即代理人与第三人所为法律行为是否拘束被代理人的问题，直接涉及各方当事人的利益，因此，从保护不同当事人的利益出发，各国建立了一些不同的法律适用原则，主要有：

（1）适用被代理人住所地法或代理内部关系的准据法。（2）适用主合同准据法。（3）适用代理行为地法。（4）混合适用代理人营业地法、代理人惯常居所地法、代理人行为地法等法律。

（二）中国法中有关代理关系准据法确定的主要规则

1986 年《中华人民共和国民法通则》第 4 章以专节形式规定了代理制度，但该法对涉外代理关系的法律适用问题，却无明文规定。最高人民法院于 1987 年颁布的《关于适用〈涉外经济合同法〉若干问题的解答》中，对于代理合同的法律适用进行了明确，采用的是一般合同的法律适用原则，即首先适用当事人选择的法，当事人没有选择时，适用与代理合同有最密切联系的法。按照该司法解释，与代理合同有最密切联系的法通常是代理人营业所所在地法，除非该合同与其他地点有更为紧密的联系。该司法解释虽然对于代理外部关系的法律适用没有明确，但是对于基于代理合同而产生的代理内部关系法律适用的规定，与国际社会通行做法保持一致，将最密切联系理论与特征履行说相结合，在灵活性与稳定性之间较好地进行了平衡，具有合理性、值得肯定。然而，该司法解释于 1999 年 10 月 1 日《中华人民共和国合同法》施行时，随着《中华人民共和国涉外经济合同法》的废止而失效。

（三）国际公约中有关代理关系准据法确定的主要规则

海牙国际私法会议于 1978 年 3 月 14 日通过的《代理法律适用公约》（以下简称《公约》）是一个很有特色的关于代理法律适用的国际公约。《公约》共分 5 章，共 28 条。该《公约》已于 1992 年 5 月 1 日生效（如表 5.5 所示）。

表 5.5　代理法律适用公约的内容

《公约》的适用范围	适用于具有国际性质的商行为代理，即代理人代表本人与第三人进行或打算进行交易，但也并不排除适用于代理人负责以他人名义接收和传达意思表示，或者与第三人进行谈判等场合。并且，不管是显名代理或隐名代理，也不管是常设代理或临时代理，《公约》规定均应适用。但对以船长身份从事的代理、诉讼代理、家庭法、夫妻财产制和继承法中的代理，《公约》明文规定不予适用。《公约》也不适用于代理关系中当事人的行为能力以及形式方面的要求
本人和代理人之间的关系	适用当事人按照双方共同的意思表示所选择的某国国内法。此种选择必须是明示的，或是从当事人间的协议以及案件的事实中合理而必然地可以推定的。如果当事人未做选择，则适用代理关系成立时代理人的营业所所在地法；假如代理人没有营业所，则改为适用其惯常居所地法。但如果本人在代理人为代理行为国家内有营业所或惯常居所，则应适用代理人为代理行为地法。在本人或代理人有一个以上的营业所时，上述所谓的营业所则是指与代理关系有最密切联系的营业所。但在代理关系是基于雇佣合同而产生的场合，该《公约》则规定本人与代理人间关系的准据法的确定，不适用上述《公约》规定
本人与代理人间关系的准据法的适用范围	即代理关系的成立及其效力、双方当事人的义务、履行的条件、不履行的后果以及此项义务的消灭，并且强调本人与代理人间关系的准据法特别适用于下列事项：(1) 代理权的存在和范围，变更或终止；(2) 代理人逾越权限或滥用代理权的后果；(3) 在代理人和本人之间存在潜在的利益冲突的场合，代理人以本人名义订立合同的权利；(4) 非竞争性营业的条款和信用担保条款；(5) 在顾客中树立的信誉的补偿；(6) 可以获得赔偿的损害的种类
本人和第三人之间的关系	在本人与第三人关系中，代理权的存在与范围，以及代理人行使或意图行使代理权所产生的效力，应适用代理人为有关行为时其营业所所在地法。为保护第三人的利益，有下列情形之一的，则改为适用代理人为代理行为所在地法：(1) 本人在代理人为有关代理行为地国家内设有营业所，或虽无营业所，但有惯常居所，并且代理人正以本人名义进行活动的；(2) 第三人在代理人代理行为地国家内设有营业所，或虽无营业所但设有惯常居所；(3) 代理人在交易所或拍卖行为地代理行为的；(4) 代理人无营业所

续表

本人和第三人之间的关系	如果代理人与第三人在不同国家通过信件、电报、电传、电话或其他类似手段进行通信联系的，则应视为在其营业所所在地从事此类代理活动，不适用代理人代理行为地法，改为适用代理人营业所所在地法；无营业所的，则适用代理人惯常居所所在地法。 就本人与第三人间关系的法律适用，该《公约》也是允许按照意思自治原则，由当事人合意选择的
代理人和第三人之间的关系	支配本人与第三人关系的准据法，也应支配代理人与第三人之间因代理人行使其代理权超越代理权或无权代理所产生的关系
一般条款和最后条款	如规定在适用该《公约》时，如根据与案件有重大联系的任何国家的法律，该国强制性规范必须适用，则该项强制性规范可以予以实施，而不管该国国际私法规则规定的是应适用何种法律。 该《公约》还规定了公共秩序保留条款。该《公约》倾向于实体法指定说，不接受反致、转致和间接反致等

第五节　时效的法律适用

一、时效的法律冲突

时效，是指一定的事实状态经过一定的时间即导致一定的法律后果的法律制度。根据引起时效发生的事实状态的不同以及由此导致的法律效果的不同，可将时效分为取得时效与消灭时效两种。取得时效又称为占有时效，指因占有他人的财产的事实状态经过法定期间而取得对该财产的权利者；消灭时效在一些国家又称为诉讼时效，指因不行使权利的事实状态经过法定期间而丧失权利者。[1] 具体是指民商事权利人请求法院依照审判和强制程序保护其合法权益而提起诉讼的法定期限。

[1] 李双元、温世扬主编：《比较民法学》，武汉大学出版社 1998 年版，第 206 页。

民法关于时效制度的规定，属于强制性规范，不能够由当事人自由意思予以排除，也不能够由当事人协议延长或缩短。时效利益不得由当事人预先予以放弃。

尽管各国对时效制度都有规定，但是各国法律对时效制度的具体内容，时效的期间长短，适用范围及法院是否主动适用时效，时效中止、中断、延长，时效的性质等方面有很多不同的规定，从而常常引起时效的法律冲突。例如，在时效期间的规定上，瑞士《民法典》规定动产取得时效的期间是 5 年，德国《民法典》规定为 10 年；德国《民法典》规定的一般消灭时效期间为 30 年，瑞士《民法典》规定为 10 年。此外，各国法律对时效制度的适用范围、时效完成的法律障碍、时效的法律效果等也有不同规定。

二、时效的识别

关于时效的识别问题，各国基本上有两种不同的规定（如图 5.6 所示）。

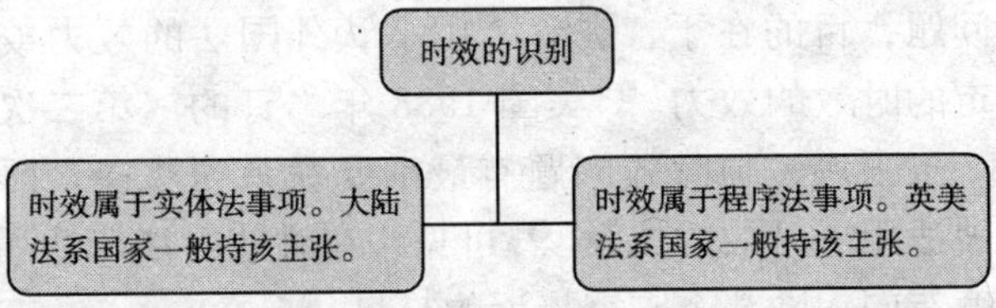

图 5.6　时效的识别

三、时效的法律适用

（一）大陆法系国家一般认为时效属于实体法问题，因此应该适用案件的准据法。

如 1966 年波兰《国际私法》第 13 条规定："权利消灭时效，依支配其实质的法律。" 1979 年匈牙利《国际私法》第 30 条第 4 款规定，诉讼时效，适用该诉讼请求的准据法。1982 年土耳其《国际私法和国际诉讼程序法》第 7 条规定："时效，适用调整行为内容和法律关系的法律。" 有些国际条约，如 1973 年海牙《产品责任法律适用公约》、1980 年欧共体《合同义务法律适用公约》、1985 年海牙

《国际货物买卖合同法律适用公约》等都规定根据公约确定的准据法支配有关时效问题。

（二）英美法系国家，一般认为时效属于程序法问题，根据程序问题依法院地法原则，一般主张时效问题受法院地法支配。❶ 在英国，时效的规定分为两种：仅仅妨碍救济的规定和消灭权利的规定。前一种规定为程序性的，后一种规定为实体性的。总的说来，英格兰法中的诉讼时效被认为是程序性的。❷ 1971 年美国《第二次冲突法重述》第 142 条也规定，为法院地的诉讼时效所禁止的诉讼将不得进行。

但是，英美法系国家的观点也在逐渐转变。1980 年，英国法律委员会公布了一份工作报告，重审了英国冲突法中的时效规定，建议所有的时效规定不论是英国还是外国的，为英国国际私法之目的，一律识别为实体规则。此建议为 1984 年颁布的《外国时效期限法》(The Foreign Limitation Periods Act 1984) 所采纳。《外国时效期限法》规定：本法有关诉讼时效的任何法律规定，作为实体问题，而不是程序问题，目的在于，在诉讼中承认外国法的效力或承认由外国法院确定的时效的效力。❸ 美国 1988 年修订的《第二次冲突法重述》第 142 条强调，与时效问题有最重要联系的法律，而不是法院地法，将被适用于时效的抗辩。❹ 可见，在时效的法律适用上，英美国家的态度有向大陆法系国家接近的趋势。❺

（三）还有一些国家将时效分为取得时效与消灭时效，分别适用法律。即对于取得时效，无论动产还是不动产，均适用财产所在地法；对于消灭时效，又区分为对人诉讼和对物诉讼，分别适用不同

---

❶ 黄进主编：《国际私法》（第二版），法律出版社 2005 年版，第 263 页。

❷ ［英］莫里斯主编，李双元等译：《戴西和莫里斯论冲突法》，中国大百科全书出版社 1998 年版，第 1710 页。

❸ ［加］威廉·泰特雷著，刘兴莉译：《国际冲突法——普通法、大陆法及海事法》，法律出版社 2003 年版，第 465 页。

❹ ［加］威廉·泰特雷著，刘兴莉译：《国际冲突法——普通法、大陆法及海事法》，法律出版社 2003 年版，第 469 页。

❺ 林欣、李琼英：《国际私法》，中国人民大学出版社 1998 年版，第 142 页。

的法律。如《布斯塔曼特法典》第 227 条规定：不动产和动产的取得时效，受财产所在地法律的支配。第 229 条规定：对人诉讼的取得时效，受将被消灭的债务所服从的法律支配。第 230 条规定：对物诉讼的消灭时效，受有关标的物所在地法支配。

我国现行立法尚未规定时效的法律适用，只是在最高人民法院的司法解释即 1988 年最高人民法院《关于贯彻执行〈中华人民共和国民法通则〉若干问题的意见（试行)》第 195 条规定中指出："涉外民事法律关系的诉讼时效，依冲突规范确定的民事法律关系的准据法确定。"但此规定仍然限于诉讼时效，而取得时效如何确定尚未涉及。从冲突法与实体法的对应来看，将来随着我国民法取得时效制度的建立，有必要在冲突法上也相应规定取得时效的法律适用。

本章涉及的内容主要是与国际私法主体能力相关的法律适用问题，主体能力也是各具体国际私法法律关系都会涉及的，应属普遍性问题，值得极深研几，只不过有些时候，能力问题被有些国家放在具体法律关系准据法中解决了。但在多数情况下，能力问题是单独的问题，有单独的准据法，而不问其所涉的是何种法律关系。例如关于物权的法律适用问题即是这样，关于这一点，且由下章分解。

本章相关知识掌握

■ 主要概念

自然人的权利能力　宣告失踪　自然人的行为能力　禁治产制度　法人的行为能力

■ 基础训练

▲ 选择题

1. 甲国公民汤姆 19 岁，1989 年在我国境内购买了 1 件民间工艺品，价值 1500 元，现汤姆以其本国法上 20 岁为成年才具有行为能力为由，要求解除合同，我国法院在审理此案时应该如何处理？（　　）

   A. 汤姆的行为无效，可以解除合同，买卖不成立

B. 汤姆的行为有效

C. 法院可以适用 1980 年《国际货物买卖合同公约》处理该案

D. 合同成立

【答案】 应选 BD。

2. 某国公民杰克 18 岁，在上海某商店购买了 1 款手机，价值 4000 元，3 天以后，杰克在另外一家商店发现该款手机的价格便宜许多，便到前一家商店要求退货，被拒绝，杰克遂向上海某法院起诉，理由是根据其本国法，男子满 20 岁为成年人，自己没有成年，购买手机行为应属无效，对此，下列哪些说法是正确的？（ ）

A. 认定杰克的行为无效，手机可以退货

B. 认定杰克的行为有效，手机不能退货

C. 认定杰克为限制行为能力人，但因本题所涉金额不大，判购买行为有效

D. 法院应根据 1980 年《国际货物买卖合同公约》处理该案

【答案】 应选 B。

3. 甲公司在德国注册成立，在中国进行商业活动时与中国的乙公司发生商务纠纷并诉诸中国法院。法院经过审理查明：甲公司的控股股东为英国人，甲公司在德国，英国和中国均有营业所。依照我国法律及司法解释，法院应该如何选择确定本题甲公司的营业所？（ ）

A. 以其德国营业所为准

B. 以其英国营业所为准

C. 以其中国营业所为准

D. 以当事人共同选择的营业所为准

【答案】 应选 C。

4. 关于禁治产宣告的法律适用，各国的立法例有（ ）。

A. 适用禁治产人本国法

B. 适用法院地法

C. 重叠适用禁治产人本国法和法院地法

D. 分别适用禁治产人本国法和法院地法

【解答】应选 ABC。

5. 对于自然人权利能力的法律适用，主要有以下几种不同主张（　　）。

A. 适用各该法律关系的准据法所属国法律

B. 适用法院地法

C. 适用当事人的本国法

D. 适用当事人的住所地

E. 适用当事人意思自治原则

【解答】应选 ABCD。

▲ 判断题

1. 由于各国法律均规定人的权利能力"始于出生，终于死亡"，自然人的权利能力问题不会发生冲突。（　　）

【解答】错误。

2. 我国法律同时规定了宣告失踪和宣告死亡制度。（　　）

【解答】正确。

3. 有关商务活动的当事人的行为能力，既可以适用当事人的属人法，也可以适用行为地法。（　　）

【解答】正确。

4. 法人的权利能力和行为能力的法律适用规则是一致的。（　　）

【解答】正确。

▲ 简答题

1. 国际代理法律冲突的解决。

2. 时效的法律冲突与法律适用。

■ 案例分析

本案的原告是几张本票的持票人，被告是本票的出票人甲；原告在德国法院起诉，要求甲按其开出的本票向原告付款。这几张本票的出票地是美国的田纳西州，适用的准据法是田纳西州法律。甲提出抗辩，认为原告的付款请求已经超过时效而告消灭。根据田纳西州法律，本票付款请求权的消灭时效是 6 年，而德国法律将它规定为 3 年。那么，本案票据时效的确定以何国法律为准呢？根据德国法律，消灭时效属于实体法制度的范畴，因此，审理本案的德国法院认为时效问题不适用德国法律，而应与其他权利义务内容一样适用准据法，在本案即适用田纳西州法律。但田纳西州法律把消灭时效划归程序法制度的范畴，德国法院如果要以田纳西州法律确定本案的票据时效，就等于要适用田纳西州的程序法规则。德国法院指出，当事人在德国法院不得援引外国的程序法规则。结果，法院推断票据付款请求权没有超过时效期限，判决原告胜诉。问：法院推断的理由是否正确？

分析：正确。

■ 实践训练

实训项目：关于取得时效计算方法与能力的训练。

关于取得时效如何计算？各国理论及实践有不同的三种做法。

具体组织与要求：请各位同学选择一种方法进行计算。

考核标准：根据计算的具体情况及说明的理由进行评价。第一是依照新的所在地法重新计算，对旧所在地法已经过去的时效完全不计算在内。第二是通算主义，新旧所在地法过去的时效都计算在内。第三是按比例计算。比如，在规定取得时效为 10 年的 A 国，某人持续占有某一动产已达 8 年。此时该动产转移到 B 国，B 国规定取得时效为 15 年。此时，该人通过时效取得该动产的期限应当如何计算？如果按照比例计算方式，此时已经经过的 8 年时效期间占 A 国规定的 10 年期限的 4/5，还差 1/5 的时间，因此，依照新的物之所在地法，他要继续占有该物达到 15 年的 1/5，即 3 年，就可以获得该动产的所有权。而依据通算主义，他必须要占有该动产达到新的物之所在地法规定的 15 年，此前他已经占有该物 8 年，因此，他应当继续占有该物 7 年后，才可以获得其所有权。

第六章　物　　权

第一节　物权与物之所在地法原则

引例：有体动产所在地的确定

邝先生失踪了。可能他认为跑得越远越像失踪吧，他偷偷摸摸搭上了开往英国伦敦的轮船来到英国。为了躲避交往，尽量掩人耳目，邝先生租住了一座偏远的乡村小屋。这种木屋如果租得出去就是乡间别墅，如果租不出去，它就是一个养鸡棚。但还是没有想到，邝先生在那里仍然引起了一场轩然大波，滔天大祸。事情的起因源自一幅英国的油画！该画是英国人杰克在家中被盗的艺术品。随后该艺术品又被小偷带到意大利卖给一意大利人。意大利人把艺术品再带到英国卖给了刚到英国的一直喜欢英国油画的邝先生，被杰克发现便在英国法院起诉，主张其对艺术品享有所有权，希望法院绳愆纠谬。邝先生也如持左券，认为自己有理。事实上，相关法律规定也两歧遂分：按照英国法律，杰克对艺术品享有所有权。而根据意大利法律，意大利人在意大利已经有效取得所有权。应该适用何国法律来处理该案件呢？从道理上讲邝先生与杰克的陈述又似乎都有道理（如图 6.1 所示）。

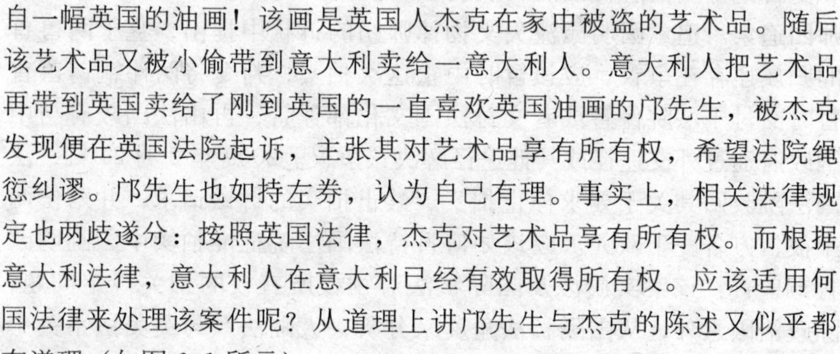

图 6.1　关于涉外物权的争议

要解决上述案例中的问题，必须了解国际私法对涉外物权的有关规定。

一、物权概述

物权作为一个法律范畴，是指由法律确认的民事主体对物进行直接控制和支配并排除他人干涉的权利。与债权不同，物权本质上是某种对世权、支配权、排他权和绝对权。各国对物权的规定差异较大，在物权的概念、主体、客体、物权的种类与内容、物权的取得与变动、物权的保护方法等方面法律冲突明显。特别是各国关于无处分权人将不动产或者动产转让给受让人的，所有权人是否有权追回，规定不一。有的国家强调保护原所有权人，有的国家强调保护善意取得的第三者。为解决以上法律冲突，需要了解各国国际私法关于物权的相关规定。如：2008 年 10 月下旬，佳士得宣布，将于 2009 年 2 月 23 日至 25 日在法国巴黎拍卖中国圆明园青铜兽首鼠首和兔首铜像。消息传出后，引发了中国民众的热议，近百人组成律师团追索。追索圆明园流失文物律师团的诉状中提出，鉴于两兽首的归属还存在争议，应该暂时中止这次拍卖，判令将两件铜铸兽首暂时交付于法院保管或者交付法国文化部保管，再由法国政府与中国政府通过外交途径或其他途径解决该争议。2009 年 2 月 24 日，法国法院驳回其关于要求停止拍卖、禁止拍卖的诉讼请求，并赔偿两个被告方各一千欧元。应该如何看待法国法院批准拍卖中国圆明园青铜兽首？该案实质涉及国际私法对物权所有权的相关规定问题，除政治因素外，从国际私法角度来分析，大陆法系与英美法系关于物权所有权转移效力的认定是不一样的，英美法系通常强调保护原所有权人，大陆法系一般强调保护善意取得的第三者，法国也没有参加 1995 年《关于被盗或者非法出口文物的公约》，因此，该案原告在法国不易取得胜诉，在强调保护原所有权人的英美法系国家可能会是另一番结果。当然，无论如何，我们不能放弃通过其他方式来追索流失文物的权利。

二、物权法律冲突的解决

在能够解决物权冲突的所有法律中，物之所在地法（Lex Situs）是一个非常重要的准据法（Lex Causae）冲突规范。在目前各国解决物权冲突的法律适用时，通常采用的方法为：统一制或分割制。统一制即不分动产和不动产，统一采用物之所在地法。分割制即区分动产和不动产，分别适用法律，不动产（Immovables）采用物之所在地法。有形动产（Tangible Movables）通常采用当事人的住所地法，行为地法，支配转让合同或设立物权合同的自体法等。无形动产（Intangible Movables）通常采用当事人的住所地法、交易地法等。

（一）物之所在地法的产生及其历史发展

物之所在地法原则是对物权法律冲突依标的物所在地法解决的概括表述，它反映了物权关系与特定地域的法律之间的规律性联系。物之所在地法，目前已成为世界各国对物权关系适用得最广泛的冲突原则。

物之所在地法原则，最早产生于14世纪的意大利法则区别说时期。法则区别说的创始人巴托鲁斯将“法则”分为“人法”和“物法”，并指出“人法”应适用住所地法，“物法”应适用物之所在地法。

巴托鲁斯学说瑰虑揣度，对后世的国际私法的立法与实践产生了重大影响。然而，在14世纪到19世纪这一漫长历史时期，物之所在地法仅仅适用于有关不动产的物权关系，而对动产的物权关系，则是依当事人属人法调整。由于早期国际民商事活动中，动产价值较小，对社会经济生活影响不大，而且它们一般存放于所有者的住所地。早期的国际私法学者均以“动产随人”或“动产附骨”或“动产无场所”等理由解释动产物权依当事人属人法的原则。

19世纪末，随着资本主义经济和国际商品流转的进一步发展，涉外民事关系越来越复杂，动产在经营性财产中所占的比例越来越高，价值越来越大，动产对一国的经济影响也越来越明显，而动产所有人的住所也日益具有复杂性和多变性。同时动产所在地国也不愿意适用所有人的属人法来解决位于自己境内的动产物权问题。另外，伴随着有价证券的出现，促使了财产所有权人与其所有的财产处于分离的状态，使得确定某项财产的所有权人也不如过去那样简便易行了。这样，“动产随人”这一古老规则已不能适应实际需要，它遭到许多学者和国家的反对和批判。许多国家逐渐在立法和司法实践中抛弃了“动产随人”原则，并逐步确立了新的物权法则，物权关系一律适用物之所在地法。

对于物之所在地的确定，各国原则上适用法院地法。各国对于有体动产所在地的确定有两种方法：采用物权行为发生时的物之所在地；采用物权行为完成时的物之所在地。在认定物之所在地法时，各国理论上存在两种标准：(1) 物之所在地法指物权关系客体物所在地法律。它排除了物之所在地冲突规范的适用。(2) 物之所在地法指物之所在地将要适用的法律，它包括了物之所在地冲突规范的适用。

尽管动产物权和不动产物权统一适用物之所在地法代表了国际私法中的发展趋势，并且许多国家的冲突法也接受了这一原则，但动产的构成较之不动产的构成更为复杂，在许多情况下，不同类型动产的处所是很难确定的；另一方面，简单地把动产物权一律适用物之所在地法往往会发生难于适用或不合理适用的情形，因此，一些确认这一冲突原则的国家往往采用“分割制”，即不动产采用物之所在地法，动产则适用：(1) 当事人住所地法。(2) 行为地法，即转让人和受让人的权利受转让发生地法支配。从司法实践上看，仅仅是交易在一个特定地方完成的事实，就构成该行为所在地法支配其实并没有太多根据，因此只有极少案例采用。(3) 支配转让合同或设立物权合同的自体法等。

（二）物权问题准据法的适用范围

1. 决定物权问题的识别

(1) 决定物的识别。各国关于什么是物，并没有一个统一的概念。也有的国家只有财产的概念而没有物的概念。传统民法通常认为物有三个特征：具有可支配性；具有非人格性；具有有体性。但是，学者们提出了不同的看法。另外，在实际生活中，可支配的不一定是物，例如枪支等。另外，不可支配的也不一定都不是物。关于物的非人格性，各国认识也不一致。例如，多数国家认为，尸体是物。但也有国家认为尸体是人格的延续。中国 1989 年最高人民法院《关于死亡人的名誉权应受法律保护的函》也认为：人死亡以后，其名誉权应依法保护。关于物的有体性，各国认识更加不同。日本、德国认为，物必有体，无体不是物。法国认为，物包括有体物，也包括无体物。瑞士规定，物包括有体物、无体物、自然力。韩国等认为物还包括虚拟财产。在实践中，物的性质复杂多样，需要甄别(如图 6.2 所示)。

图 6.2　物的性质

在财产与物的关系问题上面，存在着三种不同的看法：物的范围大于财产；物的范围小于财产；物的范围等于财产。2007 年 10 月 1 日起施行的《中华人民共和国物权法》，第一次在我国立法中明确规定了“物”的问题，之前中国的立法只有“财产”的概念，没有“物”的概念。例如《中华人民共和国物权法》第 2 条规定：因物的归属和利用而产生的民事关系，适用本法。本法所称物，包括不动产和动产。法律规定权利作为物权客体的，依照其规定。本法所称物权，是指权利人依法对特定的物享有直接支配和排他的权利，包括所有权、用益物权和担保物权。

另外，在实践中，物权问题准据法也可以决定物权与债权关系的识别问题。

(2) 决定动产与不动产的识别。在现实的国际社会中，各国对动产与不动产的划分在法律具体规定上存在着差异。由于各国法律对于动产和不动产的区分规定不同，往往会造成识别冲突。因此对动产与不动产的识别在国际私法中有着重要的意义。如在许多国家的法律制度中，动产所有权的转移时间或方式以及动产设定的抵押，均与不动产的规定相差很大，导致适用法律的不同。一般说来，各国冲突法要求对于识别问题适用法院地法，但在动产与不动产识别上却无一例外地要求适用物之所在地法。之所以如此，主要因为各国都认为，凡是在一个国家境内并依该国法律属于不动产的物，任何国家都只能将其作为不动产处理，否则，对他国法院作出的判决，物之所在地国有权拒绝承认和执行。

2. 决定物权的种类、内容、客体的范围、保护方法

3. 决定物权的取得、变动和消灭

（三）物之所在地法适用的例外

物之所在地法的适用范围虽然非常广泛，但是这个原则并不是解决一切物权关系的唯一冲突法原则。由于某些物权的特殊性或处于某种特殊状态之中，使某些物权关系适用物之所在地法成为不可能或不合理，在这种情况下，就要排除物之所在地法的适用，代之以适用其他冲突法的原则，从而形成了物之所在地法适用的例外情形。

1. 运输途中货物物权冲突及其解决

正在国家间运输的货物，其所在地处于经常变动之中，确定所在地是十分困难的。即使能够确定，将支配在途物的法律与其偶然路过的国家的法律相联系是不合理的，而且在途物还经常处于公海或公海上空，不属于任何国家的管辖。所以依物之所在地法作为准据法是不合理的，有时也是不可能的。

目前，对于运输中的货物之物权关系的法律适用主要有以下解决办法（如图 6.3 所示）。

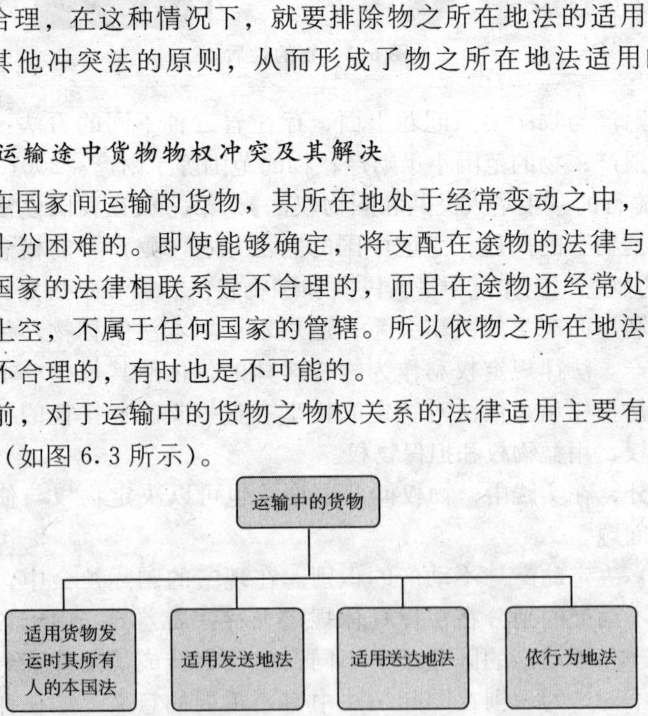

图 6.3　运输中的货物之物权关系的法律适用

2. 运输工具之物权关系的法律适用

由于船舶、飞行器等运输工具处于运动之中，难以确定其所在地，加上它们有时处于公海或公空，而这些地方并不存在特定国家的法律。因此，主张有关船舶、飞行器等运输工具的物权关系适用物之所在地法是不合理的。国际上，一般认为，有关船舶、飞行器等运输工具的物权关系适用登记注册地法或者其旗国法或标志国法。《中华人民共和国海商法》第 270 条规定："船舶所有权的取得、转让和消灭，适用船旗国法律。"第 271 条规定："船舶抵押权适用船旗国法律。船舶在光船租赁以前或者光船租赁期间，设立船舶抵押权的，适用原船舶登记国法律。"应注意的是，上述一般主张并不排除权利人行使法定留置权或法定扣押权时依物之所在地法，或者有关债权人把在外国领水内的船舶依其实际所在地法予以处置的权利。

3. 国家财产所有权的法律适用

国家财产物权一般不适用物之所在地法，应适用财产所属国法。

4. 外国法人终止或者解散时有关物权关系的法律适用

外国法人终止或者解散时，其财产的清理和清理以后的归属问题不应该适用物之所在地法，而应适用其属人法。

5. 遗产继承的法律适用

关于遗产继承的法律适用，在单一制国家往往不考虑物之所在地法，而是适用被继承人的属人法。在区别制国家，将遗产分为动产与不动产，动产的继承适用被继承人死亡时的住所地法，不动产才适用不动产所在地法。

6. 无体动产的法律适用

无体动产一般包括诉权、由一些文书所代表的、不仅可以交割而且在现代社会还可以作为独立物流通的权利等。[1] 这类动产由于不以实物形态存在，其所在地难以确定，因此其法律适用问题采用了与一般动产物权不同的规则。

---

[1] 韩德培《国际私法》高等教育出版社，2002 年，第 186 页。

德国和日本基于“物必有体”的理解，无体物的所有权不属于德国物权法的范围。法国继承了罗马法关于物的分类理论，认为无体物即无形财产，特指除所有权以外的财产权利。所不同的是，现代法国法的无体物，除上述权利外，还包括不以物为指向的知识产权。法国学者认为，无形财产是一种非物质财富。其民法意义上的无形财产，具体包括权利人就营业资产、顾客、营业所、作品、发明专利、工业设计、商标、商业名称以及现代社会的商业信息等所享有的权利。

英国法上没有物的概念，而将动产分为有形动产、无形动产。其中无形动产包括：债权；商业证券（包括汇票、提单等）；不属于债权的合同权；商誉；工业及知识产权；债券、股票。其无形财产泛指一切具有财产意义之抽象物，范围比法国更广一些，既有债权、知识产权等权利，又有债券、股票等有价证券，也有兼具人身与财产内容的商誉。

对于无形财产，亦非一概的适用物之所在地法。例如，意大利对于无形财产，要求一概适用“使用地国法”而不区分此种财产权的取得、转让、合法使用与非法使用的情况。而加拿大魁北克省，对于通常不止在一个国家使用的无形动产设立的担保，规定适用担保设立人的住所地法。瑞士《国际私法》对无体动产如债权、有价证券或其他权利的抵押，也规定由当事人选择的法律支配，只是法律选择不得用来对抗第三人。

实际上，就各国法律制度来看，在发生以债权作为客体的无体动产所有权的转让时，至少有以下四种准据法可供选择——债权本身的准据法、有关当事人的属人法、行为地法以及物之所在地法。

物之所在地的确定，相对而言，不动产容易，动产难，有体物容易，无体物难，就有体物而言，物之所在地应为有体物在物理上的处所。而由于权利财产或无体动产之所在地相当复杂，多数国家的立法鲜有明确规定，只有个别立法作了规定，例如：1928 年的《布斯塔曼法典》第 107 条规定：“债权的所在地决定于其清偿地，如未规定清偿地，则决定于债务人的住所地。”第 108 条规定：“工业产权、著作权以及法律所授予并准许进行某种活动的一切其他经济性的类似权利，均以其正式登记地为其所在地。”第 109 条规定：

"特许权以其依法取得地为其所在地。"因此，对于无体物所在地的确定无固定的模式可以遵循。

下表所列的是学者通常一致认为的无体物的物之所在地（如表 6.1所示)。

表 6.1 无体物的物之所在地

类 别	物之所在地的确定
债	债务人居住国； 判决确定之债的所在地为判决存档地
专利、商标、版权等专有财产	权利创设国
流通证券和债券	代表这些证券和债券的票据所在地
公司股票	公司注册地国；若是凭登记转让的股票，则是登记簿所在地国
商誉	与商誉有关的营业所所在地
其他	使用地

三、中国关于涉外物权的法律适用规定

我国关于涉外物权法律适用的规定条文较多，现列表如下（如表 6.2 所示)。

表 6.2 我国关于涉外物权法律适用的规定

不动产物权	1.《中华人民共和国民法通则》第 144 条规定："不动产所有权，适用不动产所在地的法律。" 2. 最高人民法院《关于贯彻执行〈中华人民共和国民法通则〉若干问题的意见（试行)》第 186 条，明确指出："土地、附着于土地的建筑物及其他定着物、建筑物的固定附属设备为不动产。不动产的所有权、买卖、租赁、抵押、使用等民事关系，均应适用不动产所在地法律。" 中国政府与大不列颠及北爱尔兰联合王国政府签订的《关于对所得和财产收益互相避免双重征税和防止偷漏税的协定》规定："不动产"一语应该具有财产所在地的缔约国的法律所规定的含义。该用语在任何情况下应包括附属于不动产的财产，不动产的用益权以及由于开采或有权开采矿藏、水源和其他自然资源取得的不固定或固定收入的权利。船舶和飞机不应视为不动产

续表

动产物权	最高人民法院《关于贯彻执行〈中华人民共和国合同法〉若干问题的解答》、《中华人民共和国海商法》、《中华人民共和国民用航空法》等有一些关于涉外动产的零星规定。1987 年最高人民法院《关于适用〈中华人民共和国合同法〉若干问题的解答》规定，在当事人没有选择可以适用的法律的情况下，关于不动产的租赁、买卖或者抵押的合同，适用不动产的所在地法；动产的租赁合同，适用出租人营业所所在地法。实践中，由于动产的行为地与动产的所在地往往一致，根据“场所支配行为”（即法律行为适用行为地法）原则，动产也基本适用所在地法律
船舶物权	1. 船舶所有权。《中华人民共和国海商法》第 270 条：船舶所有权的取得、转让和消灭，适用船旗国法律。 2. 船舶抵押权。《中华人民共和国海商法》第 271 条：船舶抵押权适用船旗国法律。船舶在光船租赁以前或光船租赁期间，设立船舶抵押权的，适用原船舶登记地法律。 3. 船舶优先权。《中华人民共和国海商法》第 272 条：船舶优先权，适用受理案件的法院所在地法律
民用航空物权	1. 航空器所有权。《中华人民共和国民用航空法》第 185 条：民用航空器的所有权的取得、转让和消灭，适用民用航空器的国籍登记国法律。 2. 航空器抵押权。《中华人民共和国民用航空法》第 186 条：民用航空器抵押权适用民用航空器的国籍登记国法律。 3. 航空器优先权。《中华人民共和国民用航空法》第 187 条：民用航空器优先权适用受理案件的法院所在地法律

在物权方面的国际公约中，有 1955 年的《海牙国际有体动产买卖法律适用公约》、1958 年的《海牙国际有体动产买卖所有权转移法律适用公约》、1985 年《海牙国际货物买卖合同法律适用公约》等。例如，《海牙国际有体动产买卖所有权转移法律适用公约》规定了公约的适用范围——有体动产的国际性买卖；所有权转移的法律适用——依最先提出有关要求或扣押时出卖物（包括单据）所在地国家的国内法；依第三人提出请求时出卖物所在地的国内法；依出卖物所在地国家的国内法等。与此同时，该公约还规定：过境而留在某国境内或在任何国家境外的出卖物，均应把发货地视作其所在地。

第二节　国　有　化

一、国有化的概念及其类型

国有化是国家通过有关法令对原属私人（包括内外国自然人和法人）所有的某些财产，采取没收或征用的一种法律措施。

与“国有化”（nationalization）概念相似但又有区别的还有三个概念，“征用”（requisition）、“没收”（confiscation）和“征收”（expropriation）。“征用”是指，政府在紧急情况下为了公共利益而在一定期限内对私人财产予以征收使用，并给予一定补偿的一种措施。“没收”指，政府为了公共需要依法将私人的财产永远收为公有，不给予任何补偿的一种措施。“征收”指，政府为了公共利益需要依法将私人的财物或企业收归公有，政府可给予补偿，也可不给予补偿。一般意义上讲，“国有化”一词涵盖着上述三个概念。

二、国有化中的国际私法问题

虽然对国有化的问题，国际公法、国际经济法以及国际私法都予以研究，但各自研究的角度与目的不同，国际公法和国际经济法主要研究的是，一国在什么条件下内国政府才能采取国有化措施。而在国际私法中，则主要是研究，国有化法令的效力是否及于外国人在东道国境内的财产和国有化法令对本国人在外国的财产的效力以及相关法律冲突的解决问题。[1]

西方国际私法学家在讨论国有化法令的效力的问题时，主张依下述两种不同的情况来分别解决，即：首先把国有化法令生效时对位于内国的外国人的财产的效力和对于已被国有化的属于内国人的位于外国的财产的效力加以区分；同时还主张把有补偿的征用和没有补偿的没收两种情况加以区分。由于他们认为通过没收手段实行国有化是完全没有补偿的，具有刑罚的性质，故对法令生效时位于

[1] 李双元等编《中国国际私法通论》法律出版社，2003年，第258页。

国内的财产具有效力，但对位于外国的财产则不生效力；而征用既然给予补偿，则属于民事行为，他国应承认域外效力。

关于国有化中的补偿标准，有一些不同的主张：不予补偿；充分、及时、有效的补偿；适当合理的补偿。

三、中国的立场

原则上不进行征收或国有化。确有必要进行征收或国有化时给予相应的不低于原财产价值的补偿。如有争议则通过协商或仲裁解决。一方政府如果对本国被对方国家实施国有化措施的企业理赔可获得代位求偿权，但以用尽当地救济和仲裁为前提。

我国理论上认为，国有化完全是一种主权行为，故而对其所指向的财产，不论是位于内国为外国人所有，还是属于内国人所有位于外国，均应该发生效力，即使在后一种情况下，也不能适用物之所在地法。

第三节 信 托

一、信托法律制度概述

信托的基本含义是“受人之托，代人理财”。从历史和比较法的角度来看，信托是最古老的法律制度之一。早在古埃及和古罗马时期就已经有了信托制度的萌芽，并且在法律发展过程中的各个时期出现了各种各样的形态。但是从整体上说，信托是在英美法国家发展起来的。在现代，一些大陆法国家也相继引入了信托制度。

英美法上的信托（trusts），是指委托人（settlor）将其财产转移给受托人（trustees），受托人以自己的名义依照委托人的指定，为受益人（testator）或特定目的，管理或处理财产的行为。将财产交给他人经营管理或处理的人是委托人，受让财产并允诺代为经营管理和处分的人是受托人，依信托契约享受信托利益的人是受益人。我国《信托法》第2条将信托定义为“信托，是指委托人基于对受托人的信任，将其财产权委托给受托人，由受托人按委托人的意愿以自己的名义，为受益人的利益或者特定目的，进行管理或者处分的行为。”

信托与代理的区别存在相类似的地方，但差别也是明显的（如图 6.4 所示）。

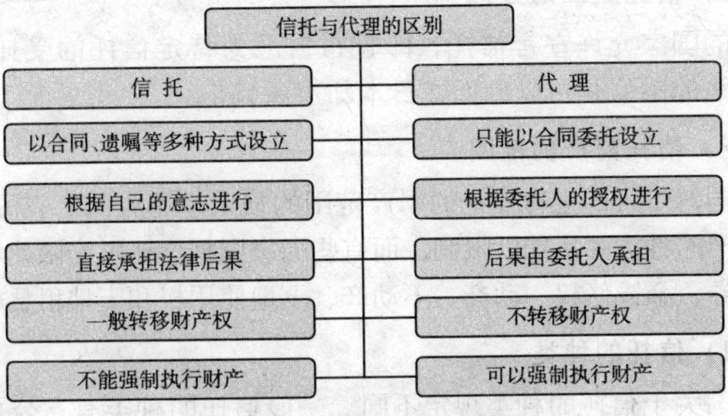

图 6.4　信托与代理的区别

二、信托的法律冲突

随着国际民商交往的发达，信托制度不仅在普通法系各国广泛传播，而且一些大陆法系国家也略加修正之后，采用了灵活的信托制度，从法律冲突产生的原因来看，各国民商实体法的歧义是形成法律冲突的根本原因。大陆法国家和英美法国家之间甚至在英美法国家之间，信托制度也存在着不同程度的差异。如在英国和美国之间，英国法比较强调受托人的权利，一旦信托设立，委托人即丧失全部的管理权；而美国法将委托人的意志即信托的目的放在第一位。又如，在英国法中一旦受益人成年并且具有行为能力，受益人可以终止信托，但是在美国法中，除非实现了委托人的信托目的，不得在信托期前终止信托。

信托的法律冲突具体表现在以下几方面：

（一）信托中的财产权转让

有的国家法律规定，受托者取得信托财产的完全所有权，成为所有者，而受益人只拥有向受托人请求支付债权的权利；另一些国家法律规定，受托者取得的财产权利并非完全的所有权，而是对信托财产排他性的管理权，受益人不仅拥有向受托人请求支付债权的权利，而且有对信托财产一定限度的直接支配权。

（二）信托成立的方式

有的国家允许宣言信托，即宣布自己为特定信托的受托人，这在英美法的国家是可以的而在日本却遭到禁止。

（三）信托财产的范围

各国对于可以进行信托的财产范围的规定也不相同。有的国家对信托财产的种类并不加以限制，而有些国家则把信托财产限定为金钱、有价证券、金钱债权、动产、不动产、土地使用权和土地租赁权。

（四）信托的种类

各国关于信托的种类规定不同。一般信托的种类有：公益信托、私益信托、生前信托、遗嘱信托、永久信托、期限信托、明示信托、默示信托、营业信托、非营业信托、表决权信托、个别信托、集团信托、动产信托、不动产信托等。

（五）信托当事人的能力

有的国家规定委托人不可同时又是受托人，或者受托人不可同时又是受益人，只有当其为众多受益人之一时方可；有的国家对经营信托业务的人的资格有严格限制，有的只允许银行兼营信托业务，有的不允许信托公司兼营银行业务；有的只允许法人经营信托业务，有的国家同时也允许自然人经营信托业务。

由上可知，信托不仅仅是一项契约行为，也不仅仅是一项财产转让行为。信托通常要延续很长一段时间，其间产生了一系列的权利、义务关系。尽管信托主要与冲突法中的物权规则相关，但是，它们不仅包括了与物权有关的冲突法问题，也会引起与债法或人的能力有关的冲突法问题。

综合起来，各国的信托法主要在受托人的权利和地位、信托财产的法律性质、信托管理和与信托财产相关人的利益以及委托人、受托人和受益人的相关地位等几个方面规定不同。

三、信托的法律适用

在信托的准据法选择过程中，大陆法系将信托识别为合同，信托的准据法按照合同的法律适用方法解决；英美法系采用分割制原则，对于信托的不同性质的各个方面，分别由不同的法律来支配。信托准据法的适用范围主要包括：信托的效力、信托财产的管理、信托的构成及其解释等。

（一）关于信托的效力问题

信托的效力往往分为形式效力和实质效力两个方面。信托的形式效力主要指信托的成立方式是否有效。对于遗嘱信托来说，就是看遗嘱的成立是否有效；对于设定的信托，常常涉及信托合同的形式效力。通常，决定信托形式效力的准据法为信托自体法、合同履行地法或遗嘱人最后居所地法，而且，信托的形式效力只要符合其中之一的规定，均为有效。一般情况下，决定信托形式效力的准据法同样可以用来支配由此而生的信托的实质效力，但是也存在某些例外，如委托人已经明确选择了支配信托效力的法律。

在缺乏当事人对准据法的选择时，信托的自体法将支配它的效力，而且遗嘱信托的自体法应是遗嘱人最后住所地法，生前信托的自体法应是与信托最密切、最真实联系的法律。一般认为，信托当事人的行为能力由其各自的属人法支配，或由信托自体法支配。

（二）关于信托管理的法律适用

信托合同或遗嘱中一般都明确地或隐含地表明支配信托管理事项的法律，但有没有这类表示时，就必须找到一种法律选择规则来确定支配信托管理的准据法。有人认为应适用信托自体法，即支配信托效力的法律应当同样支配信托的管理。这种观点主张不需要对信托效力和信托管理规定不同的法律选择规范。但是，越来越多的学者倾向于把管理地法作为准据法。这种做法在英美国家的司法实践中也有所反映。

（三）关于信托的构成及其解释问题

信托的构成是指构成一项有效的信托必须具备哪些基本要素。

这些基本要素一般包括确定的信托财产、确定的受益人、确定的信托意图、信托的受托人。其中，既有客观的要素，如确定的信托财产、受益人和受托人，也有主观的要素，如信托意图。对于信托的客观要素，当事人一般较少发生争议，而对于信托的主观要素进行解释时，往往会发生很大的争议。信托意图具有确定受托信托财产权具体范围和限制受托人财产权行使方式的法律效力。在全部信托条款中，信托意图条款具有核心地位。

一般情况下，信托的构成及解释的法律选择规则对于生前信托、遗嘱信托、动产或不动产信托都是同一的。法院会极力寻求当事人的信托意图以发现他们想要适用的法律。在缺乏明确的表示时，法院应对当事人的信托意图作出推断。在推断当事人信托意图时，应参考下列因素：原始文件或行为的做成地；信托财产所在地；信托公司的登记地；信托的管理地等。在无法推断信托人意图时，法院应根据信托自体法来解释信托，即在生前信托的情况下，适用与之有最密切联系的法律；在遗嘱信托的情况下，应适用遗嘱人设立遗嘱时住所地法。

在一些关于信托的法律适用公约中，采用了既不同于大陆法系的合同制，也不同于英美法系的分割制的法律适用方法，公约往往采用的是统一制，例如《关于信托的法律适用及其承认的公约》。

四、《关于信托的法律适用及其承认的公约》

《关于信托的法律适用及其承认的公约》（以下简称为《公约》）是海牙国际私法会议于 1984 年制订的（如表 6.3 所示）。

表 6.3 关于信托的法律适用及其承认的公约

《公约》的适用范围	适用于信托的准据法的确定及其承认
信托关系的准据法	当事人意思自治
	在没有选择法律时，适用与信托有最密切联系的法律
准据法适用的范围	（1）受托人的委派、辞职或者撤换；（2）作为受托人其能力和职责的转移；（3）受托人将其权利和义务全部或者部分地转让给他人的权利；（4）受托人的管理或

续表

《公约》的适用范围	适用于信托的准据法的确定及其承认
准据法适用的范围	者处分信托财产、在信托财产上设定担保利益或者取得新的财产的权；(5) 受托人进行投资的权利；(6) 对于信托的存续期间以及信托收益的限制；(7) 受托人和受益人之间的关系；(8) 信托的变更和终止；(10) 受托人报告管理情况的义务
关于信托的承认	规定了承认信托的一般原则
其他规定	《公约》规定了一些特殊事项，如公共秩序保留、排除反致等

在中国的立法中，《中华人民共和国信托法》规定了信托法律制度，但是没有规定国际信托的法律适用问题，因此，《关于信托的法律适用及其承认的公约》可以作为我国完善相关立法的借鉴。

本章解决的是物权的法律适用问题，与物权关系密切的是债权关系，其法律适用比较复杂，尤需诘究本末。关于这一点，且由下章分解。

本章相关知识掌握

■ 主要概念

物之所在地　动产附骨　国有化　信托

■ 基础训练

▲ 选择题

1. 目前在涉外物权关系中，最普遍适用的法律是　　（　）。

   A. 所有人或占有人的本国法　B. 所有人或占有人的住所地法

   C. 物之所在地法　D. 法院地法

   【解答】应选 C。

2. 中国南方某航运公司将其所有的一艘悬挂巴拿马国旗的远洋货轮转让给印度一家航运公司，该船舶所有权的转让应适用下列哪一国法律？　　（　）

A. 中国法律　　B. 巴拿马法律

C. 印度法律　　D. 船舶所在地国法律

【解答】 应选 B。

3. 在物权法律适用上，传统上有“动产附骨”、“动产无场所”等法谚，它们主张对动产物权适用（　　）。

A. 物之所在地法　　B. 法院地法

C. 当事人住所地法　　D. 所有人住所地法

E. 占有人住所地法

【解答】 应选 CDE。

4. 西方资本主义国家否认社会主义国家国有化法令域外效力的主要理由有（　　）。

A. 对私有财产实行国有化违反社会公共秩序

B. 把国有化法令识别为具有刑罚性质

C. 主张事实国有化

D. 以物权适用物之所在地法原则拒绝国有化法令的适用

【解答】 应选 ABCD。

5. 运送中的物品处于变换所在地的状态之中，所以不适用物之所在地法，可以适用（　　）。

A. 发运地法律　　B. 送达地法律

C. 所有人属人法　　D. 转让合同的准据法

【解答】 应选 ABCD。

▲ 判断题

1. 西方资本主义国家主张一国实行国有化要给予“充分、有效、及时”的补偿，“充分”指的是补偿的货币是可以在世界流通的货币。（　　）

【解答】 错误。

2. 运输中的物权可以适用运输目的地法。（　　）

【解答】 正确。

▲ 简答题

1. 物之所在地法适用的范围和例外。

2. 国有化的补偿原则。

■ 案例分析

中国公民张某原与丈夫蔡某侨居在马来西亚。解放初期，张某偕子女回中国厦门定居。丈夫蔡某仍然仍然居住在马来西亚，并取得马来西亚的国籍。1978 年，张某用丈夫蔡某寄回的侨汇购买了厦门市住房一座。房主登记为张某。此后，其子女又先后出国或去香港定居，1997 年张某申请去香港定居获准。因在厦门已无亲人，欲在出境前将此房卖掉。经人介绍，张在未取得其丈夫同意的情况下，与原告于 1999 年 4 月签订了房屋买卖契约，将该房以人民币 85 000 元卖给原告。签约后，张某收取了部分房款，并将部分房屋交给原告居住。同年 10 月，双方前往房管部门办理产权过户手续，因张某未提供其夫同意出卖的证明，房管部门未给其办理产权过户手续。此后，张某因身体原因，未去香港定居，同时其夫蔡某得知其卖房之事，从国外来信指责，并通过律师到房管部门，要求不予办理产权过户手续。在这种情况下，张某向原告表示要求取消买卖房屋契约，各自返还已收取的房款和占有的房屋。因原告坚持买卖有效，双方不能协商解决。原告于 2000 年 11 月起诉至一审法院，要求确认房屋买卖有效。(1) 我国法院应如何识别此案？(2) 我国法院应适用什么法律解决此案中的争议？(3) 当事人之间的房屋买卖关系是否有效？为什么？

分析：(1) 应识别为涉外物权纠纷。

(2) 本案争议财产为不动产，应当适用不动产所在地法律，即中国法律解决。

(3) 按照我国法律规定，夫妻共同财产的处分，必须经过双方的一致同意，否则没有法律效力。

■ 实践训练

实训项目：处理物权合同问题能力的训练。

美国总统宣布了美国未来宇宙探索计划，计划预计在 2015 年前人类再次登上月球，并在那里建立空间基地，同时在 2030 年前实现人类登上火星的愿望。美国媒体报道，最新的民意调查显示，61%

以上的美国人不同意总统的这一空间计划。但是美国人甲却暗自窃喜，他通过互联网出售月球土地，明码标价，批发兼零售，借着“太空热”大发其财。已售出 625 万美元土地。甲是在 1980 年开始从事月球买卖交易的。他本来是口技演员，但当时已经失业，又在与妻子离婚，境况颇为窘迫。那时他突发奇想，便在美国旧金山的土地登记局登记，宣称月球的土地为他所有。然后又向美国和苏联政府以及联合国写信，重申这一主张，表示如果有异议，可以与他交涉，否则他的主张生效。美苏政府和联合国自然不会理他，于是他接着在内华达州开办了一个名叫“月球大使馆”的公司，批发兼零售月球土地。根据他本人的统计，迄今为止他已经售出了 625 万美元的土地，每英亩月球土地价格几十美元不等。甲还给予买主 30 天期限，在这个期限内，如果顾客不满意自己购买的土地，还可以包退包换。甲宣称，他利用了 1967 年签订的《联合国外层空间条约》的一个漏洞，而宣称自己是月球土地主人的。他认为，在这个条约中，禁止任何国家宣布对月球具有主权，但没有提到个人是否有这样的权力，因此“第一个宣称是月球土地主人的人，就立即有了这个权力”。

请分为两个小组，从正反两个不同的角度进行辩论。

考核标准：根据大家辩论情况及提出的理由进行评价。

第七章 债 权

第一节 概 述

引例：涉外侵权的赔偿案

邝先生终于在英国购画案中获得了胜利，激动得他难免捧腹轩渠，高兴万分。他把自己租住的乡村小屋收拾得干净利索，院落中种满了花花草草瓜瓜果果。这天他正在院里干活，突然听到一阵汽车喇叭声，便本能地直起腰来抬头望去，没有想到这无意中的一抬头，招来了一场大祸。原来在邝先生抬头之际，正巧开过一辆轿车，车轮压到了一颗小石子，小石子“嘭”的一声不偏不倚击中了邝先生的眼睛！邝先生痛得一声惨叫，一头栽倒在地。轿车司机慌忙下车奔了过来，不由目瞪口呆——邝先生左眼血肉模糊，鲜血外冒，邝先生被立即送往了医院。经过救治，邝先生眼睛虽然保住了，但视力大为下降，他要求轿车司机赔偿，但轿车司机显得一脸的无辜，认为自己在公路上行驶并无过错，根本没有赔偿的必要。邝先生是否应该得到赔偿呢？法律依据是什么？

上述案例便涉及国际私法中债权知识的应用问题。一般而言，债是指特定的当事人之间的请求为特定行为的法律关系。债权是国际私法中非常重要的内容，在现实生活中存在大量的债权关系，由于各国法律规定的不同，解决起来也非常复杂（如图 7.1 所示）！

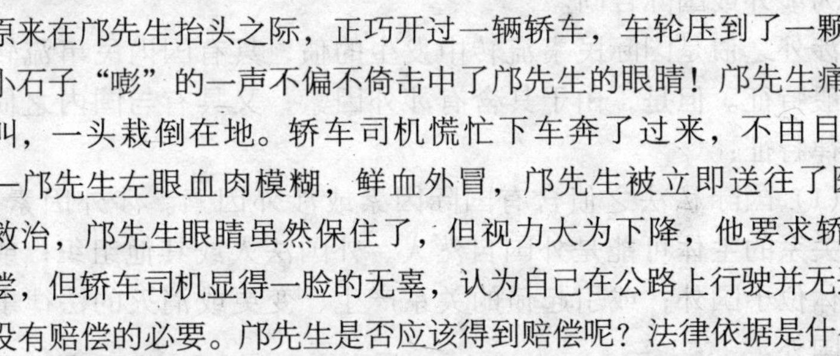

图 7.1　涉外之债的纠纷

一、涉外之债的概念和特征

《中华人民共和国民法通则》对债的定义是："债是按照合同的约定或者依照法律的规定，在当事人之间产生的特定的权利和义务关系。享有权利的人是债权人，负有义务的人是债务人。"债权人享有的权利为债权，债务人负有的义务为债务。国际私法之债是一种含有涉外因素或国际因素的债，故称为涉外之债。

关于债的涉外性，以前有些国家的法律规定得比较严格，如英国 1977 年《不公平合同条款法》第 26 条规定：两个国籍相同的人，即使在外国缔结了一个纯粹是由他们双方在国内履行的合同，也不是涉外合同。现在的趋势有所放宽，如 1980 年欧共体《合同义务法律适用条约》第 3 条规定，甚至在除选择外国法的条款外，合同中所有其他因素都只与一国相联系的情况下，都成为公约的适用对象，也即为涉外或国际合同。

涉外之债是国际民事流转中发生的债，具有国内民事流转中债的一般特征。但是，由于其含有涉外因素，又具有与国内之债不同的法律特征：

(1) 国际私法之债含有国际因素或涉外因素。涉外因素是指，债的关系的主体可能是外国自然人、外国法人或其他组织；或者债的客体位于国外；或引起债的关系产生、变更或消灭的法律事实发生在国外。

(2) 在管辖权方面，有关国际私法之债发生争议的管辖机构，可能是当事人双方本国法院或仲裁机构，也可能是第三国的法院或仲裁机构，甚至可能在国际性的仲裁机构解决。

(3) 在法律适用方面，随着调整国际债权债务关系的国际统一实体规范的增多，法院在处理国际私法之债时，首先考虑适用国际统一实体规范，在没有国际统一实体规范时或当事人没有选择适用国际统一实体规范时，才考虑根据有关冲突规范选择适用的法律。

二、涉外之债的分类

根据不同的分类标准，可从不同的角度对涉外之债作不同的分类。在理论上，通常依据涉外之债发生的原因进行分类。

（一）合同之债

合同，又称契约，是当事人之间设立、变更、终止民事权利义务关系的协议。合同是民法上产生债的主要原因，是实现民事流转最重要的手段。国际私法所研究的是涉外合同，是国际私法上债的重要根据。

（二）侵权行为之债

侵权行为之债是指不法侵害他人人身或财产权利，并造成损失而承担民事赔偿责任所构成的债。与合同之债相比，侵权行为之债具有以下特点：它是由非法行为引起；是由加害人的单方行为所引起；侵权行为之债是法定之债。

（三）不当得利之债

不当得利是指没有合法的根据而取得利益，使他人遭受损害的事实。得利之人，因其取得利益缺少法律上的根据，故应将不当利益返还给遭受损害的人。不当得利之债具有以下特点：其由一方当事人取得不当利益的事实而引起；不当得利之债为法定之债。

（四）无因管理之债

无因管理是指没有法定和约定的义务，而为他人管理事务的行为。无因管理之债具有如下特征：它由管理人的管理行为引起；由合法的积极行为引起；无因管理之债为法定之债。

第二节 合同之债的法律冲突与解决

一、合同之债的法律冲突

本书所指的合同是涉外合同或国际合同，一般是具有涉外因素的合同。关于什么是涉外合同或国际合同，各国的规定并不一致。多数国家认为，具有涉外因素的合同即涉外合同。由于各国关于合同的法律规定不同，合同之债的法律冲突比较突出。

二、合同之债的法律适用

（一）确定合同准据法的两对基本概念

在合同的法律适用问题上，存在统一论和分割论、主观论和客观论两对不同的基本概念和适用方法。

统一论主张对于不同性质的合同应不分类型，统一确定其准据法，对于同一合同应就整个合同适用同一法律。分割论主张对于不同性质的合同应适用不同的准据法，对于同一合同应就合同的不同方面适用不同的法律。

主观论主张合同当事人有权选择适用于合同的法律；客观论主张合同的准据法应根据合同与某一国家有最密切联系的客观标志来确定。

（二）确定合同准据法的通常方法

1. 当事人意思自治原则

意思自治说（theory of autonomy of will），又称为主观说或意向论，是指合同当事人可以通过协商一致的意思表示自由选择支配合同准据法的一项法律选择原则。其基础是合同当事人意思自治。该说赋予了当事人选择支配其合同关系的准据法的特殊权利，并冲破了传统的“场所支配行为”原则的桎梏，使支配合同关系的准据法与合同订立地、合同履行地等特定地域脱离了固定的联系。

意思自治说是一项古老的原则。造端讬始者为 14 世纪意大利波伦亚大学教授萨利赛的著作。到 15 世纪，巴黎大学教授罗朱斯、库尔蒂乌斯明确指出，合同之所以适用行为地法，是因为“当事人默示同意适用该法”。但这种思想没有引起人们更多的注意。意思自治说受到广泛关注是在法国学者杜摩兰再次提起之后。但在当时，杜摩兰并未用“意思自治”来给他的理论命名，是后人将其总结为“意思自治”。这一思想到 17 世纪又为荷兰学者胡伯吸取。随后，德国法学家萨维尼、意大利法学家孟西尼、美国法学家斯托雷也都接受了这一学说。由于该说符合资本主义追逐贸易自由的需要，因而为欧洲大陆国家、英国、美国、日本等国的立法和司法实践所广泛采纳，成为冲突法中确定合同法律适用的一项重要原则。

当事人意思自治原则涉及的问题如下（如表 7.1 所示）。

表 7.1 当事人意思自治原则涉及的问题

当事人选择法律的时间	一般认为既可以在订立合同当时选择，也可以在订立合同之后选择。新近的国际公约和国内立法都表明，多数国家反对对当事人选择法律的时间加以限制。而允许当事人在合同订立后选择法律，甚至以新选择的法律代替原来所作的选择
当事人选择法律的方式	当事人选择法律的方式，即明示、默示或推定选择的问题。明示是指当事人以文字或言辞明确表示出合同应适用的法律；默示或推定是指当事人未明确选择合同所应适用的法律，但法院或其他主管机关可根据合同的有关条款、词语及其他有关事实来推定当事人默示同意合同受某一国家法律的支配
当事人选择法律的范围	当事人根据意思自治原则所选择的法律应是实体法，而不包括各国的冲突法，这是目前多数国家的立法和国际公约所一致认可的。关于当事人选择法律的空间范围，即当事人能否选择与合同没有客观联系的法律，始终是有争议的问题
意思自治在几种特殊合同的法律适用中的限制	第一，雇佣合同。雇佣合同是雇主与雇员签订的合同，其中，雇员一方通常是合同的弱方，因此，在法律适用问题上应该考虑到他被雇主操纵的可能。对于雇佣合同当事人的意思自治问题，需要做出限制。 第二，消费合同。通常认为对这种合同作特殊规定是为保护消费者利益的需要。 第三，保险合同。保险合同实际上是提供服务的合同，因而也可以认为是一种消费合同。 第四，有关不动产的合同

2. 最密切联系原则

最密切联系原则（the closest connection）最早的理论萌芽可以追溯到 19 世纪中叶萨维尼（Savigny）的“法律关系本座说”。他以法律关系为出发点，根据法律关系固有的性质对所应适用的法律进行探讨，认为每一种法律关系在逻辑和理性上必然与某一特定的法律制度相联系，每一法律关系都有一个确定的“本座”，即一个它在性质上必然归属的法域。因此，法院在进行法律选择时，应根据有关法律的性质确定该法律关系的本座所在地，而该本座所在地法律就是所应适用的法律。其后，吉尔克（Gierk）别出机杼，提出“引力中心”取代“本座”，巴尔（Ludwig Von Bar）提出“自然性质说”，韦斯特来克（Westlake）提出最真实联系（Themostrealconnection）的概念，均属继承萨氏思想而补其不足之努力。最密切联系原则真正成熟为一种学说要归功于英国和美国的司法判例及学说。1951 年在 Bonython v. Commonwealth of Australia 案中，英国法官提出合同准据法是与交易有最密切联系和最真实联系的法律的观点。在美国，通过奥丁诉奥丁（Anten v. Anten）案确立了“重心说”(center of gravity)，通过巴布科克诉杰克逊（Babcock v. Jackson）案确立了“最重大联系说”(the most significant contracts)，从而奠定了采用最密切联系说的基础。美国学者里斯（Reese）以最密切联系原则为依据，编撰了美国《第二部冲突法重述》，使得这项原则在美国冲突法中得以确立。最密切联系原则的学说形成后，对欧洲大陆的国际私法学说和立法，尤其是立法，产生了重要的影响。

适用最密切联系原则的关键问题是如何确定最密切联系地。法官通常采用的方法如下（如表 7.2 所示）。

表 7.2 最密切联系地的确定

从连接点上判断最密切联系地	英美法系通常运用“利益分析”、“合同要素分析”的方法来判定。采用“合同要素分析”法，指法官通过对合同的各种因素进行“量”和“质”的综合分析，从而确定准据法。“量”的分析，是指法官将与合同有关的全部连结因素列举出来，然后将连结因素在数量上最集中的那个国家或地区确定为最强联系地。但是这种量的分析绝不是简单的数字计算，只要列举出来，找到联系最多的国家就可以了，而是要进行深层次的综合分析。并且要与“质”的分析相结合，才能最终确定某一合同的最强联系地。“质”的分析，是指法官在选择法律时，应当根据各种联结因素的相对重要程度，来确定在特定问题上与案件有最强联系的国家的法律加以适用。即不只是计算各有关国家所拥有的连接点的多少，而是必须对连接点的质量及重要性进行分析

续表

从连接点上判断最密切联系地	欧洲大陆国家在接受最密切联系原则的同时，也对它进行了一些具有自己特点的改造，在合同问题上，大陆法系国家采取“特征履行说”。特征性履行方法是指在合同的当事人未选择适用于合同的法律时，根据合同的特殊性质确定合同法律适用的一种理论和方法。特征性履行是指双务合同中代表本质特征的当事人履行合同的行为。其实质在于考察合同的功能，尤其是合同企图实现的具体的社会目的，确定各种合同所具有的特殊功能，即它的特征性履行，并最终适用与特征性履行人联系最密切的法律
从结果上判断最密切联系地	对法律结果适用的判断相当必要，因为如果只根据连接点确定应当适用的法律，但适用该法律将导致某种不利或不当的结果或者对法律追求的某种价值有所破坏，就不能认为该法是最密切联系的法律。因此最密切联系的法律须从法律选择的合理性和法律适用结果的适当性两方面来判断。美国《第二部冲突法重述》第6条规定的原则主要是：在立法没有指导时选择法律应考虑下面七个方面的因素：州际或国际体制的需要；法院地的相关政策；其他利益有关州的相关政策；当事人正当期望的保护；特定领域法律所依据的政策；结果的确定性、预见性和一致性；将予适用的法律易于查明和适用
其他	

3. 客观标志说

客观标志说认为某一合同的准据法应该是在客观上最适合支配该合同的法律，在各国的立法和司法实践中，常用的与合同有关的客观标志有以下几种（如表7.3所示）。

表7.3 与合同有关的客观标志

合同履行地	但采用这一客观标志在实践中也存在一些问题，如双务合同通常有两个履行地，对究竟以哪个履行地作为依据确定合同准据法，没有统一的标准
合同订立地	然而，运用这一客观标志确定合同准据法也存在一些弊端：其一，合同的订立地具有一定的偶然性，与合同不一定有密切联系，以合同订立地作为合同准据法常常缺

续表

合同订立地	乏针对性；其二，对于隔地订立的合同，其订立地难以确定，如英美法系国家主张合同订立地为承诺发出地，大陆法系国家则认为合同订立地为承诺接受地
当事人住所地，特别是债务人住所地	在双务合同中当事人互为债务人、债权人，对于应以哪个当事人的住所地法作为合同准据法的问题，同样存在争议
被告所在地	被告以外的当事人通常不愿意采用这一客观标志
当事人共同国籍国	
当事人居所地、营业所地或事务所地	
物之所在地	
旗国或登记地	
法院地或仲裁地	
其他	

4. 合同自体法

合同自体法一般是指涉外合同的当事人明示选择的法律，该理论主张在当事人没有明示选择时，而且也无法推知当事人的意图时，应适用与该涉外合同有最密切、最真实联系的法律。

三、我国涉外合同的法律适用

我国关于涉外合同法律适用的规定比较多（如表 7.4 所示）。

表 7.4　我国涉外合同的法律适用

条约优先原则	《中华人民共和国民法通则》第 142 条第 2 款规定：中华人民共和国缔结或者参加的国际条约同中华人民共和国的法律有不同规定的，适用该国际条约的规定。但是中华人民共和国声明保留的条款除外

续表

最密切联系原则	1.《中华人民共和国民法通则》第 145 条规定：涉外合同的当事人可以选择处理合同争议所适用的法律，法律另有规定的除外。 涉外合同的当事人没有选择法律的，适用与合同有最密切联系的国家的法律。 2.《最高人民法院关于审理涉外民事或商事合同纠纷案件法律适用若干问题的规定》第 5 条：当事人未选择合同争议应适用的法律的，适用与合同有最密切联系的国家或者地区的法律。 人民法院根据最密切联系原则确定合同争议应适用的法律时，应根据合同的特殊性质，以及某一方当事人履行的义务最能体现合同的本质特性等因素，确定与合同有最密切联系的国家或者地区的法律作为合同的准据法。 （一）买卖合同——卖方住所地法；或买方住所地法（合同是在买方住所地订立或者在买方住所地履行交货义务）。（二）加工承揽合同——加工承揽人住所地法。（三）成套设备供应合同——设备安装地法。（四）不动产买卖、租赁或者抵押合同——不动产所在地法。（五）动产租赁合同——出租人住所地法。（六）动产质押合同——质权人住所地法。（七）借款合同——贷款人住所地法。（八）保险合同——保险人住所地法。（九）融资租赁合同——承租人住所地法。（十）建设工程合同——建设工程所在地法。（十一）仓储、保管合同——仓储、保管人住所地法。（十二）保证合同——保证人住所地法。（十三）委托合同——受托人住所地法。（十四）债券的发行、销售和转让合同——债券发行地法、债券销售地法和债券转让地法。（十五）拍卖合同——拍卖举行地法。（十六）行纪合同——行纪人住所地法。（十七）居间合同——居间人住所地法
国际惯例补缺原则	《中华人民共和国民法通则》第 142 条第 3 款规定：中华人民共和国缔结或者参加的国际条约没有规定的，可以适用国际惯例，但适用国际惯例不得违反我国法律的基本原则和社会公共利益。 《中华人民共和国海商法》第 268 条第 2 款、《中华人民共和国民用航空法》第 184 条第 2 款都有这样的规定

续表

适用中国法原则	1.《中华人民共和国中外合资经营企业法实施条例》第12条规定：合营企业合同的订立、效力、解释、执行及其争议的解决，均应当适用中国的法律。 2.《中华人民共和国合同法》第126条第2款规定：在中华人民共和国境内履行的中外合资经营企业合同、中外合作经营企业合同、中外合作勘探开发自然资源合同，适用中国的法律。 3.《中国银行对外商投资企业贷款办法》第25条及其《实施细则》第34条规定：除中国银行同意者外，外商投资企业与中国银行签定的借款合同适用中国的法律。 4.《最高人民法院关于审理涉外民事或商事合同纠纷案件法律适用若干问题的规定》第8条规定：在中华人民共和国领域内履行的下列合同，适用中华人民共和国法律：(一) 中外合资经营企业合同；(二) 中外合作经营企业合同；(三) 中外合作勘探、开发自然资源合同；(四) 中外合资经营企业、中外合作经营企业、外商独资企业股份转让合同；(五) 外国自然人、法人或者其他组织承包经营在中华人民共和国领域内设立的中外合资经营企业、中外合作经营企业的合同；(六) 外国自然人、法人或者其他组织购买中华人民共和国领域内的非外商投资企业股东的股权的合同；(七) 外国自然人、法人或者其他组织认购中华人民共和国领域内的非外商投资有限责任公司或者股份有限公司增资的合同；(八) 外国自然人、法人或者其他组织购买中华人民共和国领域内的非外商投资企业资产的合同；(九) 中华人民共和国法律、行政法规规定应适用中华人民共和国法律的其他合同

第三节 侵权之债的法律冲突与解决

一、侵权行为的法律冲突

侵权行为之债系指不法侵害他人人身或财产权利，并造成损失而承担民事赔偿责任所构成的债，各国关于侵权行为之债的法律规定并不一致，法律冲突比较明显。

二、侵权行为的法律适用

国际私法上解决侵权行为的准据法，主要有以下三种理论和实践：

（一）侵权行为地法

尽管侵权行为采用行为地法这一冲突法原则为世界各国所采纳，但对于如何判定侵权行为地，却有如下三种不同的观点：

一是主张以加害行为地为侵权行为地。1978 年意大利《民法典》第 25 条和 1984 年秘鲁《民法典》第 2097 条也采用此说。

二是主张以损害发生地为侵权行为地。美国 1934 年《第一部冲突法重述》（第 377 节）就持此说。

三是主张凡与侵权事实发生有关的地方，包括行为发生地或损害发生地均可作为侵权行为地，可允许受害人自由选择已发生的整个行为的各项事实的任一项发生地为侵权行为地。1982 年前南斯拉夫《法律冲突法》第 28 条更是明文规定：“除对个别情况另有规定者外，民事侵权责任，依行为实施地法或结果发生地法，其适用视何种法律对受害人最为有利。”

（二）法院地法

侵权适用侵权行为地法，是将侵权视为类似犯罪的行为，但事实上早在罗马法时代侵权就开始从刑法领域中分离出来，所以侵权适用侵权地法并无道理。

德国学者主张侵权适用法院地法。如萨维尼在《现代罗马法体系》第 8 卷中就要求对侵权行为应适用法院地法。其理由就是因为侵权行为责任与法院地的公共秩序有密切关系。但是，现在在侵权行为的法律适用上，单采法院地法的已是鲜见，一般都重叠适用侵权行为地法和法院地法，如英国的“双重可诉标准”等。

（三）重叠适用侵权行为地法与法院地法（或行为人的属人法）

这是目前国际上较为普遍采用的做法。例如，依 1896 年的德国《民法施行法》规定，对于发生在外国的侵权行为，不得对德国公民提起比德国法律规定要高的赔偿请求，就是认为侵权行为责任原则上虽应依行为地法，但如行为人为德国人，则行为地法加于他的责任范围大于德国法所允许的，德国法院是不会同意这种请求的。就是说，加害人是外国人时，以侵权行为地法作为支配侵权行为构成及效力的准据法；而当加害人是德国公民时，那么德国加害人的责任范围，要受德国法制约。这时德国加害人的属人法同时也就是法院地法。

英国法院也采此种观点，但把行为地法和法院地法倒过来适用，以法院地法为主，只参考行为地法。具体做法为：如果一个在外国发生的侵权行为在英国法院起诉，英国法院将首先依据自己的法律观点判定行为如果在英国发生也可以提起侵权行为之诉时，然后再参考行为地法，如该行为在当地也是不正当的，才能为英国法院所受理。

三、侵权行为法律适用的新发展

侵权行为的法律适用发展至今，有一些新的发展趋势（如图 7.2 所示）。

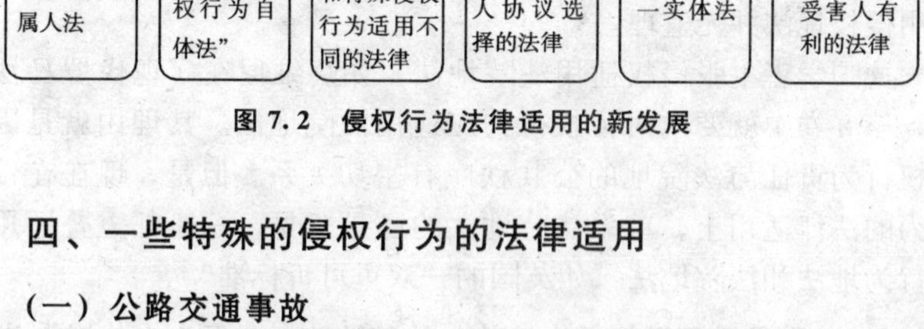

图 7.2　侵权行为法律适用的新发展

四、一些特殊的侵权行为的法律适用

（一）公路交通事故

公路交通侵权行为指在公路交通运输过程中发生的对人身和财产造成损害并应依法承担赔偿责任的行为。公路交通侵权主要反映为公路交通事故。

各国关于公路交通事故侵权赔偿规定不一，在法律适用方面也未作专门规定，实际中常常按照一般侵权行为来确定公路交通事故的准据法，并不能够准确反映公路交通事故的特殊性。因此，海牙国际私法会议在 1964 年就提出要首先考虑公路交通事故的冲突法公约的制定问题。

在海牙国际私法会议的努力下，1971 年制定了《公路交通事故法律适用公约》(以下简称《公约》)。该《公约》现已生效，已有奥地利、比利时、捷克、斯洛伐克、斯洛文尼亚、西班牙、瑞士、法国、卢森堡、荷兰、前南斯拉夫、波斯尼亚、克罗地亚、葡萄牙等国签署、批准了该《公约》。

《公约》第一条规定了目的和适用范围。《公约》的目的在于规定由于公路交通事故而引起的非合同性质的民事责任，并且只适用于涉及一辆或数辆机动或非机动车辆，并与公路、向公众开放的地面，或特定人有权通行的私有地面上的交通有关的事故（如表 7.5 所示)。

表 7.5　公路交通事故法律适用公约

准据法	适用前提	
事故发生地国内法	除下面所列情形之外	
车辆登记国国内法	责任车辆	责任人（或同时是受害人）
	一辆车涉及事故，且事故发生地国不等于登记国或两辆以上的车涉及事故，且事故发生地国不等于登记国，所有车辆均在同一国内登记	当一个或几个人涉及事故，事故发生时，其人在车外并可能负有责任，且所有责任人均在车辆登记国内设有惯常居所
车辆惯常停放国国内法	车辆未经登记或在几个国家内登记	

涉外公路交通事故损害赔偿的法律适用问题在我国现行立法中几近空白。我国拥有漫长的陆地边境线，随着对外经济交往的日益密切，涉外公路交通事故的发生必然日渐增多，因而有必要将其作

为一类特别侵权加以单独规定。

（二）海上侵权行为

发生在海上的侵权行为，大致可归结为三种情形：一是船舶相撞，或船舶与海上设施碰撞所发生的侵权行为；二是发生在船舶内部的侵权行为，诸如发生在旅客与海员之间或旅客之间的侵权行为或因海上事故致旅客死伤、货物毁损所发生的侵权行为；三是海上污染。

1. *船舶相撞，或船舶与海上的设施碰撞所发生的侵权行为*

对于发生船舶碰撞的赔偿问题，除了《1910 年碰撞公约》，1977 年还订立了《统一船舶碰撞中有关民事管辖权、法律选择、判决的承认和执行方面若干规则的公约》（以下简称《公约》），该《公约》于 1977 年 9 月 30 日在里约热内卢经国际海事法律委员会全体会议通过。《公约》适用于因船舶的灭失或损害以及因船上财产的灭失或损害而提出的碰撞诉讼的管辖权、法律选择和判决的承认与执行。

关于法律选择，《公约》规定，除当事人另有协议外，如碰撞在一国内水或领海内发生的，适用该国法律；如碰撞发生在领海以外的水域，适用案件受理国法律；如有关的船舶都在同一国登记或由它出具证件，或都属于同一国家所有，则不管碰撞发生在何处，均应适用该国的法律；如船舶在不同国家登记由它们出具证件，或属不同国家所有，则法院应适用对所有这些国家都适用的一些《公约》。如果经确定所有这些国家的法律与《公约》的原则相一致，则法院应适用这种相一致的法律。但不管怎样，任何当地的有关航行的成文或不成文的规则，都应得到适用。此外，《公约》明确排除反致。

2. *发生在船舶内部的侵权行为*

关于在海上运送中致旅客人身伤亡或行李毁损，因有运送合同关系存在，所以有的主张依合同准据法来解决相关人的责任问题。但旅客案件常受到许多国家的强制性法律的保护，这种法律不得在合同中运用法律选择条款加以规避。为统一对这种责任的法律规定，1961 年曾订有《统一海上客运若干规则的国际公约》。但它对旅客人身伤亡的赔偿额规定过低，且对行李的损失或损坏的赔偿没有规定，所以在1974年又订立了《海上旅客及其行李运输的雅典公约》。其主要内容包括：

(1)《海上旅客及其行李运输的雅典公约》的适用范围。

《海上旅客及其行李运输的雅典公约》应适用于以下各种国际运输：①船舶悬挂本公约缔约国的旗帜，或在本公约缔约国登记；②运输契约系在本公约缔约国订立；③按照运输契约，起运地或目的地位于本公约缔约国之内。但当根据以另一种运输方式运送旅客或行李的任何其他国际公约的规定，这一运输应当遵守该公约规定的某项民事责任制度时，则在这些规定对海上运输强制适用的范围内，本公约便不得适用。

(2) 承运人的责任。

承运人应对由于旅客的伤亡和行李的灭失或损坏所造成的损失负责，如果造成上述损失的事故发生在运输期间，而且是由于承运人或其在受雇的职责范围内行事的雇佣人或代理人的过失或疏忽所引起。凡旨在解除承运人对旅客承担的责任，或规定比公约所订为低的责任限额（个别情况例外），以及旨在推卸承运人的举证责任等条款，概属无效。

(3) 举证责任。

对于造成灭失或损坏的事故系发生于运输期间以及灭失或损坏的程度，应由索赔人负举证责任。但如旅客的伤亡或自带行李的灭失或损坏乃由于船舶失事、碰撞、搁浅、火灾、船舶缺陷所引起，或与此相关，则除非提出反证，应推定承运人或其在受雇职责范围内行事的雇佣人或代理人犯有过失或疏忽。对于其他行李的灭失或损坏，则不论造成灭失或损坏的事故性质如何，除非提出反证，应当推定犯有上述过失或疏忽。在所有其他情况下，索赔人应对过失或疏忽负举证之责。

(4) 责任限额。

承运人对每位旅客的伤亡应承担的赔偿责任，在任何情况下，每次运输不得超过700 000法郎。但本公约任一缔约国的法律，均可就身为该缔约国国民的承运人，规定一项较高的对每名旅客的赔偿责任限额。承运人对自带行李的灭失或损坏所应承担的责任，在任何情况下，每个旅客每次运输不得超过 12 500 法郎。但承运人和旅客也可以明确地以书面约定高于公约所规定的责任限额。

如损坏是由于承运人蓄意所造成，或明知可能造成这一损坏而轻率地采取的行为所引起，承运人便无权享有公约所规定的责任限制的利益。

3. 国际油污损害

油污损害是一种特殊的侵权行为。海上油污是一种潜在的巨大的灾祸。为保证因船舶逸出或排放油类而遭害的有关各方能得到适当的补偿，经各国的共同努力，1969 年国际海事组织在布鲁塞尔订立了《国际油污损害民事责任公约》，该公约业已生效，我国于 1984 年 4 月正式加入。该公约主要是一个统一实体公约，包括下述基本内容：

(1)《国际油污损害民事责任公约》的适用范围。

公约仅适用在缔约国领土或领海上由于船舶逸出或排放持久性油类而发生的污染损害以及防止油污损害或将这种损害减少到最低限度而采取预防措施所造成的损失或损害（第 2 条、第 1 条第 7—8 款）。

公约适用的船舶是指装运散装油类货物的任何类型的远洋船舶和海上船艇，但军舰或其他为国家所有或经营的且在当时仅用于政府的非商业性服务的船舶，不在公约的管辖范围之内（第 1 条第 1 款、第 11 条第 1 款）。

公约明确规定所适用的责任主体是船舶所有人。“船舶所有人”是指登记为船舶所有人的人，或如果没有这种登记，则是指拥有该船舶的人；但如果船舶为国家所有而由在该国登记船舶经营人的公司所经营，则此时“船舶所有人”即指这种公司（第 1 条第 3 款）。这种缔约国的国有船舶在接受控告时应放弃一切以主权国地位为根据的答辩（第 11 条第 2 款）。

公约第 3 条第 3 款特别指出，不得要求船舶所有人对本公约没有规定的污染损害做出赔偿，也不得要求船舶所有人的雇员或代理人对该公约规定的或其他的污染损害做出赔偿。

(2) 油污损害赔偿范围。

《国际油污损害民事责任公约》规定，除另有规定以外，只要船舶逸出或排放散装油类（包括原油、燃料油、重柴油、润滑油以及鲸油），并污染了缔约国的领土或领海而且对缔约国造成损害，则不论这种逸出或排放发生在何处，船舶所有人均应承担赔偿责任（第1条、第2条、第3条）。

公约第1条第6款强调，公约规定的“油污损害”是指由于船舶逸出或排放油类后，在运油船本身以外因污染而产生的灭失或损害，并包括预防措施的费用以及由于采取预防措施而造成的进一步灭失或损害。“预防措施”则是指油污事件发生后为防止或减轻污染损害由任何人所采取的任何合理措施。除此之外的油污损害赔偿范围，公约未作明文规定，故取决于受理诉讼的各缔约国的国内法。

(3) 责任限额。

《国际油污损害民事责任公约》规定，船舶所有人有权将他依本公约对任何一个事件的责任限定为按船舶吨位计算赔偿每一吨2000法郎，而且不论船舶吨位有多大，其赔偿总额最高不超过2.1亿法郎。但是，如果事故是由于船舶所有人的实际过失或暗中参与所造成的，船舶所有人无权享受上述赔偿限额。

此外，我国还于1990年1月9日决定加入《1969年国际干预公约油污事故公约》和《1973年干预公海非油类物质污染议定书》。

4. 发生在船舶内部的侵权行为

对发生在船舶内部的侵权行为，若存在合同关系，则可选择法律适用，否则，适用传统的侵权法律适用原则。

(三) 空中侵权行为

1. 空中侵权行为的种类

发生在空中的侵权行为，也不外乎以下三种情形：其一是发生在航空器内部的侵权行为，诸如旅客与乘务人员或旅客间发生的殴打、侮辱、诽谤等；其二是因航空器碰撞航空器与其他物件碰撞所发生的侵权行为；其三是因航空器事故致旅客死伤或物品毁损的侵权行为，主要是指旅客或托运人对航空运送人的损害赔偿请求权的问题。

对于第一类侵权行为，多数国家主张适用航空器登记国法。其理由无非是航空器在公空进行活动而没有侵权行为地法可循，或者是强调航空器飞行速度极快实在不易确定侵权行为地，况且航空器内部的侵权行为与航空器航行地面所属国的关系纯属偶然关系，远不如把航空器登记国法规作侵权行为地法来得合乎情理。对于第二类侵权行为，一般是主张适用被碰或受害方的航空器登记地法。这无非是出于对受害方利益的保护。如碰撞方皆有过错，也可适用法院地法；同一国家登记的航空器相撞，则可适用它们共同的登记国法。对于第三类侵权行为，目前主要适用有关的国际公约的规定。

目前调整这一问题的国际立法主要有：

(1)《统一国际航空运输若干规则的公约》(简称《华沙公约》)。该公约由德国、奥地利、比利时、巴西、丹麦、法国和波兰等 23 个国家于 1929 年在华沙签订。华沙公约自 1933 年生效以来，其后经过多次修改和补充。我国于 1958 年 7 月 15 日递交了加入通知书，自 1958 年 10 月 18 日起对我国生效。

(2)《修改 1929 年 10 月 12 日在华沙签订的统一国际航空运输若干规则公约的议定书》(简称《1955 年海牙议定书》)。该议定书于 1955 年在海牙签订，1963 年开始生效。但世界上主要空运大国美国和英国未参加，我国于 1975 年 8 月 20 日递交了加入通知书，1975 年 10 月 15 日开始对我国生效。

(3)《统一非缔约承运人所办国际航空运输若干规则以补充华沙公约的公约》(简称《瓜达拉哈拉公约》)。该公约 1960 年在墨西哥的瓜达拉拉哈拉城签订，1964 年开始生效，我国未加入该公约（如图 7.3所示)。

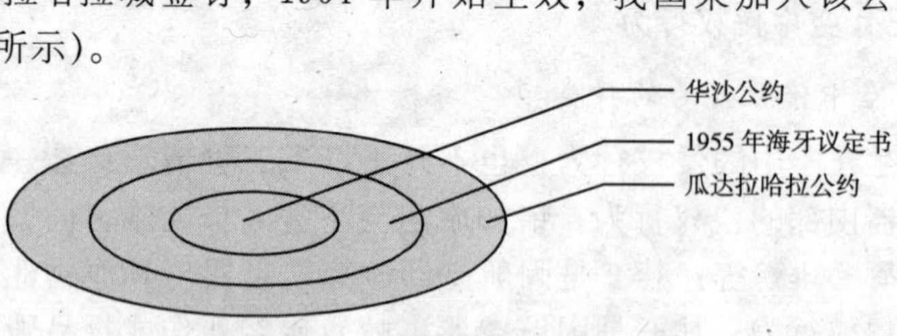

图 7.3 《华沙公约》及补充

此外，尚有 1966 年的《蒙特利尔协定》和 1971 年的《危地马拉议定书》。

(4) 1999 年《蒙特利尔公约》，2003 年正式生效。

2.《华沙公约》的基本内容

1929 年《华沙公约》是调整航空运输的主要国际公约。主要内容为：

第一，《华沙公约》的适用条件和范围。

《华沙公约》第 1 条和第 2 条对公约的适用条件和范围，作了如下规定：

(1) 对“国际运输”，《华沙公约》明确规定，是指当事人签订的运送合同所约定的起点和终点应分别在两个缔约国内，或起点和终点虽在同一缔约国内，但约定中途必须在另一缔约国或非缔约国的主权、宗主权、委任统治权或权力管辖下的领土内有经停地点。几个连续的航空承运人所办理的运输，如合同各方均认为是一个单一业务活动的，则不得因其中的一个或几个合同是在同一国的领土内而丧失其国际性质。

(2)《华沙公约》也明确规定以下各种空运不适用公约：根据《国际邮政公约》所办理的信件和包裹运输（第 2 条第 2 款）；航空运输企业为了开设正式航线进行试航的国际航空运输；以及超出正常航空运输业务以外在特殊情况下进行的运输（第 34 条），诸如为科学探险或紧急救助而作的运输。

第二，运送人的责任。

《华沙公约》是世界上第一个也是最重要的一个明确规定航空运送人权利与义务的公约，它对运送人的责任制度，确立了下列三个基本原则，即：过失责任原则、有限责任原则、禁止免责原则。

(1) 过失责任原则。

《华沙公约》规定，对于旅客因死亡、受伤或身体上的任何其他损害而产生的损失。如果造成这种损失的事故是发生在航空器上或上下航空器过程中，运送人应负责任（第 17 条）；对于任何已登记的行李或货物因毁灭、遗失或损坏而产生的损失，如果造成这种损害是发生在航空运输期间，运送人也应负责任（第 18 条）；运送人对旅客、行李或货物在航空运输过程中因延误而造成的损失应负责任（第 19 条）。

《华沙公约》也规定了可以免除或减轻运送人责任的三种情况：运送人如果能证明自己或他的代理人为了避免损失的发生，已经采取了一切必要的措施，或不可能采取这种措施时，可以不负责任（第20条第1款）；在运输货物和行李时，如果运送人证明损失的发生是由于驾驶上、航空器的操作上或领航上的过失，而在其他一切方面运送人和他的代理人已经采取一切必要的措施以避免损失时，不负责任（第20条第2款）；如果运送人证明损失的发生是由于受害人的过失所引起或自己所造成，法院可以按照它的法律规定，免除或减轻运送人的责任（第21条）。

（2）有限责任原则。

《华沙条约》采取举证责任倒置原则加重了运送人的责任，但为了当事人双方权利义务平等，以及出于保护国际航空运输正常发展的需要，公约规定，运送人对于旅客及行李物品的损害赔偿仅负有限责任。《华沙公约》第22条规定：运输旅客时，运送人对每一位旅客的责任以12.5万法郎为限（《海牙议定书》改为25万法郎）。但旅客也可以根据他和运送人之间的特别协议，规定一个较高责任限额；在运送已登记的行李和货物时，运送人对行李或货物的责任以每公斤250法郎为限，除非托运人在交运时，曾特别声明行李或货物运到后的价值，并缴付必要的附加费。对旅客自己保管的物件，运送人对每位旅客所负的责任，以5000法郎为限。

《华沙公约》规定运送人在原则上尽管负有限责任，但有下列情形之一的，则运送人仍须负无限责任，而不是引用公约关于免除或减轻运送人责任的规定：其一是运送人未发给客票而载运旅客（第3条第2款但书）；其二是如果损失的发生是由于运送人或其代理人的有意的不良行为，或由于运送人或其代理人的过失，而根据受理法院的法律，这种过失被认为等于有意的不良行为（第25条）。

（3）禁止免责原则。

国际航空运输企业多为实力雄厚的独占性企业，运送人易利用其优越地位迫使旅客订立免责条款，致使《华沙公约》保护旅客利益规定形同虚设，破坏规定的责任体制，而使当事人双方的权利义务处于不平等状态。为此，《华沙公约》明确规定，企图免除运送人的责任，或定出一个代替本公约所规定责任限额的任何条款，都不发生法律效力（第 23 条）；运输契约的任何条款或在损害发生以前的任何特别协议，如果运输契约各方借以违背本《华沙公约》的规则，无论是选择所适用的法律或者变更管辖权的规定，均不发生效力（第 32 条）。

第三，损害赔偿。

《华沙公约》基于国际航空运输的特点就运送人对旅客损害赔偿责任的诉讼，规定了选择管辖原则。《华沙公约》第 28 条规定：有关赔偿的诉讼，应该按原告的意愿，在一个缔约国领土内，向运送人住所地，或者总管理处所在地，或者签订契约的机构所在地法院提出，或向目的地法院提出；诉讼程序适用受审理案件的法院地法；诉讼应从航空器到达目的之日起，或应该到达之日起，或从运输停止之日起，两年内提起，否则丧失追诉权；诉讼期限的计算方式则根据受理案件的法院地法决定（第 29 条）。《华沙公约》还规定，也可以到有管辖权的法院所在地国家的仲裁机构仲裁（第 32 条但书）。

（四）产品责任

所谓产品责任是指，由于产品有缺陷而造成消费者、使用者或第三人的人身伤害或财产损失时，该产品的生产者或销售者依法应承担的法律责任。产品责任的构成要件主要有以下三项：

(1) 产品存在瑕疵或缺陷。对于瑕疵或缺陷的认识，各国法律的规定不同，但一般认为缺陷应是指产品欠缺人们有权期待的安全性，主要包括：①设计缺陷。②制造缺陷。③指示缺陷。与缺陷产品相关的概念还有不合格的产品、危险产品（如表 7.6 所示）。

表 7.6　不合格的产品、危险产品与缺陷产品比较

比较点	缺陷产品	危险产品	不合格的产品
特性	欠缺安全性	危险是合理的	与合同约定不符
相互关系	缺陷产品危险产品质量不合格	不一定是缺陷产品	不一定是缺陷产品
后果	承担产品责任	如无缺陷无责任	违约责任

不合格的产品、危险产品与缺陷产品三者的关系如下图（如

图 7.4所示)。

方块 A 代表“质量不合格的产品”，方块 B 代表“危险产品”，方块 C 阴影部分为“缺陷产品”。

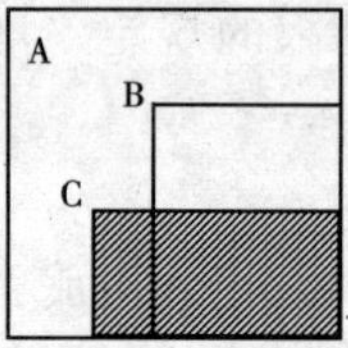

方块 A 代表“质量不合格的产品”，方块 B 代表“危险产品”，方块 C 阴影部分为“缺陷产品”。

图 7.4 不合格的产品、危险产品与缺陷产品三者的关系

(2) 必须给产品的消费者或其他第三者造成人身或财产的损害。这里强调两点：一是有损害的事实，这种事实一般可以是人身的伤害，也可以是除缺陷产品以外的财产的损失。如果产品有缺陷但没有给人造成损害，也不能要求生产者或销售者承担产品责任；二是损害的承担者一般作广义的理解，既包括从生产者或销售者那里购买产品并使用产品的人，也包括虽不购买产品但却使用了产品的人，同时还包括虽非上述购买人或使用人但却遭受了产品对其的损害的人。

(3) 消费者或其他第三者所遭受的损害必须与产品的缺陷之间存在因果关系。如果损害是由于消费者或其他第三者的过错造成的，就不存在产品责任的问题。例如微波炉的说明书声明不可以将金属制品放入其中，但使用者未加注意，结果引起爆炸造成损害，此时不得要求产品生产者或销售者承担产品责任。[1]

我国的涉外产品责任案件，主要类型有：(1) 中国产品在国外发生产品责任问题；(2) 外国产品在我国发生产品责任问题；(3) 外国人在中国境内遭受产品责任侵权问题；(4) 中国人在外国境内遭受产品责任侵权问题。涉外产品责任同一般侵权责任相比具有特殊性及复杂性，其特殊性表现在它的涉外因素：或涉及外国产品或涉及外国消费者、使用者，这就决定了不同国家对产品责任的认定、损害赔偿的范围、金额、责任主体的范围等均差别较大，最终影响对受害人权益的保护程度。其复杂性表现在它是产品责任：经济全球化

[1] 屈广清主编《国际商法》，东北财经大学出版社，2008 年版，第 160 页。

加速了产品的流通，一件产品可能由若干国家共同加工制造、一件产品可能在多个国家流转、产品的消费者使用者可能跨境移动、一个产品责任可能有多个责任主体，因此判定产品责任所依据的连接因素必然是复杂多元的。

总体上看，在涉外产品责任的法律适用上，不少国家抛弃了机械的、单一的法律选择方法，而主张采用灵活多样的规则和方法来确定准据法。在法律选择的过程中，往往透过法律冲突的表面假象去分析法律所体现和保护的政策和利益，同时强调法律适用的结果，从立法上更加追求对当事人的公正待遇和平等对待。具体表现在以下几个方面：其一，将最密切联系原则引入侵权责任领域，使涉外产品责任法律适用日趋灵活。法官可以在政策分析、利益比较、结果选择的基础上决定何国法律与发生“损害事件”有最重要关系及与发生“损害事件”当事人有最重要关系，就适用该国法律。其二，以保护受害人利益为导向，在涉外产品责任诉讼中适用有利于受害人的法律或直接在立法上肯定对受害人利益的保护。其三，“排除被告不可预见的法律的适用”原则已逐渐被各国在涉外产品责任法律适用制度上接受。如瑞士《联邦国际私法》第 133 条规定了适用损害发生地法律须以加害人可以预见到损害将在该国发生为条件。其四，将有限的意思自治引入侵权责任领域，尊重产品责任当事人的自主意愿来选择适用的法律。如《瑞士联邦国际私法》规定了当事人可以通过协议方式选择适用法院地法。

1973 年第十二届海牙国际私法会议通过了《产品责任法律适用公约》(以下简称《公约》)，在涉外产品责任准据法的确定以及准据法适用范围的规定上，反映了国际上有关涉外产品责任法律适用的一般做法和发展趋势。该《公约》自 1977 年 10 月 1 日开始生效(如表 7.7 所示)。

表 7.7　《产品责任法律适用公约》的特点

特点一	《公约》为了避免受诉法院在定性问题上的困扰，明确规定不管诉讼性质如何，本公约应予以适用（第 1 条第 3 款）。因此，不管原告以侵权行为还是以契约不履行为根据向法院提起损害赔偿之诉，只要符合公约规定的适用条件，即可适用该《公约》

续表

特点二	《公约》规定了五种连接因素作为法律适用的连接点，即损害发生地、直接受害人惯常居所地、被请求承担责任人的主营业地、直接受害人取得产品所在地以及当事人的选择
特点三	《公约》规定了一个法律要成为准据法至少需要两个以上连接点作为条件。比如仅有损害发生地这一因素还不能适用损害发生地法，只有当损害发生地同时又是直接受害人惯常居所地或被请求承担责任人主营业地时，方可适用损害发生地法
特点四	《公约》规定了四个独一无二点法律适用顺序：第一适用顺序即《公约》第 5 条的规定，关于涉外产品责任的准据法首先应该适用直接遭受损害的人的惯常居所地国家的内国法，只要该国同时又是被请求承担责任人的主营业地；或直接遭受损害的人取得产品的地方。第二适用顺序即如果不存在《公约》第 5 条规定的情形，则按《公约》第 4 条规定，适用的法律应是损害地国家的内国法，但也需要符合下列条件之一：该国同时又是直接遭受损害人的惯常居所地；或该国同时又是被请求承担责任人的主营业地；或该国同时又是直接遭受损害的人取得产品的地方。第三适用顺序即该《公约》第 6 条的规定，如果第 4 条、第 5 条指定适用的法律均不适用，原告可以主张适用损害地国家的内国法。第四适用顺序则规定，如果第 4 条、第 5 条指定适用的法律都不适用，并且原告没有提出主张适用损害地国家的内国法时，则适用被请求承担责任人的主营业地国家的内国法
特点五	《公约》着重体现了对当事人意愿的尊重，这不仅表现在原告在第三顺序中可以选择损害发生地法，还表现在它对被告作了恰当的保护，即如果被请求承担责任人证明他不能合理地预见该产品或同类产品会经商业渠道在该国出售，则第 4 条、第 5 条、第 6 条规定的侵害地国家和直接遭受损害人的惯常居所地国家的内国法均不适用，而应适用被请求承担责任人的主营业地国家的内国法
特点六	《公约》还规定了 4 个必须遵循的共同条件：第一，适用第 4 条、第 5 条、第 6 条时不应不考虑产品销售市场所在国家通行的有关行为规则和安全规则（第 9 条）；第二，根据该《公约》规定，适用的法律只有在其适用会明显地与公共秩序相抵触时方可拒绝适用（第 10 条）；第三，即使应适用的法律是非缔约国的法律，本《公约》应予适用（第 11 条）；第四，该《公约》规定应适用的法律是指该国的内国法，排除了反致的适用

我国尚无调整涉外产品责任法律适用的专门制度。在司法实践中，对于涉外产品责任的法律适用依据是《民法通则》第 146 条。该条规定："侵权行为的损害赔偿，适用侵权行为地法律。当事人双方国籍相同或者在同一国家有住所的，也可以适用当事人本国法或者住所地法律。中华人民共和国法律不认为在中华人民共和国领域外发生的行为是侵权行为的，不作侵权行为处理。"可见，我国涉外产品责任法律适用笼统地采用侵权行为法律适用规则，完全忽视了其同一般民事侵权责任相比应具有的特殊性与复杂性。

五、我国关于涉外侵权行为法律适用的规定

我国关于涉外侵权行为法律适用的规定具体内容如下（如表 7.8 所示）。

表 7.8　我国关于涉外侵权行为法律适用的规定

侵权行为地法原则	《中华人民共和国民法通则》第 146 条第 1 款规定：侵权行为的损害赔偿，适用侵权行为地法律。 《中华人民共和国海商法》第 273 条、《中华人民共和国民用航空法》第 189 条都规定了侵权行为地法的适用。 最高人民法院《关于贯彻执行〈中华人民共和国民法通则〉若干问题的意见（试行）》第 187 条规定，"侵权行为地的法律包括侵权行为实施地法律和侵权结果发生地法律。如果两者不一致时，人民法院可以选择适用。"
当事人共同属人法原则	《中华人民共和国民法通则》第 146 条第 1 款规定：当事人双方国籍相同或者在同一国家有住所的，也可以适用当事人本国法或者住所地法律
双重可诉原则	《中华人民共和国民法通则》第 146 条第 2 款规定：中华人民共和国法律不认为在中华人民共和国领域外发生的行为是侵权行为的，不作侵权行为处理
法院地法原则	《中华人民共和国海商法》第 273 条第 2 款规定：船舶在公海上发生碰撞的损害赔偿适用法院地法
船旗国法原则	《中华人民共和国海商法》第 273 条第 3 款规定：同一国籍的船舶发生的碰撞的损害赔偿适用船旗国法

第四节　不当得利与无因管理的法律适用

一、不当得利的法律适用

因不当得利（unjust enrichment）和无因管理（voluntary service）而所生之债，又称为“准合同之债”。其所以被称为“准合同之债”，是因为“无因管理”可以认为类似于委托代理合同，而“不当得利”可以认为类似于借贷合同。它包括那些既不是由于合同，也不是同于侵权而依法律应在特定人之间产生的具有债的特征的法律关系。

凡是没有法律上的根据致他人遭受损害而自已获得利益的，称为不当得利。这制度是得到各国承认的。但是在什么情况下成立不当得利以及其效力如何，则各国规定往往并非一致，因而需要选择准据法。

对于不当得利应适用的准据法选择，有以下几种不同的主张(如表 7.9 所示)。

表 7.9　不当得利应适用的准据法

行为地法	如奥地利《联邦国际私法法规》第 46 条规定：不当得利的求偿权，依不当得利发生地国家的法律
产生不当得利的法律	如土耳其《国际私法和国际诉讼程序法》第 26 条规定：因不当得利而产生的法律关系，适用确定该法律关系的法律
属人法	波兰《国际私法》第 31 条规定，在当事人有同一国籍且在该国有住所时，应适用他们的共同本国法。《布斯塔曼特法典》第 221 条规定：“不当得利依各当事人的共同属人法，如无共同属人法，则依给付地的法律。”
选择适用多种法律	瑞士《联邦国际私法》第 218 条规定：“因不当得利提出的请求，由支配不当得利所由发生的实际的或假定的那种法律关系的法律支配。在没有这种关系时，这种请求由不当得利发生地国家的法律支配。当事人可协商决定适用法院地法。”

二、无因管理的法律适用

无因管理又可称为“无委托的事务管理”，是指没有法定的义务，而为他人管理财产或事务的行为。

在这种情况下，就管理人来说，因而支出的劳务或费用，依法有权请求他人支付，“管理人”成为债权人，接受管理事务应该支付“管理人”费用的“本人”成为债务人。《中华人民共和国民法通则》第 93 条就规定，“没有法定的或者约定的义务，为避免他人利益受损失而进行管理或者服务的，有权要求受益人偿付由此而支付的必要费用。”

关于无因管理，各国规定不同，存在明显的法律冲突（如表 7.10所示）。

表 7.10　无因管理的法律冲突

关于无因管理制度本身	各国一般均有规定，少数国家（如英国）没有规定该制度
对无因管理的理解	如法国将无因管理只是列入准契约，日本将无因管理与侵权行为等作为债的范畴
具体内容方面	各国也规定不尽一致

各国不仅在无因管理实体法律规定方面存在冲突，而且在解决无因管理法律冲突的规定方面，各国也是不一致的（如表 7.11所示）。

表 7.11　无因管理的法律适用

管理行为地法	该观点认为无因管理制度不是合同关系，不能适用当事人意思自治原则；另外无因管理是一种债务关系，不宜适用当事人的属人法；综上，无因管理是一种法律行为，适用管理行为地法比较合适。该观点缺点是当管理客体在一国，管理行为却在另一国时，管理行为地不容易确定
支配原法律义务关系的法律	例如奥地利国际私法规定，无因管理依此种管理行为完成地的法律。但是如与另一法律义务或关系有密切联系，则适用支配该义务关系的国家的法律

续表

本人住所地法	该观点认为无因管理制度是为保护本人的利益而设立的，因此应以本人的住所地法作为无因管理之债的准据法
当事人共同本国法	如波兰《国际私法》规定，无因管理之债，除适用原因事实地法外，还可以适用当事人共同本国法

本章涉及的是债权关系的法律适用问题，俗话说冤有头、债有主，债的法律适用目标比较明确。不过清官难断家务事，铭肌镂骨的家庭关系的法律冲突该如何解决呢？关于这一点，且由下章分解。

本章相关知识掌握

■ 主要概念

合同准据法　双重可诉原则　特征性履行　侵权行为自体法

■ 基础训练

▲ 选择题

1. 侵权行为自体法主要是指　　（　　）。

　A. 对受害人最有利的实体法律

　B. 当事人自愿选择的法律

　C. 受理案件的法院地法

　D. 与案件有最密切联系的法律

【解答】应选 D。

2.《产品责任法律适用公约》是由　　（　　）。

　A. 联合国通过的　　B. 联合国贸发会通过的

　C. 欧盟通过的　　D. 海牙国际私法会议通过的

【解答】应选 D。

3. 发生在船舶内部的侵权行为一般适用　　（　　）。

　A. 船旗国法　　B. 致害行为发生地法

　C. 损害结果发生地法　　D. 受理案件的法院所在地法

【解答】应选 A。

4. 新加坡民用航空公司一架客机飞往印度尼西亚途中，因机上物体坠落使在公海上捕鱼的越南渔船受损。后该渔船开往中国港口修理，并就该飞机造成的损害赔偿诉诸我国法院。对于该案，依《中华人民共和国民用航空法》规定，法院应适用下列哪个国家的法律？（ ）

A. 新加坡法律　B. 印度尼西亚法律

C. 越南法律　D. 中国法律

【解答】应选 D。

5. 甲国人 A 和 B 同受雇于香港某公司，二人均在中国上海有住所。某日，他们同乘轮船自乙国赴中国，途经公海时，二人发生口角，A 顺手抓起 B 的旅行箱向 B 掷去，造成旅行箱内的贵重仪器被毁坏。轮船抵达上海后，B 向我国法院提起诉讼，要求 A 承担赔偿责任。我国法院可以适用下列何种法律？（ ）

A. 甲国法　B. 香港法　C. 乙国法　D. 中国法

【解答】应选 AD。

▲ 判断题

1. 我国法律承认当事人默示选择法律的效力。（ ）

【解答】错误。

2. 最密切原则的渊源可以追溯到萨维尼的“法律关系本座说”。（ ）

【解答】正确。

3. 合同自体法理论实质上是合同法律适用中主观论与客观论的结合。（ ）

【解答】正确。

4. 我国《海商法》规定，同一国籍的船舶在我国领海发生碰撞的，适用我国的法律。（ ）

【解答】错误。

5. 我国法律对不当得利和无因管理的法律适用问题并没有作出明文规定。（ ）

【解答】正确。

▲ 简答题

1. 简述中国有关意思自治原则的立法。
2. 如何理解合同自体法。

■ 案例分析

1999 年 11 月 20 日下午，某大学工人陈强在该校校园内骑自行车向右拐弯时，未打手势示意，被从后面超车的该校留学生杰克骑自行车撞倒。经检查，陈强右内踝关节挫伤，他的自行车前轮被撞坏，造成经济损失约 140 元。学校曾为双方进行调解，但双方在杰克应付给陈强的赔偿数额上未能取得一致意见。于是陈强向当地人民法院起诉。法院受理了本案。

问：

1. 法院对本案应如何适用法律？

2. 假如本案的当事人双方都是外国人，法院又该如何适用法律？

分析：1. 本案应适用中国法律，我国《民法通则》第 146 条第 1 款规定：侵权行为的损害赔偿，适用侵权行为地法律。2. 法院可以适用中国法律和双方当事人的共同国籍法。《民法通则》第 146 条第 2 款规定当事人双方国籍相同或者在同一国家有住所的，也可以适用当事人本国法或住所地法律。

■ 实践训练

实训项目：提高法庭辩论能力的训练。

1989 年 7 月，本案原告耿某被大连经济技术开发区海达公司(以下简称海达公司) 聘为外派船员，为此，双方签订了《外派船员合同书》，其中规定，外派船员自离境时起，在外轮工作期间因工致伤、致残和生病、死亡，均按中国劳动法律、法规的有关规定处理。海达公司和大连海福拆船公司（以下简称海福公司）签订了《雇用船员合同》，同年 7 月 25 日，耿某即被外派受雇于海福公司所属的巴拿马籍“佳灵顿”轮，任该轮大管轮之职，期限为 1 年。海福公司依据和海达公司签订的《雇用船员合同》第 13 条关于“船员受雇期间的人身、行李安全办好保赔协会的保险，其条件相等于香港

《雇员赔偿条例》第 282 章”的规定，对包括耿某在内的受雇船员在大连保险公司投保了人身保障和赔偿险。

耿某受雇后，即随船工作。1989 年 11 月 28 日，“佳灵顿”轮在土耳其汉杰港卸货，耿某在机舱紧固舵机底座螺丝时，左手食指被砸伤，中指亦受伤。经当地医院简单处理后，于同年 12 月 1 日被送回北京。经国内医院治疗，终因伤势过重，受伤的左手食指被截掉一节。在住院治疗期间，耿某共付医疗费人民币 1145.54 元。出院时经法医鉴定：其左手食指第一节缺如（指截掉），近掌指骨关节僵固，指掌关节大部分能活动，鉴定费人民币 90 元。耿某出院后，多次找海福公司解决伤害赔偿之事，均被拒绝。耿某遂于 1991 年 7 月 1 日向大连海事法院起诉，依据海达公司与海福公司签订的《雇用船员合同》第 13 条的规定，要求海福公司支付 2184 美元的保险赔偿金，赔偿其工资损失 4441.67 美元和医疗费人民币 1145.54 元。

被告海福公司辩称：耿某是经海达公司而受雇于我公司的，不是我公司的直接雇员，与我公司无合同关系，故其不应直接向我公司主张权利。我公司与海达公司签订的《雇用船员合同》第 13 条是无效条款，因此，我公司不负赔偿责任。耿某应以其与海达公司签订的《外派船员合同书》作为请求赔偿的依据。耿某请求补偿工资损失 4441.67 美元不合理，只应补偿其 49 天的工资 412.50 美元。我公司为“佳灵顿”轮船员投保了船员受伤的保障与赔偿险，因保险公司对赔偿有异议，故我公司无法按其要求给予补偿。

具体组织与要求：在班级里分为两个（如果人数比较多，可以增加小组数量）小组，每个小组由多人组成。两个小组分别代表原告与被告进行法庭辩论，要求：第一，遵守我国法律规定的辩论顺序；第二，根据有关法律分别为自已一方寻找理由争取有利的判决结果；第三，可以进行和解但要对已方有利。

考核标准：从两个方面考核：一是评价各方法庭辩论的具体内容，如程序是否完整、正确、按时，理由是否可靠可信等。二是评价各方法庭辩论的辩论情况，如表达、口才等。在此基础上，评出获胜的一方。最后由老师进行评点与总结。

第八章　婚姻与家庭

第一节　结婚的法律适用

引例：涉外离婚以及财产分割

邝先生左眼近乎失明，非常疼痛，需要照料，无奈之下返回 A 国继续治疗！清女士得到消息蹑景追飞般揪着邝先生便来到了法院，要求判决离婚并取得儿子的监护权（如图 8.1 所示）。

图 8.1　监护的法律适用

清女士与邝先生所生的儿子出生在 A 国，现年 6 岁。清女士与邝先生都希望取得儿子的监护权。法院应该如何处理该案？

（一）结婚实质要件的法律适用

结婚乃是男女双方依照法律规定的要件结为夫妻的一种法律行为。结婚的要件分为实质要件和形式要件。结婚的实质要件指的是结婚时男女双方必须具备的条件和必须排除的条件。前者如男女双方必须达到法定婚龄等。后者如双方不属于禁止结婚的血亲，没有不能结婚的疾病等。各国关于结婚的实质要件的规定是不一样的，例如关于法定婚龄，虽然男大当婚，女大当嫁，采兰赠芍，自然现象，但是如何理解婚嫁的年龄？印度、瑞典等国规定男 21 岁，女 18

岁；而阿根廷、西班牙、希腊等国规定男 14 岁，女 12 岁。关于禁止近亲通婚，日本、法国、英国、瑞士等国禁止三亲等以内的旁系血亲间通婚，而罗马尼亚，保加利亚等国禁止五亲等以内的旁系血亲间通婚。由于各国法律关于婚姻要件之规定存在诸多差异，因此，在涉外结婚法律关系中，就需要做出法律选择，以确定婚姻是否有效成立。各国关于涉外结婚实质要件的法律适用主要有以下几种做法（如表 8.1 所示）。

表 8.1　涉外结婚实质要件的法律适用

婚姻举行地法	亦有的国家反对婚姻的实质要件适用婚姻举行地法。他们认为，适用婚姻举行地法会给当事人提供规避法律的机会，使“移动婚姻”大量增加
当事人属人法	在适用当事人属人法时，有时当事人的属人法不一致，对此，各国主要有以下几种做法： （1）适用丈夫的属人法。 （2）适用双方各自的属人法。 （3）适用法院地法。 （4）适用其他法律。在当事人双方的属人法不同时，有的国家主张既不适用当事人各自的属人法，也不适用法院地法，而是改为适用第三国的法律，如适用婚姻举行地法、当事人住所地法等。 通常，对无国籍人的结婚不能适用其本国法，此时，一般适用他们的住所地法或惯常居所地法。如果当事人没有住所或惯常居所，则适用当时的居所地法或法院地法。对于政治避难者的结婚，一般不宜适用其本国法，而是适用其住所地法或惯常居所地法
混合制	混合制包括重叠适用婚姻举行地法与当事人属人法，选择适用婚姻举行地法或当事人属人法两种情况

（二）结婚形式要件的法律适用

结婚的形式要件指的是结婚的方式或结婚必须履行的法定手续。各国法律关于结婚之形式要件有着不同的规定。有的国家采民事登记方式，如中国、日本、法国、德国等。有的国家采宗教仪式方式，如西班牙、葡萄牙、希腊、塞浦路斯等。有的国家采民事登记和宗教仪式相结合的方式，如英国、瑞典、丹麦、巴西等。有的国家采用事实婚姻制度，不要求任何形式，如印度、苏丹等。由于各国关于结婚形式要件之规定存在上述差别，因此，在涉外结婚法律关系中就需要在不同国家间对结婚形式要件做出法律选择。关于婚姻形式要件之法律适用，各国主要有以下几种做法：

1. 婚姻举行地法

有的国家根据传统“场所支配行为”的原则，规定婚姻的形式要件适用婚姻举行地法。采用该原则的国家主要有中国、日本、英国、匈牙利等国。如 1979 年匈牙利《国际私法》第 37 条第 2 款规定：“婚姻有效的形式要件适用婚姻举行地法。”

2. 当事人属人法

一些以宗教仪式为结婚形式要件的国家，为了维护本国的公序良俗，规定本国人或住所在本国的人必须依本国法规定的宗教仪式结婚。它们认为结婚的宗教仪式不只是一种单纯的方式问题，而是属于实质问题，属于灵魂的洗礼。西班牙、希腊、塞浦路斯等宗教势力占统治地位的国家即是如此主张。例如在马耳他，结婚形式属罗马天主教教会管辖，若结婚一方当事人系马耳他天主教徒，则必须按照天主教教会法规的规定举行宗教仪式，否则，马耳他法院就可以宣告该婚姻无效。还有一些国家则规定内国人的结婚必须依民事登记方式，即使在国外举行亦是如此，如前捷克斯洛伐克法律规定，捷克公民非依民事登记方法结婚者无效。

3. 婚姻举行地法或当事人属人法

若对婚姻形式要件仅适用婚姻举行地法或当事人属人法，则很容易产生“跛脚婚姻”现象。

为避免这种情况的出现，很多国家采选择适用婚姻举行地法或当事人属人法的方式。如 1979 年奥地利《联邦国际私法法规》第 16 条第 2 项规定：“在外国举行的婚姻，其方式依结婚各方的属人法，但符合结婚地法者亦属有效。”1902 年海牙《婚姻法律冲突公约》第 5 条规定：“依婚姻举行地法所为的婚姻，就其方式，不论在何国均应认为有效。”该公约第 7 条规定：“婚姻的方式，在举行地法认为无效，但当事人如依其本国法规定的方式者，其他国家均应认为有效。”

（三）我国关于结婚法律适用的规定

（1）《中华人民共和国民法通则》第 147 条规定：“中华人民共和国公民和外国人结婚适用婚姻缔结地法律。”学者们认为该规定既适用于结婚的实质要件，也适用于结婚的形式要件，既包括在我国境内的结婚，也包括在我国境外的结婚。由于该规定仅限于中国公民和外国人的结婚，因此，对于双方均为中国公民在外国的结婚及双方均为外国公民在中国的结婚如何适用法律尚不明确。另外，由于该规定仅以婚姻缔结地作为涉外婚姻法律适用的连接点，因此会导致符合当事人属人法但不符合婚姻缔结地法的涉外婚姻无效，这无疑会阻碍许多跨国婚姻的有效成立。

（2）在条约或互惠的基础上，我国也承认具有同一国籍的外国人双方在其本国驻华使领馆成立的婚姻为有效婚姻。

（3）外国人之间在我国境外结婚的要件，推定适用婚姻缔结地法律。

第二节　夫妻关系的法律适用

夫妻关系指的是夫妻之间依照法律规定而相互享有的权利和承担的义务关系。夫妻关系可以分为夫妻间的人身关系和财产关系。

（一）夫妻人身关系的法律适用

夫妻人身关系指的是夫妻双方在家庭、社会中的地位、身份等方面的权利、义务关系。它包括夫妻姓氏、同居、忠贞、扶助、住所决定、从事职业、社会活动、夫妻间日常家务、代理等方面的权利、义务关系。由于各国法律关于夫妻人身关系之规定各不一样，因此，在涉外夫妻人身关系中，就需要做出法律选择。目前，各国关于夫妻人身关系的法律适用主要有以下几种做法（如表 8.2 所示）。

表 8.2 夫妻人身关系的法律适用

丈夫的本国法	该说是男女不平等时代的产物。如今，随着妇女地位的提高，大多数国家已抛弃了这种做法，改而适用夫妻共同的本国法或共同住所地法。但有时夫妻双方没有共同的本国法或住所地法，对此，有些国家仍然主张适用丈夫的属人法
夫妻属人法	该说认为夫妻人身关系属于一种身份关系，故应适用夫妻属人法。其中有的规定应适用夫妻本国法，有的规定应适用夫妻住所地法，有的国家规定选择适用夫妻共同本国法、住所地法、居所地法
在特定问题上适用行为地法	该说认为夫妻人身关系中的许多问题常常涉及行为地法的公共秩序，因此，虽然原则上，夫妻人身关系应适用当事人属人法，但在特定问题上应依行为地法
选择适用夫妻属人法与最密切联系地法	近年来，夫妻人身关系之法律适用亦出现了软化发展的趋势，表现为属人法与最密切联系地法相结合
适用法院地法	由于夫妻人身关系有时关系到法院地的公共秩序，因此有的国家主张夫妻人身关系适用法院地法

（二）夫妻财产关系的法律适用

夫妻财产关系是指夫妻双方在婚前及婚姻存续期间所获财产归谁所有及如何管理、处理财产等方面的权利义务关系。各国关于夫妻财产关系之规定各不一样，例如关于财产关系之成立，有的采用约定财产制，有的采用法定财产制。由于存在这些差别，因此，在涉外夫妻财产关系中即需做出法律选择。目前，各国关于夫妻财产关系之法律适用主要有下列几种做法：

1. 以夫妻意思自治为主，兼采当事人属人法

由于一些国家把夫妻关系看做一种特殊的契约关系，因此，采用解决契约关系的冲突规则来处理夫妻财产关系。首先，依夫妻双方之意思决定应该适用的法律，如果夫妻双方未作选择，则通常适用夫妻属人法。如瑞士联邦《国际私法》第 52 条规定：“婚姻财产适用配偶双方共同选择的法律。配偶双方可以选择他们的共同住所地国家的法律，结婚后准备居住的国家的法律，或配偶一方的本国法律。”该法第 54 条规定：“如果配偶双方没有有效地选择所应适用的法律，则适用配偶共同住所地国家的法律或他们最后共同住所地国家的法律。如果配偶双方在同一时期、同一国家没有共同住所，婚前又没有共同国籍的，则适用瑞士法律。”

2. 夫妻属人法

对于夫妻财产制，有些国家完全排除当事人意思自治。其中有些国家认为夫妻财产关系与当事人本国法联系最为密切，所以硬性规定适用当事人本国法。如日本《法例》第 15 条规定：“夫妻财产制，依结婚时夫之本国法。”有的国家认为夫妻住所地是夫妻生活的中心，又是夫妻财产集中地，与夫妻财产关系联系最为密切，因此硬性规定夫妻财产关系适用夫妻住所地法。如 1984 年秘鲁《民法典》第 2078 条规定：“夫妻财产制和夫妻财产关系，依最早的婚姻住所地法。”

3. 区别动产与不动产，分别适用不同的法律

有些国家为使夫妻财产关系的准据法与物权和继承的准据法保持一致，并使对不动产的判决易于得到物之所在地国家的承认和执行，主张为夫妻财产关系中的动产和不动产规定不同的冲突规范。例如美国《第二部冲突法重述》第 233 条规定：“婚姻对夫妻结婚时配偶一方所有的土地权益的效力以及对婚姻在续期间，配偶任何一方所取得的土地权益的效力，依土地所在地法。对于动产，则不问婚前已有或婚后获得的，则一般适用与配偶及财产有最密切联系的法律。”不过，大多数国家认为采用分割制会使夫妻财产关系的处理更加复杂化，因而不主张采用这种做法。如阿根廷、埃及、秘鲁等国。

关于涉外夫妻人身、财产关系问题，《中华人民共和国民法通则》没有规定其法律适用问题。最高人民法院《关于贯彻执行〈中华人民共和国民法通则〉若干问题的意见（试行)》仅仅规定离婚以及因离婚而引起的财产分割，适用我国法律。其他问题，

同样缺乏规定。

第三节 离婚的法律适用

一、离婚的法律概述

离婚是指夫妻双方依照法定程序解除婚姻关系的法律行为。世界各国的法律大多允许离婚，但亦有禁止离婚，阻止夫妻成为别鹤孤鸾。例如西方许多信奉天主教的国家，认为婚姻是耶稣与教会安排下的结合，是永久而完美的东西，人是不能使其分离的，因此，这些国家长期禁止离婚，只能分居。西班牙、阿根廷、智利、哥伦比亚、巴拉圭、菲律宾等国即采此制度。在允许离婚的国家中，各国关于离婚要件之规定亦不一样，例如，关于离婚理由的立法形式，有的采概括主义，不具体列举离婚理由；有的采列举主义，明文列举准予离婚的依据；有的采概括与列举相结合的方式。

由于各国关于离婚之法律规定存在诸多差异，因此，在涉外离婚法律关系中即需进行法律选择。目前各国关于涉外离婚准据法之确定主要有以下几种做法：

1. 适用法院地法

该说认为离婚涉及一国的公共秩序与善良风俗，离婚法属强行法，故应适用法院地法。此说于 19 世纪中叶由萨维尼所倡，目前仍为英国、美国、丹麦、挪威、冰岛等国采纳。不过，亦有学者反对这一主张。他们认为，离婚法虽然是强行法，但我们不能以外国法属于强行法还是任意法而决定是否适用，否则势必减少适用外国法的机会，从而达不到国际私法的目的。其次，适用外国离婚法对法院地的公共秩序并无多大影响，更何况如有影响，亦可用公共秩序保留制度排除适用外国法，而没有必要预先规定适用法院地法而绝对排除外国法的适用。再次，适用法院地法可能会导致当事人挑选法院，并造成“跛脚婚姻”现象，给当事人双方带来不幸。

2. 适用当事人属人法

该说认为离婚将导致消除婚姻关系，与当事人的身份紧密相连，故应受与当事人有永久关系之属人法支配。目前西班牙、卢森堡等国采此说。

3. 法院地法与当事人属人法相结合

(1) 重叠适用法院地法与当事人属人法

1902年《关于离婚的海牙公约》规定："夫妻非依其本国法和法院地法均允许离婚时，不得为离婚之请求，且离婚之请求，非依夫妻的本国法和法院地法均有离婚的原因者，不得为之。"

(2) 选择适用法院地法与当事人属人法

如1965年波兰《国际私法》规定："离婚适用双方当事人的共同本国法，当事人无共同本国法时，则适用法院地法。"

4. 适用有利于实现离婚的法律

有些国家的法律对涉外离婚的限制较少，在涉外离婚的法律适用中规定了多个连接点供当事人选择，便利当事人离婚。如奥地利联邦《国际私法法规》第20条规定："离婚的要件和效力，依离婚时支配婚姻的人身法律效力的法律。但依该法婚姻不能依据所举的事实而解除，或适用于婚姻人身法律效力的准据法无一存在时，则适用离婚时原告的属人法。"

二、我国有关离婚法律适用的规定

关于我国涉外离婚案件的管辖权，《中华人民共和国民事诉讼法》第22条、第23条规定，只要原、被告一方在我国有住所的，我国法院就有管辖权。

关于有关离婚法律适用，《中华人民共和国民法通则》第147条规定："中国公民同外国人的离婚，适用受理案件的法院所在地法律。"最高人民法院《关于贯彻执行〈中华人民共和国民法通则〉若干问题的意见（试行）》第188条对《民法通则》第147条解释为："我国法院受理的涉外离婚案件，离婚以及因离婚而引起的财产分割，适用我国法律。认定其婚姻是否有效，适用婚姻缔结地法律。"根据上述规定，我国法律仅为涉外离婚案件之法律适用，规定了一个连接点，这种规定不利于当事人实现离婚。

第四节　父母子女关系的法律适用

父母子女关系即亲子关系，指父母和子女之间形成的人身关系和财产关系。父母子女关系包括血缘关系的亲生（包括婚生与非婚生）父母子女关系和因收养而人为建立的拟制养父母子女关系。

一、婚生子女身份的法律适用

婚生子女是指有效婚姻关系存续期间怀孕所生的子女。各国法律都承认婚生子女的身份，但如何认定婚生，各国法律规定不一，需要进行法律适用选择。关于婚生子女身份法律适用的做法如下(如表 8.3 所示)。

表 8.3　婚生子女身份的法律适用

父母属人法	生母之夫的本国法。如 1896 年德国《民法施行法》第 18 条规定："子之嫡生，如其出生时母之夫为德国人或者母之夫于子出生前死亡时为德国人，依德国法。"
	生父的住所地法。一些普通法系的国家认为，生父的住所地是行使亲权的中心场所，因此，应适用生父之住所地法
	子女出生时生母的属人法，法国《民法典》规定子女是否婚生问题由子女出生时生母的属人法决定
	父母共同属人法。如 1978 年奥地利《国际私法》第 21 条规定："子女婚生的要件及因此而发生的争议，依该子女出生时配偶双方的属人法，如子女出生前婚姻已解除，依解除时配偶双方的属人法。"
	分别适用父母各自的属人法。如 1934 年美国《第一部冲突法重述》即主张由父的住所地法决定父与子女的婚生关系，由母的住所地法决定母与子女的婚生关系。卢森堡、比利时、荷兰等国也做了类似规定
子女属人法	如 1965 年波兰《国际私法》第 19 条第 2 款规定："父子关系的否认与承认，依出生时子女的属人法。"

续表

支配婚姻效力的法律	如1982年土耳其《国际私法和国际诉讼程序法》第15条亦规定："子女婚生，适用子女出生时调整其父母婚姻有效性的法律。"
对子女婚生更为有利的法律	如1978年奥地利《国际私法》第21条规定："子女婚生的要件及因此而发生的争议，依该子女出生时配偶双方的属人法。配偶双方的属人法不同时，依其中更有利于子女为婚生的法律。"

二、非婚生子女身份的法律适用

各国关于非婚生子女身份的法律规定不尽相同，发生冲突时，需要进行法律适用选择（如表8.4所示）。

表8.4 非婚生子女身份的法律适用

非婚生子女与父母的关系	与母亲的关系适用母亲的属人法	如德国等
	与父亲的关系适用法院地法或者当事人的属人法	如美国等
非婚生子女准正（非婚生子女因认领、父母结婚或国家行为而取得婚生子女地位的法律制度，多数国家规定有该制度）	父母事后结婚准正	一般依事后结婚时父母属人法。但亦有国家规定适用子女属人法。还有的国家规定适用支配事后婚姻的效力的法律
	认领准正	有的规定适用父母属人法，如1939年泰国《国际私法》第31条规定："非婚生子女的认领，依认领时父的本国法。如父已死亡，则依父死亡时的本国法。"有的规定适用子女属人法。如波兰《国际私法》第19条第2款规定："对非婚生子女的承认与否认，依出生时子女本国法。但子女认领，依认领时子女所属国法。"有的规定重叠适用父母

续表

非婚生子女准正（非婚生子女因认领、父母结婚或国家行为而取得婚生子女地位的法律制度，多数国家规定有该制度）	认领准正	和子女属人法，如《布斯塔曼特法典》第60条规定："认领的能力受父的属人法支配，被认领的能力则受子女的属人法支配。必须两个属人法所规定的条件相符，才能认领。"有的规定选择适用父母和子女属人法，如瑞士《联邦国际私法》第72规定："对瑞士境内子女的认领，只要符合子女的习惯居所地国家或国籍所属国家或父母其中一方的住所地国家或国籍所属国家的法律即为有效。"
	国家行为准正	有的国家规定适用父母住所地法。有的国家规定分别适用父母住所地法和子女住所地法。如1984年秘鲁《民法典》第2086条规定："经行政或司法宣示准正的能力，由办理此种准正宣示的双亲一方的住所地法确定；以行政或司法宣告被准正的能力，依子女的住所地法。准正的效力必须符合以上两地的法律。"此外，还有的国家规定适用准正国家的法律等
	笼统地规定的准正	如1982年土耳其《国际私法和国际诉讼程序法》第16条规定："非婚生子女准正适用准正时的父亲的本国法；依父亲本国法如无法准正，则适用母亲的本国法或子女的本国法。"

中国现行法律中关于涉外亲子关系的法律适用问题，缺乏明确的规定。在立法中应该给予补充完善。

第五节　收养的法律适用

一、收养关系的法律适用

收养是一种收养人与被收养人之间建立拟制亲子关系的法律行为。除某些伊斯兰国家外，目前世界上绝大多数国家都承认这一制度。不过，各国有关收养制度之规定却存在很大差异，例如有些国家规定，只有未成年人才能被收为养子女，而收养人则须是成年人，并且二者之间要有合理的年龄差距。而按法国《民法典》第 345 条和第 360 条的规定，既可收养未成年人，也可收养成年人，但如果为完全收养则被收养人不得超过 15 岁，而单纯收养则无年龄限制。又如关于收养人与被收养人之间的年龄差距，法国规定为 15 岁，但如被收养人系其配偶的子女，差 10 岁即可。而罗马尼亚《家庭法典》第 68 条的规定要求相差 18 岁。由于各国收养法之间存在这些差异，因此，在涉外收养法律关系中，就需要做出法律选择。目前各国对于收养成立的形式要件大都主张适用收养成立地法，也有国家主张适用与解决收养实质要件相同的准据法。对于收养实质要件准据法之确定主要有以下几种做法（如图 8.2 所示）。

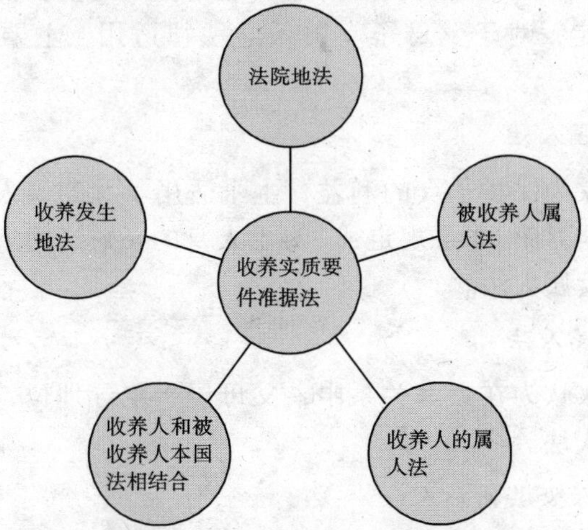

图 8.2　收养实质要件的准据法

为统一各国涉外收养法律适用之规定，海牙国际法会议第 18 届大会通过了《跨国收养方面保护儿童及合作公约》（以下简称《公约》）。该《公约》于 1995 年 5 月 1 日正式生效，截至 1999 年 2 月，已有 35 个国家签署了该《公约》，22 个国家批准了该《公约》。《公约》规定跨国收养的实质要件适用收养开始时收养人所在国和被收养人所在国双方的法律。

二、父母子女关系效力的法律适用

父母子女关系的效力是指父母子女间基于血缘或收养的法律事实而产生的权利、义务关系。主要指父母对子女的人身（如扶养、教育、惩戒和保护等）和财产（如财产取得、管理、收益和分配等）方面的亲权关系。对此，各国都做了规定，但在具体内容上仍有差异。如有的国家的法律明确规定，父母对子女有惩戒权，有的国家则无此规定；有的国家法律规定父母对未成年子女的财产有使用、收益权，有的国家则无此规定。由于各国法律关于父母子女关系之效力的规定不一样，因此，在涉外父母子女关系效力之确定中，就需要做出法律选择。对此有的国家采取笼统规定的方式，不再区分基于婚生，非婚生，收养各自产生的父母子女关系。不过，亦有的国家对父母子女关系进行区分而分别适用不同的准据法。纵观各国冲突法的规定，对于父母子女关系之法律适用，主要有以下几种主张：

1. 子女属人法

有的国家为保护子女的利益，主张适用子女的属人法。如《布斯塔曼特法典》第 69 条规定："对于人身的、财产的亲子关系之效力，均依子女属人法。"

2. 父母属人法

有的国家认为在家庭关系中，父母居于主导地位，因此，主张适用父母属人法。

3. 父母子女共同属人法

如 1987 年瑞士《国际私法》规定，如父母任何一方在子女的惯常居所地均无住所，而父母与子女有同一国籍，则适用该国的法律。

三、中国关于收养法律适用的规定

中国关于涉外收养问题也有相关的法律规定。1991 年《中华人民共和国收养法》第 20 条规定：“外国人依照本法可以在中华人民共和国收养子女。”这表明，外国人在中国收养子女适用中国法律。1993 年国务院的《外国人在中华人民共和国收养子女实施办法》规定，外国人在中华人民共和国收养子女应该符合收养法的规定，但不得违背收养人经常居住地国家的法律。1999 年修改以后的《中华人民共和国收养法》采用了与《外国人在中华人民共和国收养子女实施办法》一致的规定，重叠适用中华人民共和国法律与收养人经常居住地国家的法律。

《中华人民共和国收养法》第 21 条规定，外国人在中华人民共和国收养子女，应当经其所在国主管机关依照该国的法律审查同意。收养人应当提供由其所在国有权机构出具的有关收养人年龄、婚姻、职业、财产、健康、有无受过刑事处罚等状况的证明材料，该证明材料应当经过其所在国外交机关或者外交机关授权的其他机构认证，并经过中华人民共和国驻该国使领馆认证。该收养人与送养人订立书面协议，亲自到省级人民政府民政部门登记。收养关系当事人各方或者一方要求办理公证的，应当到国务院司法行政部门认定的具有办理涉外公证资格的公证机构办理收养公证。

第六节　监护的法律适用

一、监护关系的法律适用

监护，是指监护人对于未成年人或者禁治产人的人身和财产利益依法实行监督和保护的一种法律制度。监护制度起源于罗马法，现今各国对此均有规定，但各国法律关于监护机关、监护人人数、设定监护人的方法、监护人的资格、监护的免除、监护人的设置，监护的开始等方面的规定各不一样，因此，在涉外监护法律关系中，就需要做出法律选择。目前，各国对于涉外监护之法律适用主要有以下几种做法（如图 8.3 所示）。

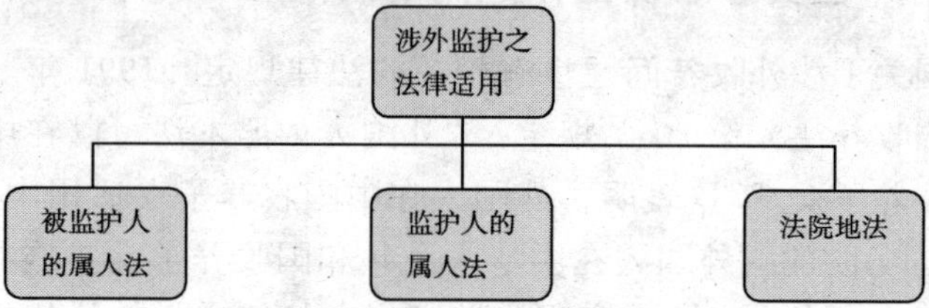

图 8.3　涉外监护之法律适用

二、关于未成年人监护的国际公约

目前关于未成年人监护的国际公约共有三个，即 1902 年海牙《关于未成年人监护公约》，1961 年海牙《关于未成年人保护的管辖权和法律适用公约》，1996 年 10 月 19 日在海牙国际私法会议上通过的《关于父母责任和保护儿童措施的管辖权、法律适用、承认、执行和合作公约》。其中 1996 年《关于父母责任和保护儿童措施的管辖权、法律适用、承认、执行和合作公约》共七章 63 条，明确提出其取代 1902 年海牙《关于未成年人监护公约》和 1961 年海牙《关于未成年人保护的管辖权和法律适用公约》。1996 年的《关于父母责任和保护儿童措施的管辖权、法律适用、承认、执行和合作公约》规定由儿童惯常居所地国家行使采取保护儿童措施的管辖权，同时允许离婚法院地国的并存管辖权和其他有最密切联系的国家的补充管辖权，具有管辖权的机关采取措施时适用本国法。公约第 3 条规定父母的责任适用儿童惯常居所地法。公约特别强调了对涉外监护问题的国际合作，以便有效地保护未成年人的最大利益。

三、我国关于涉外监护法律适用的规定

我国最高人民法院发布的《关于贯彻执行〈中华人民共和国民法通则〉若干问题的意见（试行）》第 190 条规定："监护的设立，变更和终止，适用被监护人的本国法律，但被监护人在我国境内有

住所的，适用我国法律。”可见，我国法律着眼于保护被监护人的利益，以被监护人的属人法作为涉外监护法律关系的准据法。但由于冲突规范是一种间接规范，有时，其他连结因素所指引的法律更能保护受监护人的利益，经该冲突规范指引适用的被监护人的属人法反而不利于保护受监护人，因此，我国法律的这种规定并不总是有利于被监护人。另外，我国法律仅对涉外监护的设立，变更和终止规定了准据法，其他方面如何适用法律尚不明确。

第七节　扶养的法律适用

一、扶养关系的法律适用

扶养是指有经济能力的亲属对无生活能力的亲属给予扶助的一种法律制度。各国法律均对扶养制度做了规定，但关于抚养之范围、性质、程度、方法，权利之消灭及义务之成立等方面之规定却各不一样，因此，在涉外扶养关系中，就需要做出法律选择。

扶养可分为配偶之间的扶养，亲子之间的扶养及其他亲属间的扶养。对于这三类扶养，有的国家分别规定了准据法，如 1979 年匈牙利《国际私法》第 39 条规定：“夫妻之间的扶养，应适用起诉时夫妻共同的属人法，如无，则适用其最后的共同住所地法；如夫妻没有共同住所，适用法院地或其他机构地法。”该法第 45 条规定：“父母对子女的扶养适用子女的属人法。”该法第 47 条规定：“子女对父母的赡养以及其他亲属间的扶养义务、条件、程序和方法应根据权利人的属人法确定。”有的国家对上述三类扶养不加区分，统一规定应适用的法律。如 1982 年土耳其《国际私法和国际诉讼程序法》第 21 条规定：扶养义务适用扶养人本国法。有的国家仅对三类扶养中的一种规定了准据法。如 1964 年捷克《国际私法》仅规定了亲子之间扶养关系的准据法。有的国家在国内立法中直接规定扶养关系适用或类推适用国际公约。如瑞士《国际私法》第 83 条规定：“父母子女之扶养义务，适用 1973 年 10 月 2 日海牙《扶养义务准据法公约》。母之受扶养，或因生育子女而生之损害赔偿请求权，类推适用前项公约之规定。”有的国家则将国际公约之规定转化为国内法。如1986年德国《民法施行法》的规定与1973年海牙《扶养义务准据法公约》中的有关内容一一对应。

各国有关涉外扶养关系之法律适用是不完全相同的。有的国家认为扶养制度是为被扶养人的利益而设置的，因此，应适用被扶养人的属人法。有的国家认为扶养义务是扶养制度的基础和本体，因此，应适用扶养义务人的属人法。

受当代国际私法保护弱者利益这一基本原则的影响，晚近各国涉外扶养法律关系纷纷从适用扶养人属人法转向适用被扶养人属人法。不过，由于冲突规范指定的被抚养人属人法不一定能很好地保护被抚养人的利益，而抚养人的属人法或扶养财产所在地法对被扶养人可能更为有利。基于这个原因，1973年海牙《关于扶养法律适用的公约》采取了结果选择的方法。

二、有关扶养法律适用的国际公约

鉴于涉外扶养案件的增多，一些国际组织逐渐开始关注扶养的法律适用问题，并制定了相应的国际公约。其中，以海牙国际私法会议制定的1956年《扶养儿童义务法律适用公约》，1973年《扶养义务法律适用公约》较有影响。此外，美洲国家组织1989年制定的《美洲国家间扶养义务公约》也是较有影响的区域性多边条约。

1. 1956年海牙《扶养儿童义务法律适用公约》（以下简称《公约》）

《公约》第1条规定：子女可在何种程序上并可向何人要求扶养，应依子女惯常居住地法律决定。子女惯常居所变更时，自变更之时起适用新的惯常居所地法。这是海牙国际私法会议第一次采用惯常居所作为调和属人法问题上国籍法与住所地法矛盾的第一次成功尝试。

同时，《公约》也规定了一些例外。《公约》第2条规定：各缔约国可以声明不适用第一条规定而适用其本国法，如果：(1) 扶养请求是向该国当局提出时；(2) 被要求扶养人与子女均具有该国国籍时；(3) 被要求扶养人的惯常居所在该国时。另外，《公约》第3

条还规定，当子女的惯常居所地法律拒绝子女享有任何扶养权利时，则适用法院地国冲突规则所指示的法律。

2. 1973 年海牙《扶养义务法律适用公约》(以下简称 1973 年《公约》)

1956 年《公约》的范围仅限于儿童扶养义务的法律适用问题，但实际生活中还涉及大量的其他扶养义务的法律适用问题，为此，海牙国际私法会议在 1956 年《公约》基础上，制定出 1973 年《公约》。

1973 年《公约》第 1 条规定：本公约适用于因家庭关系、亲属关系、婚姻或姻亲关系而产生的扶养义务，包括关于非婚生子女的扶养义务。在法律适用问题上，1973 年《公约》将扶养分为两大类，分别规定法律适用问题：

第一类，关于离婚和别居而产生的扶养义务。1973 年《公约》第 8 条规定，在准许或承认离婚的缔约国内，离婚的配偶之间的扶养义务，以及有关此种义务的判决的再审，应按适用于离婚的法律决定。这一规则也同样适用于法定别居的案件，以及宣布婚姻无效或撤销的案件。

第二类，除离婚或别居产生的其他扶养义务关系。1973 年《公约》采取了依次选择连结点的方法决定准据法。这些连结点依次是：扶养权利人惯常居所地、扶养权利人与义务人的共同本国法、法院地法。1973 年《公约》规定，扶养惯常居所地国内法应支配第 1 条所规定的扶养义务（第 4 条）。但是，如果扶养权利人不能据此从扶养义务人获得扶养的，则适用他们的共同本国法（第 5 条）。如果扶养权利人依照上述两条仍不能从扶养义务人获得扶养的，则适用受理机关的国内法（即法院地法）（第 6 条）。

3. 1989 年《美洲国家间扶养义务公约》（蒙得维的亚（Montevideo）公约）[1]

《美洲国家间扶养义务公约》适用于儿童的扶养义务以及因婚姻关系而产生的配偶及前配偶间的扶养义务（第 1 条），但扶养的法律

[1] 公约于 1996 年 3 月生效，目前有 11 个缔约国。

适用问题仅构成公约的一章，公约还涉及管辖权、国际程序合作等事宜。

三、我国有关扶养法律适用的规定

《中华人民共和国民法通则》参考有关国家的立法和实践，对有关扶养义务的法律适用问题规定适用最密切联系原则：扶养适用与被扶养人有最密切联系的国家的法律（第148条）。以最密切联系取代传统的硬性的连结点，使选择法律的灵活性增强。关于本条有两点应予注意：第一，该条的适用范围，我国最高法院的司法解释和学者的意见均认为，本条的扶养一词应作广义解释，不同于《中华人民共和国婚姻法》第20条的“扶养”，而是包括父母对子女的抚养关系、夫妻之间的扶养关系和子女对父母的赡养关系。第二，按最高人民法院《关于贯彻执行〈中华人民共和国民法通则〉若干问题的意见（试行）》第189条规定，扶养人和被扶养人的国籍、住所以及供养被扶养人的财产所在地均可视为与被扶养人有最密切联系。

本章解决了婚姻家庭领域的法律适用问题，严格地说，与本章婚姻家庭关系息息相关的问题还有继承。涉外继承也需要分星掰两，如何进行，且由下章分解。

本章相关知识掌握

■ 主要概念

结婚的实质要件　婚姻缔结地法　“移住婚姻”　“跛脚婚姻”　准正

■ 基础训练

▲ 选择题

1. 定居甲国的华侨王某与李某在甲国结婚，后王某在甲国起诉与李某离婚时被该国法院以当事人均具有中国国籍为由拒绝受理。王某转而在我国法院诉请离婚。根据我国现行司法解释，有关此案的管辖与适用法律，下列哪些选项是正确的？　（　）

A. 王某原住所地法院有管辖权

B. 因两人定居国外且在国外结婚，我国法院不应受理

C. 李某在国内的最后住所地法院有管辖权

D. 如中国法院管辖，认定其婚姻是否有效应适用甲国法律

【解答】 应选 ACD。

2. 美国人马丁和英国人安娜夫妇是来华工作的外国专家。来华之前，两人长期在印度工作，并在那里有惯常居所。在中国工作期间，马丁向我国人民法院提起离婚的诉讼请求。对于马丁和安娜的离婚纠纷，我国法院应该适用下列哪一国法律加以解决？（　　）

A. 美国法　　B. 英国法

C. 中国法　　D. 印度法

【解答】 应选 C。

3. 中国人高某想要得到其具有美国国籍的儿子的赡养，要求人民法院给予支持。下列选项中哪些是正确的？（　　）

A. 我国没有关于涉外赡养的法律适用规范，故应驳回高某的起诉

B. 我国没有关于赡养的法律适用规范立法，因此该案应适用我国法律

C. 该案适用《民法通则》的规定来确定准据法

D. 该案适用高某儿子的本国法，即美国法

【解答】 应选 C。

4. 一对英国夫妇婚后移居意大利，后来华工作。该夫妇于今年收养一名中国儿童并决定一起回意大利生活。根据我国法律，有关该夫妇收养中国儿童所应适用的法律，下列哪一选项是正确的？（　　）

A. 应适用中国法和意大利法

B. 应适用中国法和英国法

C. 只需适用中国的有关法律规定

D. 只需适用意大利的有关法律规定

【解答】 应选 A。

5. 美国公民甲（男）于 1990 年 8 月在中国海南旅游期间与中国公民乙（女）相识并恋爱，甲在海南观光数日后返美。1991 年 7 月 17

日乙应甲邀请赴美，在美国办理了结婚登记手续。1991 年 8 月 2 日，乙以双方婚前了解不够，无法建立感情为由向中国法院提起了诉讼。下列选项中哪个是中国法院审理该案件时应适用的准据法？（　　）

A. 美国法

B. 中国法

C. 同时适用美国和中国法

D. 法院可以选择适用美国法或中国法

【解答】 应选 B。

▲ 判断题

1. 我国法律不承认领事婚姻制度。（　　）

【解答】 错误。

2. 离婚案件各国多适用法院地法，其主要原因是离婚法律多为强行法，涉及一国民族习俗、伦理观念、公共秩序。（　　）

【解答】 正确。

3. 我国法律规定，对于涉外离婚问题，不管是原告的住所或居所，还是被告的住所或居所在中国，中国法院就有管辖权。（　　）

【解答】 正确。

4. 我国《收养法》规定，外国人在华收养子女，应重叠适用中国法和其所在国的法律。（　　）

【解答】 正确。

5. 非婚生子女可以通过父母事后婚姻、认领和国家行为准正。（　　）

【解答】 正确。

▲ 简答题

1. 我国关于涉外结婚、离婚法律适用的规定。
2. 我国对涉外扶养的法律规定。

■ 案例分析

英国人乔治生于 1977 年，1995 年来中国，在北京××学院就读。读书期间与本校中国籍女学生王芳相识并产生恋情。1997 年 8

月，王芳毕业后在一家外资企业找到工作，二人决定结婚，并到王芳住所地的街道办事处进行结婚登记。办事处工作人员认为，乔治与王芳之间的婚姻属涉外婚姻，应到区人民政府婚姻登记机关办理结婚登记。乔治与王芳遂到区政府婚姻登记机关办理结婚登记。婚姻登记机关审理了乔治提供的证明材料后认为，乔治现年 20 岁，不符合《中华人民共和国婚姻法》关于结婚年龄的规定，而且没有按照民政部《中国公民同外国人办理婚姻登记的几项规定》提供有关证件，系证件不全，决定不予登记。

问：(1) 我国法律对中国公民与外国人结婚适用的法律是如何规定的？(2) 结婚必须具备的条件是什么？(3) 按英国法，乔治已达到最低法定婚龄。中国的婚姻登记机关以其年龄不符合条件为由不予婚姻登记，是否正确？(4) 我国民政部要求外国人在我国登记结婚要提供哪些证件？

分析：(1) 根据《民法通则》第 147 条的规定："中华人民共和国公民与外国人结婚，适用婚姻缔结地法。"

(2) 实质要件：双方自愿；达到法定婚龄；禁止重婚（一夫一妻)；禁止近亲结婚；禁止患有医学上认为不应当结婚疾病的人结婚；

形式要件：男女双方必须亲自到婚姻登记机关办理结婚登记。

(3) 正确。

(4) 本人护照或其他身份、国籍证件；公安机关签发的《外国人居留证》，或外事部门颁发的身份证件，或临时来华的入境、居留证件；经本国外交部（或外交部授权机关）和我驻该国使、领馆认证的由本国公证机关出具的婚姻状况证明；或该国驻华使、领馆出具的婚姻状况证明。

■ 实训题　处理收养问题能力的训练

台湾人甲在中国台湾与乙结婚。婚后多年不育。甲来到我国福建省某地，经人介绍，与福建省某地女子丙达成借腹生子协议，由丙为甲生一子女，男女均可，所生子女为甲所有，丙哺乳 6 个月后交甲，甲付丙人民币 5 万元。协议达成后，甲丙二人同居致使丙怀孕，分娩生一男孩。哺乳期 6 个月后，丙将孩子交给甲，甲付丙 5 万元人民币。甲带孩子回中国台湾时出现了法律问题。如果甲以生父的名义带孩子离境，甲与丙不存在婚姻关系，且我国法律不允许借腹生子；甲以收养的名义带孩子出境，甲与孩子有血缘关系，我国公证机关拒绝为甲收养子女出证。请你为甲想想办法。

考核标准：对提出的具体理由进行评价。

第九章　继　　承

第一节　法定继承的法律冲突与解决

引例：法定继承

法院一审判决邝先生与清女士离婚，只等上诉期过后便发生法律效力。岂料第二天清女士在回家的路上遭遇车祸，不治而亡。邝先生为继承清女士的财产与清女士的继承人发生纠纷。邝先生的请求是否偭规越矩呢？法院应该怎样判决呢？邝先生与清女士的离婚判决还没有生效，对继承权有什么影响？

婚姻通常与继承联系密切，关系复杂（如图 9.1 所示）。

图 9.1　婚姻与继承

一、法定继承概念及其法律冲突

世界各国通常把继承区分为两种不同的情形，即法定继承与遗嘱继承。所谓法定继承，其实是遗嘱继承的对称，又称无遗嘱继承、家庭继承，是指直接依照法律规定的条件和程序，将被继承人的遗产转归继承人所有的一种继承方式。由于这种继承只是在没有遗嘱时才发生法律效力的，故又称无遗嘱继承。也因为法定继承人的范围只限于被继承人的亲属，所以也称家庭继承。所谓法定的条件，通常主要包括以下内容：即有关继承人的范围和条件、继承人继承顺序以及有关继承的特殊制度，如代位继承、转继承等。所谓法定的程序，是指有关继承开始的原因和时间、继承的接受和放弃、遗产的分割与管理、有关继承纷争的解决等。在实践中，各国对于这些问题的规定瑕瑜互见，且有着较大的差异，主要表现为：

1. 继承人的范围

所谓继承人的范围，实质上就是指哪些人可拥有继承权的问题。该问题是由继承人与被继承人间的特定关系，即婚姻和血亲关系（直系血亲或一定范围内的旁系血亲以及拟制血亲）所决定的。各国对此的规定也有着较大的差异，表现在：

（1）资本主义国家出于私有制的要求，通常把继承人的范围规定得较为宽泛。如德国规定了五个等级的继承人顺序；意大利规定十等亲以内的亲属都有继承权。法国更是把十二等亲以内的亲属都赋予其继承权。而我国以及原苏联和东欧的各国，通常把继承人的范围规定得比较狭窄，如我国只确定了配偶、子女、父母、兄弟姐妹、祖父母、外祖父母以及对被继承人尽了较多扶养义务的人和受被继承人抚养缺乏劳动能力又没有生活来源的人享有继承权。

（2）有关妻子有无继承权的规定差异较大。我国是把配偶作为第一位的继承权人，因此，作为配偶的妻子是第一位的继承权人。但许多国家却对妻子的继承权规定了较多的限制。

（3）对于子女有无继承权的规定不同。我国法律规定，婚生子女、非婚生子女、养子女以及有抚养关系的继子女，其法律地位是相同的，因此，都有继承遗产的权利。然而，瑞士、德国、西班牙等国家的法律则明确规定，养子女没有继承权。法国法规定，养子女只对其养亲有继承权，对其他亲属则没有继承权。德国至今依旧不承认非婚生子女的继承权。而法国和日本法律规定，非婚生子女虽有继承权，但却只有婚生子女一半的份额继承权。

（4）对于兄弟姐妹有无继承权的规定不同。兄弟姐妹虽然是旁系血亲关系，但却应该是最为亲密的关系，因此，彼此间应该互有继承权，这也是大多数国家的规定，然而，西班牙法律却规定，兄弟姐妹之间没有相互的继承权。

2. 继承人的顺序

在继承案件中，继承顺序的前后，实质上决定了有继承权的人能否现实地实现其继承权，以及在多大范围上实现继承权这一问题，因此，继承顺序是继承问题中较为敏感和重要的环节。

继承人的顺序通常是由继承人与被继承人之间的特定关系的远近决定的，具体说，是由婚姻关系、血亲关系的远近以及在经济上、生活上相互关联的程度决定的。由于各国对继承人的范围规定不同，继承人的顺序也必将由此而有所不同，如法国规定了四个继承顺序，即（1）死者的子女及其直系卑亲属；（2）直系尊亲属；（3）旁系血亲；（4）尚生存的配偶。日本也规定了四个顺序，即（1）直系卑亲属；（2）直系尊亲属；（3）兄弟姐妹；（4）兄弟姐妹的直系卑亲属。对配偶不作固定继承顺序的规定，可以与任何一个顺序的继承人共同继承，但继承份额有所不同。在没有其他继承人时，配偶才能全部继承遗产。我国有关继承人的顺序规定得较为简单，只有两个顺序，即配偶、子女、父母为第一顺序；兄弟姐妹、祖父母、外祖父母为第二顺序。

3. 继承的份额

在法定继承中，继承人能够继承多少也是由法律规定的，这一规定体现在继承的份额中，所以，继承份额的多少决定了继承人实际继承财产的多少。各国对于继承份额的规定差异较大，有明确的规定且不能有所变动。如日本《继承法》的规定堪称为世界上最为详尽的：（1）直系血亲卑亲属及配偶为继承人时，前者可继承遗产的2/3，后者可继承遗产的1/3；（2）直系血亲尊亲属和配偶同为继承人时，各自可继承遗产的1/2；（3）配偶和兄弟姐妹同为继承人时，前者可继承遗产的2/3，后者可继承遗产的1/3；（4）直系血亲卑亲属、直系血亲尊亲属或者兄弟姐妹有数人时，各自的份额应相等。但非嫡出的直系血亲卑亲属的份额应是嫡出的直系血亲卑亲属应继份额的1/2。异父母兄弟姐妹的应继份额，应是同父母兄弟姐妹的应继份额的1/2。我国《继承法》对于继承份额没有详尽的规定，只是规定了一定的分配原则，即“同一顺序继承人继承遗产的份额，一般应当均等。对生活有特殊困难的缺乏劳动能力的继承人，分配遗产时，应当予以照顾。对被继承人尽了主要扶养义务或者与被继承人共同生活的继承人，分配遗产时，可以多分。有扶养能力和有扶养条件的人，不尽抚养义务的，分配遗产时，应当不分或者少分。继承人协商同意的，也可以不均等”。

二、法定继承法律冲突的解决

由于各国关于法定继承的规定存在法律冲突，在涉外继承中，需要重点解决这些法律冲突问题。

1. “区别制”与“同一制”

如何确定涉外继承的准据法，目前各国并无统一适用的原则。通常根据是否将遗产中的动产和不动产区别开来，分别确定涉外继承的法律适用，我们把确定涉外继承准据法的方法分为两种，即“区别制”和“同一制”。[1]

法定继承的区别制，又称分割制，是指在涉外继承中，主张就死者的遗产区分动产与不动产，分别适用不同的准据法的一种法律适用方法，即动产适用死者的遗产的属人法，不动产适用物之所在地法。

把被继承人的财产分为动产与不动产，分别适用不同的冲突规范，最早是由14世纪意大利法则区别说创始人巴托鲁斯的弟子巴尔特提出来的。目前，采用区别制原则的国家主要有法国、英国、美国、比利时、卢森堡、保加利亚、泰国、智利等国，我国也采用区别制。一般来说，采取区别制的国家都主张对不动产继承应依物之所在地法。究其原因，主要是因为不动产价值重要，同所在地国家密切相关，适用物之所在地法，可以保证有关判决的承认与执行。

[1] 屈广清主编《国际私法导论》法律出版社，2004年第2次印刷，第461页。

关于区别制中的动产继承，除保加利亚、卢森堡等少数几个国家适用被继承人死亡时的本国法外，大多数国家都适用被继承人死亡时的住所地法。如泰国《国际私法》第37条规定“不动产继承，依财产所在地法；”第38条规定“动产继承，不论法定继承或遗嘱继承，都依被继承人死亡时之住所地法。”不过，在区别制问题上，我们还应注意：虽然法国、英国以及其他一些国家，对涉外法定继承关系分动产和不动产，而分别适用属人法和遗产所在地法，但是这两条冲突规则在同一涉外继承关系中的地位并不完全相等。起主要作用的是被继承人属人法而不是遗产所在地法，因为继承人的范围、继承人的顺序、继承人对遗产继承的权利都由被继承人属人法决定，遗产所在地法只适用于不动产的转移、清理和分割等问题。在继承的准据法上采用区别制的最大好处，莫过于判决能在外国得到承认与执行。但是，区别制本身的缺陷也是显而易见的。那就是一个人的遗产继承可能要分别受几个法律的支配，从而带来种种麻烦和困难。比如说，根据其中一个法律，某人是有继承权的，而按照另一个法律，他却没有继承权；根据其中一个法律，其继承份额多或享有特留份，而根据另一个法律，其继承份额少或不享有特留份等。于是，在19世纪中叶以后，特别是经德国的萨维尼和意大利的孟西尼等的提倡，财产继承上的“同一制”就更多地出现在许多国家的国际私法立法与实践中了。

法定继承的同一制，也称为单一制，是指把遗产视作一个整体，不分动产和不动产，也不问其所在地为何，统一适用同一的准据法的一种法律适用方法。即通常适用被继承人的属人法（本国法或住所地法）。目前，采用同一制原则的国家主要有意大利、日本、德国、瑞士、葡萄牙、奥地利、秘鲁等国。同一制以罗马法中的总括继承（继承为基于亲属关系对财产和身份的总括继承）为理论依据，在19世纪后期逐渐取得优势。在继承的准据法上采用同一制有一个最大的优越性，就是简单方便。因为依这种制度，一项遗嘱处分的有效或无效，一个人有无继承资格，都将由一个法律作出裁判，这显然可以避免在采用区别制时常碰到的麻烦与困扰。但同一制也存在一定缺陷，即如果死者遗留的不动产不在其国籍或住所国境内，而且死者国籍或住所国和遗产所在地国关于不动产继承的实体法的规定存在不同，那么根据死者国籍国或住所地法作出的判决，便往往不能在不动产所在地国得到承认和执行。目前，在采用同一制原则的国家中，多数国家采用被继承人属人法这一原则，少数国家采用遗产所在地法这一原则。同一制在一些国际立法上也得到了支持和肯定。

2. 法定继承的具体法律适用

综上所述，无论世界各国采用“区别制”还是“同一制”，其适用于涉外法定继承的冲突法方法不外乎三种，即被继承人的本国法、被继承人的住所地法或遗产所在地法。当然，有的国家只采取其中之一，有的国家则采取其中的两个，有的国家将被继承人的本国法和遗产所在地法组合在一起，有的国家则将被继承人的住所地法和遗产所在地法组合在一起。分述如下（如表 9.1 所示）。

表 9.1　法定继承的具体法律适用

法定继承依遗产所在地法	随着国际交往和经济的进一步发展，“继承依遗产所在地法”的弊端越来越明显，因为经济的发展导致动产在财产中的比例愈来愈大，作用日益重要，在涉外继承的法律关系方面，往往一个经营商业的人在国外死亡以后，其留下的财产既包括动产，也包括不动产，而且动产也往往分散在几个地方或不同的国家。如果涉外继承关系不分不同情况，一概适用遗产所在地法，不仅不符合国际经济发展的需要，而且也给涉外继承关系的法律适用带来很多困难
法定继承依被继承人的属人法	由于对属人法有两种不同的理解，所以，它又有两种不同的法律适用情况： 其一，继承依被继承人的本国法。采用这一原则的国家主要有：德国、意大利、日本、奥地利、西班牙、葡萄牙、荷兰、希腊、土耳其、伊拉克、墨西哥、波兰、捷克、斯洛伐克、匈牙利等国。 其二，继承依被继承人的住所地法。采用这一原则的国家有挪威、丹麦、冰岛、哥伦比亚、阿根廷、秘鲁、尼加拉瓜等国

第二节 遗嘱继承的法律冲突与解决

一、遗嘱继承的概念及其法律冲突

遗嘱是立遗嘱人在生前对其财产进行处分并于死后发生法律效力的一种单方法律行为。遗嘱继承是指依照被继承人生前所立遗嘱来处理遗产问题的一种法律制度。

遗嘱是相关当事人处分遗产绳趋尺步的依据，但是各国有关遗嘱继承的规定是不同的，集中体现在以下几个方面：

（一）立遗嘱人的资格

各国关于设立遗嘱的能力资格要求各不相同。大部分国家对设立遗嘱行为能力的要求，等同于其一般行为能力的规定，也就是说，只要是具备完全民事行为能力的人，就可以以自己的意志设立遗嘱，处分自己的财产而不受他人干涉。但也有国家，对设立遗嘱行为能力的要求，低于其一般行为能力，如日本《民法典》第 961 条规定："已满 15 岁者，可以立遗嘱"，该规定低于日本关于一般行为能力的规定要求。

（二）遗嘱的内容

遗嘱的内容是将来处分遗产的依据，是立遗嘱人个人意志的反映，是立遗嘱人处分个人财产的自由表现形式。然而，世界各国通常总是愿意对立遗嘱人的这种意志，施加一定的限制。一旦遗嘱内容违反国家法律要求，特别是违反国家法律中禁止性规定的，他们往往认定该遗嘱无效。与此同时，各国法律对禁止性方面规定的内容差异较大，如法国《民法典》第 913 条规定："不问生前赠与或遗赠，如处分人死亡时仅遗有一个子女时，其赠与或遗赠不得超过其所有财产的半数；如遗有两个子女时，其赠与或遗赠不得超过 1/3；如遗有子女三人以上时，不得超过 1/4"，其他国家一般没有这样的规定。

（三）遗嘱的效力

立遗嘱人所立遗嘱是否有效，将直接关系到将来有关继承案件的处理。如果立遗嘱人所立遗嘱被确认为无效，不仅立遗嘱人的意志无法实现，而且，在遗产的处理上，也只能依法定继承进行。目前，各国对遗嘱无效所规定的条件各不相同，有规定因遗嘱与法律、公共利益或善良风俗相抵触者无效的；也有规定遗嘱因受益人不接受遗赠而无效的；还有的规定因受益人先于遗嘱人死亡而无效的；也有的规定因对遗赠物处分不当或全部灭失而无效的等。

（四）遗嘱的方式

设立遗嘱是一种要式法律行为，遗嘱必须符合法律规定的形式方可有效已成为世界各国共同一致的做法。但是，各国规定的具体内容却有较大的差别。例如日本法律规定，遗嘱可有三种普通的形式，即自书遗嘱、公证遗嘱和密封遗嘱。除此之外，还可以有两种特殊方式的遗嘱，即口授遗嘱和船上遗嘱。法国法规定有三种普通遗嘱形式，即自书遗嘱、公证遗嘱和密封遗嘱，与日本对此的规定一致，但除此之外，法国还规定有四种特殊遗嘱方式，即军人遗嘱、隔地遗嘱、海上遗嘱和外国遗嘱。

（五）继承协议

继承协议也称继承契约，是遗嘱继承的一种特殊方式，指由被继承人与另一方当事人签订的关于继承或遗赠的协议，其内容通常主要与被继承人指定对方或第三人为继承人或受遗赠人有关。[1] 这种合同的签订既可以是为了双方当事人的利益，也可以是为了某一第三人的利益：既可以是有条件的，也可以不附加任何条件的。可见，继承协议与一般的遗嘱不同，是一种特殊形式的遗嘱继承。

由于各国对遗嘱继承的方式要求不一，有的规定得较严，而有的则较松，因此，对继承协议这种特殊的遗产处分方式，各国的做法也不尽相同。一些国家，例如法国、比利时、意大利等，只允许被继承人以传统的遗嘱方式处分其遗产，而对其他遗嘱处分的方式，其中包括继承协议，则严格地加以限制。与上述国家的做法相反，以德国为代表的一些大陆法国家，在遗产处分的方式问题上，做法

---

[1] 张万明：《涉外继承准据法问题研究》，载《法学与实践》1990年第五期。

比较灵活，对遗嘱人以继承协议处分遗产的做法也都不同程度地作了明确的规定。

二、遗嘱继承法律冲突的解决

（一）有关设立遗嘱能力的法律适用

关于立嘱能力的准据法主要有：

1. 立遗嘱人的属人法

在实践中关于立遗嘱人的属人法的理解不一，采用的方法各不相同（如表 9.2 所示）。

表 9.2　立遗嘱人的属人法

适用立遗嘱人的本国法	如日本、奥地利、韩国、捷克、埃及和土耳其的法律规定等
当事人的习惯居所或住所地法	如阿根廷、泰国的法律规定等
规定多种可以选择的连结点来确定立遗嘱能力的准据法	如瑞士《联邦国际私法》第 97 条规定，根据立遗嘱人的住所地法或习惯居所地法或其本国法，立遗嘱人有立遗嘱能力的，即认为其具有立遗嘱的能力。另外，奥地利采用结果选择方法，规定原则上适用立遗嘱时被继承人的属人法，但如果依该法立遗嘱人无立遗嘱能力而依被继承人死亡时的属人法有立遗嘱能力时，则适用被继承人死亡时的属人法
适用被继承人立遗嘱时的属人法	如日本、泰国、波兰和土耳其等国。这样规定的理由是：一个有效的法律行为（立嘱）既经完成，就不能因以后属人法的改变而变为无效。同样一项原本无效的法律行为也不能因事后属人法的改变而变为有效
采用立遗嘱人死亡时的住所地法	如美国一些州对立遗嘱人处理动产的能力采用立遗嘱人死亡时的住所地法。理由是：遗嘱在立嘱人死后才发生效力，立嘱人在死前还不能创设一个权利，因此应适用立嘱人死亡时的属人法

2. 遗产所在地法

立遗嘱人的能力依遗产所在地法，只是南美极少数国家采用的法律适用原则。但是也有一些国家对于处置不动产的遗嘱，特别是涉及处置本国境内的不动产时，规定立遗嘱人的能力问题依不动产所在地国家的法律。

（二）有关遗嘱方式的法律适用

遗嘱方式包括遗嘱是否必须采用书面形式，是否必须经过公证等问题。至于是否允许为亲笔遗嘱的问题，有些国家认为应属立嘱能力（如荷兰法的观点），而其他国家（包括我国在内）则认为属遗嘱方式方面的问题。

关于遗嘱方式准据法的确定，各国主要有以下两种不同的规定：

其一，实行区别制，即区分动产与不动产，分别确定准据法，不动产遗嘱方式适用不动产所在地法，动产遗嘱方式则可在立嘱人属人法和立嘱地法之间选择适用。采用区别制的有英国、日本、美国、德国等国家。

其二，实行单（同）一制，即不区分动产与不动产，统一规定应适用的法律（一般采用属人法或行为地法为准据法）。

无论是区别制还是单（同）一制，遗嘱方式的准据法主要是立嘱人属人法和立嘱行为地法。遗嘱作为一种法律行为，当受“场所支配行为”原则的支配，其方式也要遵守立嘱行为地法。遗嘱并非纯粹是一种财产行为，也是一种准身份行为，因此也可适用立嘱人属人法。但是，遗嘱作为一种单方法律行为，毕竟和一般的法律行为、一般的身份行为还是有很大差别的，更何况立遗嘱人处分的遗产也可能位于几个国家境内，因此，目前各国普遍认为，遗嘱方式准据法不该只囿于行为地法或属人法，而应是可做多种选择的。

（三）有关遗嘱解释的法律适用

对遗嘱的解释因各国法律观念的不同也会产生法律冲突，从而需要确定遗嘱解释的准据法。

在立法上，许多国家并没有对遗嘱解释单独规定准据法，而是笼统地规定遗嘱成立和效力适用什么法律。在这种情况下，遗嘱解释当受遗嘱实质要件准据法的支配。不过，也有的国家，在立法中对遗嘱解释规定了准据法，如 1939 年泰国《国际私法》第 41 条就明确规定："遗嘱的效力与解释以及遗嘱全部或部分无效，依遗嘱人死亡时住所地法。"

（四）有关遗嘱撤销的法律适用

遗嘱可以因撤销而失去效力。因此从本质上说，遗嘱撤销问题也属于遗嘱的效力范畴。但是，它同一般遗嘱效力的不同在于，因撤销而失去效力的遗嘱不是因为遗嘱本身内容错误，或遗嘱人意思表示的错误，或遗嘱形式上的错误而发生的。遗嘱撤销涉及两个问题，一是一个已经有效成立的遗嘱可否因后一遗嘱而撤销，二是可否因焚毁或撕毁而撤销。对于遗嘱撤销的准据法，很多国家的立法都作了明确规定。例如日本《法例》第 27 条第 2 款规定，遗嘱的取消依取消时立遗嘱人的本国法。

第三节 无人继承财产的法律冲突与解决

一、无人继承财产的概念及其法律冲突

无人继承财产，是指继承尽管已经开始，但在法定期限内，没有人接受继承或受领遗赠。在涉外继承关系中，如果出现被继承人没有法定继承人且又未立遗嘱指定何人为受遗赠人，或所立遗嘱和遗赠无效；全体继承人和受遗赠人都放弃或拒绝继承或受遗赠；所有继承人都被剥夺了继承权；继承人或受遗赠人情况不明，经公告仍然无人出面接受继承或受遗赠等情况时，便会出现无人继承财产。

由于各国对国家以何种资格取得无人继承财产的立法规定和理论不同，适用不同的立法和理论，无人继承财产的归属就会产生两种不同的结果。如果适用先占权立法和理论，那么，无人继承财产应归财产所在地国家所有，因为财产位于该国领土，它能比任何其他国家先行占有该财产；如果适用继承权立法和理论，那么，该项财产则应归属被继承人国籍所属国家。因为只有国籍才表示个人与特定国家之间的固定的法律联系。另外，有些国家在继承人不存在时，遗产不是立即归国库或公共团体，而是允许被继承人有特别关系的人（如共同生活者、对被继承人的医疗看护进行服侍照料的人，

未办结婚登记的妻子，事实上的养子等）取得部分或全部遗产。而其他国家并没有这样的规定。因此，处理涉外无人继承财产最终归属问题时便可能产生法律冲突。

二、无人继承财产的法律适用

无人继承财产的法律适用，涉及两方面的问题，一是应适用何国法律判定被继承人遗留下的财产是否为无人继承财产，对此，各国一般均主张依继承的准据法，即依照法院地国冲突规范援用的支配该继承关系的有关国家的实体法来确定。二是应适用何国法律解决无人继承财产的归属问题。对此，主要有两种做法：一是适用被继承人的属人法，如德国；二是适用财产所在地法，如英国。适用被继承人属人法的国家多是主张继承权主义的国家，适用遗产所在地法的国家则往往是主张依先占权取得无人继承财产的国家。

第四节　继承准据法的适用范围

对于继承准据法的支配的范围，各国的立法也不尽一致，但一般说来，它应该支配以下几方面的问题（如图 9.2 所示）。

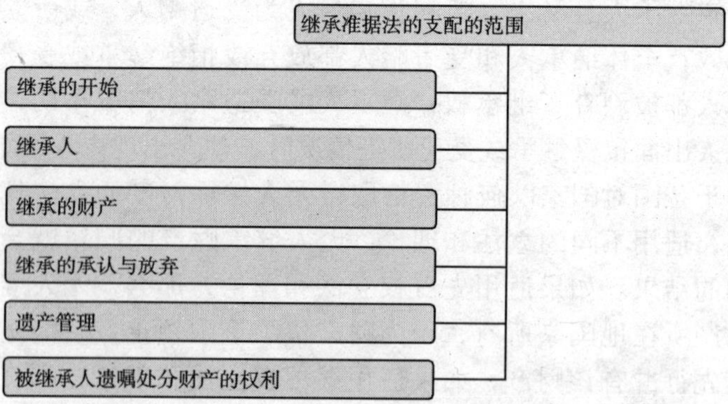

图 9.2　继承准据法的支配的范围

在《中华人民共和国继承法》（以下简称《继承法》）公布以前，有关部门就以批复等形式的文件处理了一些继承问题。如外交部、最高人民法院 1954 年《关于外国人在华遗产问题处理原则的答复》、《外国人在华遗产处理中一些具体问题的答复》和其他一些批复，以及我国与有些国家订立的条约，如后来的《中苏领事条约》、《中波领事条约》、《中南领事条约》等，均有涉外继承的规定。如 1954 年外交部、最高人民法院《关于外国人在华遗产问题处理原则的答复》指出：不动产继承按不动产所在地法，动产继承依被继承人本国法。

1959 年《中苏领事条约》的规定有了一些变化，即不分动产和不动产，均适用财产所在地法。但该《条约》同时又规定，动产中的绝产，可按互惠原则，交给死者所属国家处理。后来的《中美领事条约》也有类似的规定。

1985 年，我国《继承法》颁布。该法第 36 条对涉外继承的法律适用作了专门的规定。这是我国首次在国内以立法的形式正式规定涉外继承的法律适用原则。《继承法》第 36 条的规定："中国公民继承在中华人民共和国境外的遗产或者继承在中华人民共和国境内的外国人的遗产，动产适用被继承人住所地法律，不动产适用不动产所在地法律。外国人继承在中华人民共和国境内的遗产或者继承在中华人民共和国境外的中国公民的遗产，动产适用被继承人住所地法律，不动产适用不动产所在地法律。中华人民共和国同外国订有条约、协定的，按照条约、协定办理。"从上述规定可以看出，我国仍然采用了实践中长期实行的分割制，即对涉外继承的准据法区分动产与不动产而作出不同规定。但同以往实践不同的是，动产继承的准据法以被继承人住所地法取代了被继承人本国法，适用外国法也不再以互惠为条件。

1986 年《中华人民共和国民法通则》颁布，它的第 149 条规定："遗产的法定继承，动产适用被继承人死亡时住所地法，不动产适用不动产所在地法。"该规定同《继承法》第 36 条一样，对涉外继承的法律适用都采用分割制。但《民法通则》第 149 条与《继承法》第 36 条仍有不同。第一，它明确指出其适用范围仅限于法定继承。第二，它适用于任何含有涉外因素的法定继承关系，不同于《继承法》第 36 条明确限定了其适用于 4 种情况的涉外继承。第三，它明确规定了被继承人住所地法的时间，即动产法定继承适用的是被继承人死亡时的住所地法。

关于无人继承财产的处理问题，在我国，判断某项遗产是否为涉外无人继承财产，应适用继承关系的准据法（即《中华人民共和国民法通则》第 149 条）。至于涉外无人继承财产的归属，我国法律还没有明确的规定。不过在实践中，形成了一些处理外国人遗留在我国的无人继承财产的实践原则。1954 年外交部、最高人民法院发布了《外国人在华遗产继承问题处理原则》，其中规定，如果所有的合法继承人及受赠人均拒绝受领，或有无继承人不明确，在公告继承期满 6 个月，仍无人申请继承，财产即成为无人继承财产，应收归我国所有。如果外国人遗留在我国的无人继承财产为动产，该外国人所属国与我国建立了外交关系，则在互惠原则下，可将动产遗产移交给该外国驻我国使领馆处理。后一项原则在我国缔结的双边条约中得到采纳。如 1987 年生效的《中蒙领事条约》第 29 条第（4）款规定："派遣国公民死亡后在接受国境内留下的遗产中的动产，应将其移交给派遣国领事官员。"

另外，根据 1988 年最高人民法院《关于贯彻执行〈中华人民共和国民法通则〉若干问题的意见（试行）》第 191 条的规定，对涉外无人继承财产的归属，应作如下处理：（1）在我国境内死亡的外国人，遗留在我国境内的财产如果无人继承又无人受遗赠的，依照我国法律处理，即应根据我国继承法第 32 条的规定处理。《继承法》第 32 条规定："无人继承又无人受遗赠的财产，归国家所有；死者生前是集体所有制组织成员的，归所在集体所有制组织所有。"（2）两国缔结或参加的国际条约另有规定的，则依该条约办理。如根据上述的《中蒙领事条约》的规定，缔结任何一方公民死亡后遗留在缔约另一方领土内的无人继承财产中的动产，可以移交给死者所属国的领事处理。

中国关于继承法律适用的相关规定比较明确（如表 9.3 所示）。

表 9.3　中国关于继承法律适用的规定

不动产所在地法	1.《关于外国人在华遗产问题处理原则的答复》指出：不动产继承按不动产所在地法

续表

不动产所在地法	2.1959年《中苏领事条约》不分动产和不动产，均适用财产所在地法。 3.《中华人民共和国继承法》第36条的规定：中国公民继承在中华人民共和国境外的遗产或者继承在中华人民共和国境内的外国人的遗产……不动产适用不动产所在地法律。外国人继承在中华人民共和国境内的遗产或者继承在中华人民共和国境外的中国公民的遗产……不动产适用不动产所在地法律。 4.《中华人民共和国民法通则》第149条规定：“遗产的法定继承……不动产适用不动产所在地法。”
属人法	1.《关于外国人在华遗产问题处理原则的答复》指出：动产继承依被继承人本国法。 2.《中华人民共和国继承法》第36条的规定：“中国公民继承在中华人民共和国境外的遗产或者继承在中华人民共和国境内的外国人的遗产，动产适用被继承人住所地法律。外国人继承在中华人民共和国境内的遗产或者继承在中华人民共和国境外的中国公民的遗产，动产适用被继承人住所地法律。 3.《中华人民共和国民法通则》第149条规定：遗产的法定继承，动产适用被继承人死亡时住所地法
条约、协定优先	《中华人民共和国继承法》第36条的规定：中华人民共和国同外国订有条约、协定的，按照条约、协定办理
中国法	《关于贯彻执行〈中华人民共和国民法通则〉若干问题的意见（试行）》第191条的规定，对涉外无人继承财产的归属，应作如下处理：在我国境内死亡的外国人，遗留在我国境内的财产如果无人继承又无人受遗赠的，依照我国法律处理
交给死者所属国家	1.《中苏领事条约》规定，动产中的绝产，可按互惠原则，交给死者所属国家处理。 2.《中蒙领事条约》第29条第（4）款规定：派遣国公民死亡后在接受国境内留下的遗产中的动产，应将其移交给派遣国领事官员。 3.《外国人在华遗产继承问题处理原则》规定，如果外国人遗留在我国的无人继承财产为动产，该外国人所属国与我国建立了外交关系，则在互惠原则下，可将动产遗产移交给该国驻我国使领馆处理

续表

收归我国所有	《外国人在华遗产继承问题处理原则》，其中规定，如果所有的合法继承人及受赠人均拒绝受领，或有无继承人不明确，在公告继承期满 6 个月，仍无人申请继承，财产即成为无人继承财产，应收归我国所有

本章涉及的也多是“民事家务事”的法律适用问题，事实上，国际私法还有许多“高科技”的领域，比如知识产权，也经常容易产生纠纷，需要对其法律适用构会甄释。关于这一点，且由下章分解。

本章相关知识掌握

■ 主要概念

同一制　区别制　遗嘱继承的法律适用　继承权说　先占权说

■ 基础训练

▲ 选择题

1. 甲国人琼斯在我国工作期间不幸病故。琼斯在我国境内遗留有价值 300 万元人民币的财产，但未留遗嘱，亦无继承人。在这种情况下，琼斯遗留在我国的财产应依据什么法律处理？（　　）

   A. 依甲国法处理

   B. 依涉外继承的准据法处理

   C. 依中国法律处理，但中甲两国缔结或参加的国际条约另有规定的除外

   D. 交甲国驻华使领馆依甲国法处理

   【解答】应选 C。

2. 李某（具有中国国籍）长期居住在甲国，一年前移居乙国并取得当地住所。现李某去世而未立遗嘱。李某生前在中国有投资股权和银行存款。乙国关于法法定继承的冲突规范规定：法定继承适用被继承人本国法律。现李某的丙国籍的儿子和女儿为继承李某在华的股权和存款发生争议，并诉诸中国法院。依照我国相关法律及司法解释，下列关于本案的法律适用哪项是正确的？（　　）

A. 应适用乙国法律，因为李某去世时居住在乙国

B. 应适用甲国法律，因为李某长期居住在甲国

C. 应适用丙国法律，因为李某的儿子和女儿均具有丙国国籍

D. 应适用中国法律，因为李某具有中国国籍，且争议的遗产位于中国

【解答】 应选 A。

3. 中国公民甲 1990 年到美国定居，1996 年前往日本工作，2001 年在日本遇车祸身亡。甲在中国银行有 50 万元人民币的存款，甲未立遗嘱，甲的继承人在中国法院起诉要求继承该笔遗产，中国法院对该笔遗产应适用的法律是哪国法？（　　）

A. 中国法　　B. 美国法

C. 日本法　　D. 由当事人从三国法律中选择

【解答】 应选 C。

4. 中国公民肖某韩国籍养父杰克在访美期间因病突然逝世，杰克的住所在英国。在日本有一处别墅，在加拿大有一部分动产，一名叫格尔的英国男子自称是杰克的私生子，要求继承遗产，遂与肖某产生纠纷，肖某向中国法院起诉。本案中，对杰克遗产的继承，下列表述哪一项是正确的？（　　）

A. 动产适用英国法律，不动产适用日本法律

B. 动不适用加拿大法，不动产适用英国法

C. 动产适用中国法，不动产适用日本法

D. 动产适用韩国法，不动产适用英国法

【解答】 应选 A。

5. 甲某系已取得美国国籍且在纽约有住所的华人，1996 年 2 月甲回中国探亲期间病故于上海，未留遗嘱。甲在上海遗有一栋别墅和 200 万元人民币存款，在纽约留下一栋住房、两家商店、若干存款、一辆汽车和珠宝。甲某在纽约没有亲属，其在上海的亲属向人民法院提出财产继承请求。中国法院根据中国的国际私法规则，应适用哪种法律审理此案？（　　）

A. 中国法

B. 纽约州法

C. 动产适用纽约州法，不动产适用不动产所在地法

D. 纽约州财产适用纽约州法，中国财产适用中国法

【解答】应选 C。

▲ 判断题

1. 法定继承中的同一制是指继承统一适用物之所在地法。（　）

【解答】错误。

2. 1988 年海牙国际私法会议通过的《关于死者遗产继承的准据法公约》原则上采用了同一制。（　）

【解答】正确。

3. 对于立遗嘱能力一般适用立遗嘱人的属人法。（　）

【解答】正确。

4. 目前，各国对遗嘱方式的准据法普遍采取了放宽灵活的态度。（　）

【解答】正确。

▲ 简答题

1. 试比较同一制和区别制之优劣。

2. 简述我国涉外法定继承的法律制度。

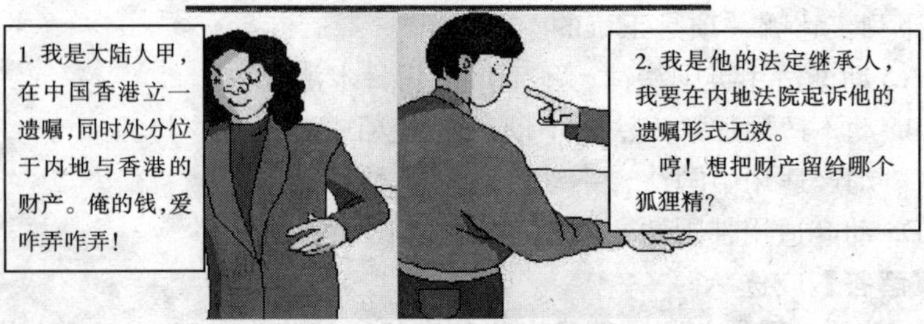

■ 案例分析

根据上图的内容请问：关于遗嘱形式应该适用什么法律?

分析提示：根据场所支配行为的原则，适用香港法律。

■ 实践训练

实训项目：处理继承问题能力的训练。

无论是本国人还是外国人死后遗留在内国的无人继承财产，各

国法律多规定应归国库或其他公共团体所有。但是，国家或公共团体究竟是以什么资格或名义取得这种无人继承财产的呢？对此问题有两种不同的立法实践与学说：第一，继承权主义，即国家或公共团体以特殊继承人资格取得无人继承财产。这种主张认为国家和地方团体可以假定为最后的法定继承人。目前，采用这一主张的有德国、意大利、西班牙、瑞士等国家。第二，先占权主义，即国家是以先占权取得无人继承财产的。对于无人继承财产，为防止个人先占，引起社会紊乱，公益受到侵害，国家根据领土主权以先占权取得。目前采用这种主张的国家有英国、美国、法国、奥地利、土耳其、秘鲁和日本等国，我国也采用这种主张。

继承权主义与先占权主义两种立法主张均认为，在无人承认继承的情况下，遗产应归国家所有，但国家承受遗产的身份和享有的权利义务是不同的。依照第一种立法主张，国家作为法定继承人，在接受遗产权利的同时，也必须对遗产债务承担清偿义务，国家应以接受的遗产价值为限，清偿死者生前的债务和交付遗赠。而依照第二种主张，国家不是遗产的法定继承人，只是遗产的优先取得人，因而对遗产上的义务是不承担的。在遗产管理人用遗产清偿完遗产债务后，将剩余遗产交归国家后，如果又有继承债权人、受遗赠人出现，也不得对国家主张权利。

具体组织与要求：在班级里分为两个小组，两个小组分别进行辩论。

考核标准：根据辩论的情况进行评价。

第十章 知 识 产 权

第一节 知识产权的法律适用概述

引例：专利申请

日本某株式会社将其发明的“防眼疲劳镜片”技术向日本专利机构提出了发明专利申请。后又以同一发明向A国的专利机构提交了发明专利申请，并同时提交了第一次在日本提出专利申请文件的副本。“防眼疲劳镜片”的功能是，能有效地防止因长时间观看电视所造成的眼睛疲劳和眼睛创伤。

邝先生在A国的一家眼镜公司公司找到工作，倒也弥日亘时，刮摩淬励，全力进行眼镜新产品的研究。果然功不唐捐，也研制成功一种用于减轻长时间观看银屏而造成眼睛疲劳的镜片，该镜片和日本某株式会社申请专利的镜片无论是在具体结构、技术处理，还是在技术效果上都是相同的。邝先生向A国专利机构提交名为“保健镜片”的发明专利申请，该专利是刻鹄类鹜，还是揭箧探囊？A国专利机构会如何处理？

在司法实践中，经常发生有关专利权的法律争议，由于各国法律规定不一，使得纠纷的解决比较复杂（如图10.1所示）。

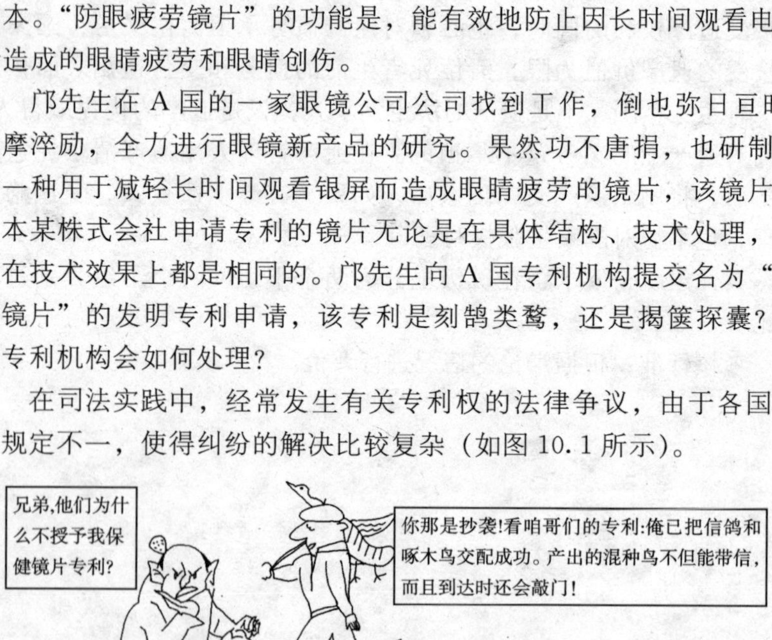

图10.1 专利申请

知识产权（Intellectual Property），又称无形财产权、智慧财产权，是指个人或集体对从事智力活动而创造的智力成果和工商业标记依法所享有的权利。关于知识产权的分类，一般认为知识产权可以分为两大类：一类是工业产权，包括专利权和商标权；另一类是著作权，亦称为版权。关于这一点，认识并不统一。《与贸易有关的知识产权协定》规定的知识产权范围有版权、商标、专利权、工业设计、地理标志、集成电路布图设计、未披露的信息等。

国际私法中的知识产权是指含有涉外因素的知识产权，即构成知识产权法律关系的主体、客体或法律事实中具有一个或一个以上的涉外因素，故称为涉外知识产权。在涉外知识产权中，由于各国的法律规定不相一致，常常产生法律冲突。

为了解决知识产权的法律冲突，国际上制定了许多国际公约，中国也积极加入了该领域的主要公约（如表 10.1 所示）。

表 10.1 中国加入的知识产权公约

比较点	保护工业产权巴黎公约	商标国际注册马德里协定	世界版权公约	保护文学艺术作品伯尔尼公约	保护录音制品制作者禁止未经许可复制其录音制品公约	与贸易有关的知识产权协定
中国加入时间	1984 年 11 月 14 日	1989 年 5 月 25 日	1992 年 7 月 1 日	1992 年 7 月 1 日	1992 年 11 月 7 日	2001 年 12 月 11 日
保护范围	发明、商标、服务标志、外观设计等	商标与服务商标	版权	版权、著作权	录音制品	版权、商标、专利权、工业设计、地理标志、集成电路布图设计、未披露的信息等

续表

主要原则	国民待遇、优先原则（外观设计、商标6个月内，发明实用新型12个月内）、强制许可、商标、专利独立原则等	优先权原则等	附条件的自动保护原则；无追溯力原则	国民待遇原则；自动保护原则；版权独立原则	国民待遇原则；非自动保护原则	透明度原则
特别保护	1. 临时性保护 2. 对商标有特别规定	注册商标的有效期20年，续展次数不限	保护期不少于作者有生之年加上死后25年或者作品发表后25年等	作者有生之年加上死后50年或者作品发表后50年等	保护期不少于20年	成员国应在该协定生效以后1年后执行（可延4～10年后执行）

第二节 专利权的法律适用

一、专利权的法律冲突

专利权（Patent），是指一国专利主管部门根据该国法律的规定，授予发明创造人或合法申请人对某项发明创造在法定期限内所享有的一种独占权或专有权。专利权的主要内容有制造权、使用权、销售权、进口权、转让权和许可使用权等。一般而言，专利包括发明专利、实用新型和外观设计专利三类。从各国专利法的规定看，专利权法律冲突表现如下（如表10.2所示）。

表 10.2 专利权的法律冲突

冲突方面	内容		国家
专利权保护的种类	保护发明专利		几乎所有国家
	只保护发明专利，不保护实用新型和外观设计		英国、德国
	只保护发明专利、外观设计专利和植物专利三种，不保护实用新型专利		美国
	只保护发明专利、实用新型，不保护外观设计专利		法国
	保护发明专利、实用新型和外观设计三种		中国
专利保护的范围	几乎所有技术领域的发明都给予保护		英国、德国
	除了原子核裂变物质不能被授予专利外，一切科技发明都给予保护		美国
	除了动物品种外，凡具有创造性及工业适用性的新发明均可获得专利		法国
授予专利的条件	具备新颖性（指该发明或者实用新型不属于现有技术）、创造性（指发明与同一领域的现有水平相比具有独创性）和实用性（指一项发明必须能在产业上制造和使用，并能产生积极的效果）		各国均规定，但少数国家未将创造性列为条件，关于实用性，美国对此无明确的要求
	时间标准	新颖性以申请专利的发明技术所完成的时间为标准	美国、加拿大和菲律宾
		新颖性以申请专利的时间为标准	多数国家
	地域标准	世界新颖性标准	法国、德国、英国以及欧洲专利公约的成员国
		国内新颖性标准	希腊、巴拿马、尼加拉瓜等
		混合新颖性标准	日本、加拿大、瑞典、比利时、罗马尼亚等

续表

冲突方面	内　容	国　家
专利的申请原则	先申请原则，两个或两个以上申请人分别就同样的发明创造申请专利时，专利权的归属问题按照先申请原则执行	英国、法国、德国、日本等，对外国国民在内国申请专利问题，各国专利法一般实行国民待遇，但仍存在一定的差别。有的国家如美国实行的是无条件的国民待遇，即不要求对等和互惠；有些国家则要求存在条约关系或互惠关系。对本国国民向外国申请专利问题，有些国家并无特殊规定，有些国家则规定必须首先在本国申请
	先发明原则，两个或两个以上申请人分别就同样的发明创造申请专利时，专利权的归属问题按照先发明原则执行	美国
专利审查制度	形式审查制（指专利局对专利申请审查其技术内容是否符合专利条件不予审查，只要该项申请符合法定手续，即予登记并授予专利）	比利时、卢森堡、西班牙、希腊等
	实质审查制（指专利局不仅对专利申请进行形式审查，而且还要对其技术内容是否符合专利条件进行审查）	这种制度为世界上多数国家所采用，只是在具体做法上存在一定的差别，如有的国家规定有异议等程序，有的国家则没有这种规定
	早期公开、延迟审查制（指某一专利申请提出后，先进行形式审查，认为合格的，在一定期限内予以公布，此即早期公开。在早期公开的一定期	英国、德国、日本、澳大利亚等，英国规定自申请日或优先权之日起 18 个月以后公开，公开后 6 个

续表

冲突方面	内　容	国　家
专利审查制度	限内，根据申请人的请求或专利局根据需要，再对该申请进行实质审查，认为合格的，即在“专利公告”上予以公告，自公告之日起的一定期限内，若有异议且异议能够成立的，则不授予专利或驳回申请。若无异议或异议不成立的，则由专利局综合全部审查结果，再作出授予专利权的决定)。英国、德国、日本、澳大利亚及我国。美国专利法则采用完全审查制度，凡提交专利局的申请，全部进行形式审查和实质审查，直至专利申请被批准后，才公布其申请文件，授予专利权	月申请人可以提出实质审查要求，德国、日本规定自申请日后 18 个月公开，7 年内可以提出实质审查要求
专利的保护期限	保护期限的长短不一，从 10 年到 20 年不等	英国规定发明为 20 年，美国规定发明专利、植物专利为 17 年，外观设计专利为 3～14 年，法国规定发明专利为 20 年，实用新型为 6 年，德国规定发明专利为 20 年
	计算方法不一	多数国家以专利申请日或申请后第 2 日为计算的起始日，少数国家以专利批准日为计算起始日
	是否允许续展	大多数国家规定专利保护期限届满后，不能续展，但有极少数国家的专利法规定可以续展，只是续展的期限不能超过原保护期限

关于专利法的保护对象，2008 年 12 月 27 日全国人民代表大会常务委员会通过的，2009 年 10 月 1 日起将施行的新修正的《中华人民共和国专利法》第 2 条规定：本法所称的发明创造是指发明、实用新型和外观设计。

关于专利保护的范围，《专利法》第 25 条规定：对下列各项，不授予专利权：（一）科学发现；（二）智力活动的规则和方法；（三）疾病的诊断和治疗方法；（四）动物和植物品种；（五）用原子核变换方法获得的物质；（六）对平面印刷品的图案、色彩或者二者的结合作出的主要起标识作用的设计。对生产动物和植物品种的方法，可以授予专利权。

关于授予专利权的条件，《专利法》第 22 条规定：授予专利权的发明和实用新型，应当具备新颖性、创造性和实用性。

关于专利的申请原则，《专利法》第 9 条规定：两个以上的申请人分别就同样的发明创造申请专利的，专利权授予最先申请的人。

关于专利申请的审查和批准，《专利法》第 34 条规定：国务院专利行政部门收到发明专利申请后，经初步审查认为符合本法要求的，自申请日起满 18 个月，即行公布。国务院专利行政部门可以根据申请人的请求早日公布其申请。第 35 条规定：发明专利申请自申请日起三年内，国务院专利行政部门可以根据申请人随时提出的请求，对其申请进行实质审查；申请人无正当理由逾期不请求实质审查的，该申请即被视为撤回。

国务院专利行政部门认为必要的时候，可以自行对发明专利申请进行实质审查。

关于专利权的期限、终止和无效，《专利法》第 42 条规定，发明专利权的期限为 20 年，实用新型专利权和外观设计专利权的期限为 10 年，均自申请日起计算。

二、专利权法律适用

专利权法律适用上，有国内法的适用和国际条约的适用之分，国内法的适用主要有以下几种不同的理论和实践（如

图 10.2所示)。

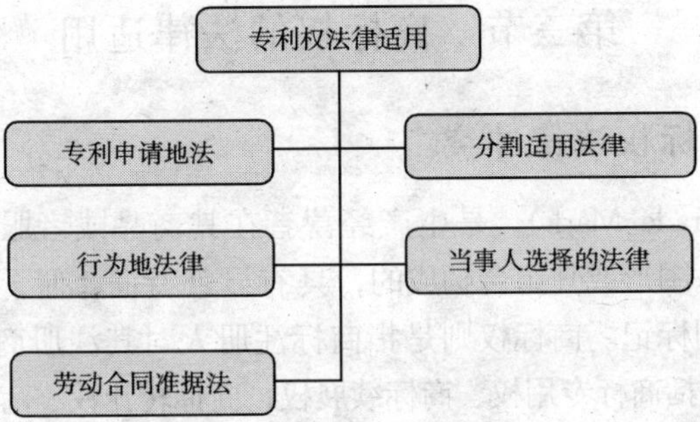

图 10.2　专利权法律适用

我国对涉外专利权的法律适用的规定比较详细，根据《中华人民共和国专利法》第 18 条规定：在中国没有经常居所或者营业所的外国人、外国企业或者外国其他组织在中国申请专利的，依照其所属国同中国签订的协议或者共同参加的国际条约，或者依照互惠原则，根据本法办理。第 19 条规定：在中国没有经常居所或者营业所的外国人、外国企业或者外国其他组织在中国申请专利和办理其他专利事务的，应当委托依法设立的专利代理机构办理。

中国单位或者个人在国内申请专利和办理其他专利事务的，可以委托依法设立的专利代理机构办理。

第 20 条规定：中国单位或者个人可以根据中华人民共和国参加的有关国际条约提出专利国际申请。国务院专利行政部门依照中华人民共和国参加的有关国际条约、本法和国务院有关规定处理专利国际申请。

任何单位或者个人将在中国完成的发明或者实用新型向外国申请专利的，应当事先报经国务院专利行政部门进行保密审查。对违反本规定向外国申请专利的发明或者实用新型，在中国申请专利的，不授予专利权。

综上，我国关于涉外专利权的法律适用既有国际条约调整，又有国内法调整，规定比较科学。

第三节 商标权的法律适用

一、商标权法律冲突

商标（Trade Mark），是生产经营者在其商品或者服务项目上使用的，由文字、图形或其组合构成的，具有显著特征，便于识别商品和服务来源的专用标记。商标权则是指商标注册人对其注册商标所享有的专用权，主要包括商标专用权、商标续展权、商标转让权、商标许可使用权。

目前，世界上大多数国家和地区都颁布了商标法，但溯源穷流，各国商标法因其各自的社会、历史、文化传统不同而有所差异。这些差异同样会导致商标权的法律冲突（如表 10.3 所示）。

表 10.3 商标权的法律冲突

商标权获取原则	有三种不同的制度：(1) 注册在先原则。这一制度为大多数国家，如法国、日本、意大利、荷兰、希腊、伊朗、埃及、墨西哥、秘鲁、中国等国所采纳。(2) 使用在先原则。目前有列支敦士登、挪威、菲律宾等少数国家采用这种制度。(3) 折衷原则。即原则上采用注册在先原则，但又规定商标的最先使用者拥有在一定期限内提出异议的权利，如果在此期限内无人对已注册的商标提出异议，或虽提出异议但不能成立的，则商标的注册人即可取得该商标的专有使用权。目前，美国、英国、加拿大、澳大利亚、新西兰、印度、巴基斯坦、奥地利、西班牙、叙利亚和科威特等国采用的均是这一制度。但提出异议的期限又各不相同。如美国为 5 年，西班牙为 3 年
商标的注册	有自愿注册、自愿与强制注册、强制注册三种情况
注册商标的使用	一般而言，对注册商标的使用分两种情况，一是实际使用，即注册人或经注册人许可的人将商标使用在商品之上；二是商业使用，即除实际使用外，将商标用于广告和展览。有些国家只承认第一种使用，大多数国家将两种情况都视为使用
撤销注册商标	各国商标法一般都规定，注册商标在获得注册后一段时间内必须使用，否则利害关系人可以申请撤销注册商标，商标局也可以主动撤销注册商标。至于在商标注册后多长时间内不使用便可以撤销，各国商标法规定不同

续表

商标权的期限	各国关于商标权期限的规定长短不一，最长的达 60 年，最短的只有 5 年。一般为 7 到 10 年不等。美国、瑞士、西班牙等规定为 20 年；中东和拉美的大多数国家包括我国规定为 10 年；英国规定为 7 年。对于保护期限的起算，有的国家规定从申请日起计算，有的国家规定从核准日起计算

二、商标权的法律适用

有关商标权的法律适用主要有如下几种主张（如表 10.4 所示）。

表 10.4 商标权的法律适用

适用商标注册地法律	世界上大多数国家尤其是对商标实行注册在先原则的国家采取这一原则。1928 年《布斯塔曼特法典》第 108 条规定："工业产权、著作权以及法律所授予并准许进行某种活动的一切其他经济性的类似权利，均以其正式登记地为其所在地。"该法典第 115 条规定："著作权和工业产权应受现行有效的或将来缔结的特别国际公约的规定支配。如无上述国际公约，则此项权利的取得、登记和享有均应依授予此项权利的当地法。"可见对于商标权，该法典是主张适用其注册地法。1967 年法国修改和补充的《民法典国际私法法规》草案第 2305 条也试图规定工业产权由注册或登记地法规定
被请求保护国说	如 1987 年瑞士《联邦私法法规》第 110 条第 1 款规定："知识产权由在那里请求保护知识财产的国家法律支配"。德国学者沃尔夫在他的《国际私法》一书中曾指出："国家只保护其本身用特殊的法律（特权）或者用一般的法律所授予的那些专利权、外观设计、商标和版权。关于专利权和版权问题，任何国家都不适用外国法律，也不承认根据外国法律所产生的这一类权利。"
行为地法说	有关商标权的侵权诉讼多采用此说。其行为地主要指商标使用行为地和商标侵权行为地。奥地利《国际私法法规》规定：无形财产权的创立、内容和消灭，依使用行为或侵权行为发生地国家的法律。实行使用在先原则的国家大多采用此说
分割方法	区分商标权不同方面，分别适用法律

根据我国商标法及其实施细则的规定，外国人或外国企业在中国申请注册商标的，应按其所属国和中华人民共和国签订的协议或者共同参加的国际公约办理或者按对等原则办理。外国人在我国申请商标注册或办理其他商标事宜，应当委托国务院指定的商标代理机构代理。外国人在我国注册商标，根据《巴黎公约》的原则和我国商标法规定，凡是公约成员国国民，已向《巴黎公约》的任何一个成员国提出了商标注册申请之后，又在中国就同一商标在相同商品上提出注册申请的，可以从第一次申请后 6 个月内要求享受优先权。凡要求享受优先权的，应当提交书面声明以及在其他成员国第一次申请的副本和其他有关证明文件。

我国商标需在外国注册的，首先应在我国注册，再按照《巴黎公约》和《商标国际注册马德里协定》或根据对等原则以及对方国家规定的无条件国民待遇原则，委托中国商标代理机构代理。

第四节　著作权的法律适用

一、著作权法律冲突

著作权（Copyright），又称版权，是指著作权人依法对文学、艺术和科学作品所享有的各项专有权利的总称。著作权包括人身权和财产权两部分，人身权是指与作者本身不可分割的权利，又称精神权利。如发表权、署名权、修改权和保护作品完整权。财产权是指作者对于自己所创作的作品所享有的使用和获得报酬的权利，又称经济权利。由于各国著作权立法及实践的差异，将导致如下法律冲突（如表 10.5 所示）。

表 10.5　著作权的法律冲突

著作权主体	大陆法系国家一般规定，享有著作权的主体首先是作为自然人的作者，其他人可以通过著作权的转让而成为著作权的主体；多数英美法系的国家和少数大陆法系的国家（如荷兰、日本）规定，著作权的主体可以是作者，也可以是作者以外的人，包括自然人和法人

续表

著作权客体	如不以文字、计算机储存或以录音形式加以固定的口头作品，在有些国家不受著作权法律保护；在一些国家又受著作权法保护
著作权取得原则	有创作主义与发表主义两种
著作权保护内容	著作权包括经济权利和精神权利。经济权利是指著作权人占有著作权以便获得某些经济收入的权利；精神权利是指作为创作者的自然人在精神上所享有的各种权利。就经济权利而言，追续权（指艺术品的原件被再次出售时，原作者仍有权从出售的利润中取得一定比例的版税）在英国、美国、日本等国未得到法律承认，在法国、德国、意大利等国受到法律的保护。就精神权而言，其中的修改权仅为法国、德国和意大利等国家法律所保护，多数国家没有这样的保护规定
著作权的保护期限	对文学艺术作品，各国规定的保护期为作者生前加死后25年、50年、60年、70年、80年不等
保护期限的起始时间	各国规定不同，有四种方法：以开始创作之日起算；以作品完成之日起算；以作品登记之日起算；以作品首次发表之日起算

二、著作权的法律适用

关于著作权法律适用，主要有以下几种不同的规定（如表10.6所示）。

表10.6 著作权的法律适用

适用被请求保护国法律	多数国家的著作权立法及《伯尔尼公约》和《世界版权公约》均采用或倾向采用这一原则。如1979年匈牙利《国际私法》第19条规定："著作权的保护，依被请求保护的国家的法律。"1987年瑞士《联邦国际私法法规》也采取这一立场。《伯尔尼公约》和《世界版权公约》采用"国民待遇"原则，体现了对适用被请求保护国法律的倾向

续表

适用作品首次发表地国法	法国《民法典》第2305条规定："文化及艺术产权由作品的首次发表地法规定，工业产权由注册或登记地法规定。"1974年阿根廷《国际私法》草案第21条规定：文学和艺术作品受作品首次发表国的法律支配。外国文学艺术作品的保护期依照其原始国的规定，但不得超过阿根廷准许的期限。再如《布斯塔曼特法典》规定："一切财产，不论其种类如何，均从其所在地法。"而"工业产权著作权以及法律所赋予并准许进行某种活动的一切其他经济性的类似权利，均以其正式登记地为其所有地。"
属人法	处理未发表作品的法律适用问题
分割方法	如权利的产生和存续问题适用作品来源国法；有关作品国籍的取得依作品最初发表国法；而对权利的保护范围、期限和向作者提供的救济方法等问题适用被请求保护国法；若有关的国际条约规定了最低限度的保护要求，而被请求保护国法律低于其所参加或缔结的国际条约的，适用国际条约的规定

我国现行的有关涉外著作权的法律、法规主要有《中华人民共和国著作权法》、《中华人民共和国著作权法实施条例》、《实施国际著作权条约的规定》和《著作权涉外代理机构管理暂行办法》。上述法律、法规规定，我国公民、法人或非法人单位的作品无论其在境内或境外是否发表，均作为我国作品；外国人的作品，首先在中国境内发表的，也视为我国作品，受我国著作权法保护。如果外国人的作品在中国境外首先发表，30天内在中国境内发表的，也视为在中国境内首先发表，受我国著作权法保护。

外国人在我国境外发表的作品，应根据其所属国同中国签订的协议或共同参加的国际条约，受中国著作权法保护。

我国公民、法人、或非法人单位的作品，要想在外国受到法律保护，可根据我国已参加的国际公约，在公约某一成员国首次发表，在其他成员国也同时得到法律保护；或者首次在我国发表后30天内也在《伯尔尼公约》的成员国发表，也被视为同时发表，受到所有成员国的法律保护。

本章及前面章的一些内容涉及的国际私法具体法律适用领域都是民事领域，与此相对应，国际私法商事领域的法律冲突也需要专门进行研究，民事与商事虽笙磬同音，然毕竟不同。关于这一点，且由下章分解。

本章相关知识掌握

■ 主要概念

专利审查制度　商标的实际使用　商标的商业使用　商标权的折中原则　伯尔尼公约　世界版权公约

■ 基础训练

▲ 选择题

1. 申请原则主要解决两个或两个以上申请人分别就同样的发明创造申请专利时，专利权的归属问题。请问哪国的专利法规定了先发明原则？（　）

A. 英国　B. 法国　C. 德国　D. 美国

【解答】 应选 D 。

2. 如果两个以上的申请人对同一种或类似的商品，以相同或类似的商标申请注册时，商标权应授予哪一申请人？（　）

A. 中国规定注册在先原则　B. 日本规定注册在先原则

C. 菲律宾规定注册在先原则　D. 意大利规定注册在先原则

E. 挪威规定注册在先原则

【解答】 应选 ABD。

3. 著作权（Copyright），又称版权，包含哪些方面的专有权利？（　）

A. 文学　B. 艺术　C. 科学作品　D. 人身权

E. 财产权

【解答】 应选 ABCDE。

4. 我国甲公司对自己所有的一项技术申请专利保护，委托另外一家中国乙公司去美国开拓市场，一年后，甲发现乙利用甲的专利技术制造产品作为乙自己的产品出售，为了维护自己的利益，甲向乙公司注册登记地的法院提起了侵权诉讼，下列哪些说法是正确的？（ ）

A. 如果甲的专利在美国不受保护，则乙不构成侵权

B. 如果甲的专利在美国也受保护，则乙构成侵权，乙应该按美国法律承担责任

C. 如果甲的专利在美国也受保护，则乙构成侵权，乙应该按中国法律承担责任

D. 如果甲的专利在美国也受保护，则乙构成侵权，乙应该按中国或者美国法律承担责任

E. 以上说法都不正确

【解答】应选 ABCD。

▲ **判断题**

1. 我国规定两个以上自然人可以共同向商标局申请注册同一商标，共同享有该商标的专用权。（ ）

【解答】正确。

2. 我国电视台播放他人没有发表的作品的，可以不经过作者的同意。（ ）

【解答】错误。

3. 伯尔尼公约规定的文学和艺术作品包括文学科学和艺术领域内的一切形式的成果。（ ）

【解答】正确。

4. 《世界版权公约》规定在缔约国首先出版的作品，在其他缔约国中享有与其本国国民首先出版的作品同等的保护。（ ）

【解答】正确。

▲ **简答题**

1. 简述专利权的法律适用。
2. 简述商标权的法律适用。

■ 案例分析

W 国某仪电有限公司甲所生产的“欧林爱伊”商标的电磁炉，

是在W国注册的产品。为了向中国香港和中国内地推销该产品，1987年9月，W国甲公司与香港乙公司签订经销6.5万套“欧林爱伊”牌电磁炉的合同。之后，香港乙公司又与广州丙公司签订销售“欧林爱伊”牌电磁炉的合同。在销售该产品期间，丙公司对“欧林爱伊”牌电磁炉进行了改良，并进口了部分元件、材料，在国内组织生产，且于1988年10月8日向我国工商行政管理局申请注册“欧林爱伊”商标，得到了初步审定，并在1989年4月《商标公告》第248期中给予公告。“欧林爱伊”商标遂广泛被用于丙公司生产的电磁炉上。甲公司知悉这一情况后，于1989年7月19日向我国国家工商行政管理局商标局提出异议，要求撤销对丙公司的第354799号商标的初步审定。（1）国际上对商标权的取得有哪两种制度？（2）我国国家工商局商标局应该如何处理？（3）依据巴黎公约商标保护的独立性原则，“欧林爱伊”商标要想在我国得到保护，应该如何做？

【解答】国际上对商标权的取得有两种制度：注册制和使用制。我国国家工商局商标局应该驳回甲公司的异议申请，因为我国对商标权的取得采用注册制，“欧林爱伊”商标是在W国注册的产品，根据巴黎公约商标保护的独立性原则，甲所生产的“欧林爱伊”商标只能够得到W国的保护。“欧林爱伊”商标要想在我国得到保护，应在我国申请注册。法条参考：中华人民共和国商标法第17条和第18条。

■ 实践训练

实训项目：处理专利权问题能力的训练。

我国某公司甲向法国商人出售一批机床。法国商人又将该机床转售美国及一些欧洲国家。机床进入美国以后，美国的进口商被起诉侵犯了美国有效的专利权，法院判决被告赔偿专利人损失，随后美国进口商向法国出口商追索，法国商人又向我国甲公司索赔。假如你是中国这家公司的代理人，如何进行寻找有利的理由？

考核标准：根据大家提出的理由进行评价。

第十一章 商事关系

第一节 票据关系的法律适用

引例：海上侵权

邝先生的专利在A国没有得到批准，他仍然不死心，决定到日本去申请，得到公司同意。邝先生坐上驶往日本横滨的船运公司的轮船。轮船在驶出中途停靠港中国烟台港时，突然，驾驶船舶的二副发现因操作失误导致船舶偏离了航道，即将与场内工作的渔船相撞。为了躲避对面的渔船，二副采取了紧急避碰措施。虽然避免了两船相碰，但是，由于避碰措施过大，致使轮船剧烈摇摆，使得毫无防备的旅客纷纷跌倒，多人受伤。邝先生是从在擅自进入挂牌明示“旅客止步”的驾驶区域时，摔倒在驾驶区域内受伤的，并且其装有专利资料的手提电脑发生严重损坏，资料尽失。邝先生痛得裂眦嚼齿，非常愤怒，与船长发生激烈争吵(如图11.1所示)。

图11.1 海上侵权

一、票据的法律冲突

票据，是发票人依票据法发行的、无条件支付一定金额或委托他人无条件支付一定金额给受款人或持票人的一种有价证券。通常是专指汇票、本票、支票这三种有价证券，而非泛指商业实务中所使用的任何凭证，如提单、保险单等。票据具有支付、结算和信用的功能，在商品经济中得到大量的使用。也正是由于其支付、结算和信用功能的存在，伴随着国际贸易的发展，不同国家之间的票据往来就成为一种普遍的现象。这就涉及涉外票据问题。所谓涉外票据，通常来说是指构成票据法律关系要素中的主体、客体和产生该票据法律关系的法律行为或事实具有涉外性。

关于涉外票据问题，根据2004年8月28日第10届全国人民代表大会常务委员会通过的修正后的《中华人民共和国票据法》第94条的规定，涉外票据是指出票、背书、承兑、保证、付款等行为中，既有发生在中华人民共和国境内又有发生在中华人民共和国境外的票据。

涉外票据在国际间流通，由于各国关于票据规定的内容不尽一致，常常会出现法律冲突（如表11.1所示)。

表11.1 票据的法律冲突

冲突方面	说明
票据法律制度方面	在票据法律制度上，先后产生了法国法系、德国法系和英美法系三票据法系的对立，后法国法系和德国法系逐渐融合为日内瓦统一法系，形成当今国际社会英美法体系和日内瓦统一法体系的冲突。即使在日内瓦公约的签字国中，有的国家没有完全按照公约的规定修订本国的票据法，有的国家对公约还作了若干保留。也正因此，日内瓦公约在制定关于票据的统一实体法公约的同时，还制定了有关票据的统一冲突法公约，即1930年日内瓦《解决本票、汇票若干法律冲突公约》和1931年日内瓦《解决支票若干法律冲突公约》❶

❶ 屈广清主编《国际私法》，厦门大学出版社，1997年，320页。

续表

冲突方面	说 明
关于票据的种类	在法律上，各国票据法关于票据种类的规定很不一致。如美国《统一商法典》将之分为汇票、支票、存款单和本票 4 种。德国、法国等大陆法系国家票据分为汇票和本票，将支票视为一种有价证券
关于票据的形式	票据是要式证券，票据必须依照法律规定的方式制作，必须按照法律规定的要求记载一些事项，否则将会根据记载事项的不同性质对票据的效力产生一定的影响。对于票据的记载事项，各国的票据法的要求不一。日内瓦法系国家一般要求汇票要有标明“汇票”字样的记载，而英美法系国家则不要求必须写明是何种性质的票据。我国票据法不允许签发无记名汇票和指定式汇票，而英美法系国家则允许签发无记名汇票
关于票据立法	各国票据立法不仅内容出入很大，而且体制不一，日本、荷兰和葡萄牙等国把它编入商法典，瑞士、泰国等国把它作为民法的一个组成部分。而英国、美国和中国等国则另立单行法规。此外，具体内容上也有许多不同的规定
关于票据当事人行为能力	由于各国历史和文化传统因素，不同国家对于自然人行为能力的规定会不同，这样，在判断当事人的票据行为是否会因为行为能力而无效时，就会出现不同的结果，法律冲突就难免
关于票据行为方式上的冲突	从法律属性上看，票据是要式证券，具有要式性，行为的方式对票据的效力有重大的意义。而各国在行为的方式上规定的又不同，造成不同结果出现的可能性极大，法律冲突也难免
关于票据当事人行为效力上的冲突	不同国家的法律对于某些票据行为产生的法律后果的规定是不一致的，自然会导致在判断某一票据行为是否应当产生某种特定法律效果问题上出现不同的结果
关于票据权利行使和保全上的冲突	不同国家对于票据权利行使和保全的方式、期限、要件、程序等规定存在不同，自然导致在判断票据权利人就票据权利的行使或保全所进行的一定的行为，是否会发生票据行使或保全的法律效果的问题上，出现不同的结果

续表

冲突方面	说明
关于票据诉讼时效	各种法律规定不一。日内瓦统一法规定，持票人自汇票到期之日起3年内行使追索权；英国票据法规定，自汇票之日起6年

二、票据的法律适用

为了解决票据的法律冲突，各国国内法很早就确立了有关涉外票据的法律适用规范。比如，英国早在1882年就制定了《汇票和本票法》，对涉外票据法律关系的法律适用问题作出规定；美国在《第二部冲突法重述》中确立了类似的规范。德国的《票据法》第4章、《支票法》第12章，日本《汇票、本票法》，也都有关于涉外票据的冲突法规范。《中华人民共和国票据法》在第5章的规定，就是涉外票据的冲突规范。

1930年，在国际联盟的主持下，国际票据法统一会议在日内瓦召开，该会议在通过《统一汇票及本票法公约》和《汇票及本票印花税法公约》两个实体法公约的同时，通过了《解决汇票及本票若干法律冲突公约》。次年，国际联盟又在日内瓦召开了第二次国际票据法统一会议，该会议在通过《统一支票法公约》和《支票印花税法公约》这两个实体法公约的同时，又通过了一个《解决支票若干法律冲突公约》。1975年，美洲国家组织成员在巴拿马城签署了《美洲国家间票关于汇票、本票和发票法律冲突的公约》和《美洲国家间关于支票法律冲突的公约》。1979年，美洲国家间又通过了一个《美洲国家间关于支票法律冲突的公约》。

综观各种法律的规定，票据的法律适用主要涉及以下问题（如表11.2所示）。

表11.2 票据的法律冲突

票据当事人能力	此问题通常与解决当事人其他能力的准据法一样，适用当事人的属人法。大陆法系国家一般主张适用本国法决定，英美法系国家则主张适用住所地法。法国法认为，关于法国人的票据行为能

续表

票据当事人能力	力，不论票据的成立地及付款地在何处，应概依法国法。德国1848年票据法也规定，外国人的票据能力，依其所属国法；但如依其所属国法为无能力而依德国法有能力时，就其在德国所为的票据而言，仍认为其有能力。英国《汇票法》第22条规定，汇票当事人的能力可依合同缔约能力的准据法确定，即适用当事人住所地法或缔约地法。现在，各国在商事领域的当事人能力问题的法律适用上，除坚持属人法外，往往以行为地法作为补充。如日内瓦《解决汇票本票法律冲突公约》第2条第1款规定：凡因汇票或者期票（本票）而受拘束之人，其资格应依本国法律而定。该条第2款规定：如有人依前项所述之法律，并无资格，但其签字系在外国，按该外国通行法律，即认其有，应照样受约束。《中华人民共和国票据法》第91条规定了兼采本国法与行为地法的做法。与日内瓦票据冲突法公约的规定类似
票据行为方式	确定某一票据行为方式的准据法，通常根据行为地法来确定。不过理解上有区别，如根据日内瓦统一法公约，行为地指的是“契约的签名地”，而1882年英国《汇票法》指的是“支付地”
关于票据的形式	一般是适用出票地或支付地法律。日内瓦《解决汇票本票法律冲突公约》第3条规定：凡因汇票或本票上所订之契约，其形式依所在国之法律规定之；倘依据前节之规定，因汇票或本票而成立之义务不能认为有效，但其续订之契约与当地之法律相符合时，则不能因前契约之不合形式而使续订之契约无效；每一缔约国得订明，其国民在外国因汇票或本票所订之契约，如系依照本国法律所定形式订立者，对于其国境内之国民同样有效。日内瓦《解决支票法律冲突公约》第4条有类似规定
票据的法律效力和解释	一般主张适用行为地法，但对于行为地的理解有所不同
票据债务人义务	通常依付款地法律。也有区分主债务人的义务和从债务人的义务两个方面来分别适用法律。关于票据主债务的准据法的选择，有付款地法原则和缔约地法原则两种，采用付款地法原则的有美国、日本和德国等，而采用缔约地法原则的有英国[1]。关于票据

[1] 吕国民、戴霞、郑远民：《国际私法》（冲突法与实体法），中信出版社2002年10月版，第318页。

续表

票据债务人义务	从债务的准据法，有的国家采用签字地法，有的国家采用交付地法，有的国家采用付款地国法。鉴于票据具有迅速和容易流转的特性，为避免票据主债务人的义务的准据法的确定的捉摸不定，日内瓦《解决汇票本票法律冲突公约》第4条规定，汇票承兑人、本票出票人所负债务的效力，应依付款地法律。而鉴于票据是一种文义证券，在票据上签名者均依票据上所记载的文义负责，成为从债务人的，均是在票据上有签名的当事人，为避免签名人担负不可预见责任的危险，日内瓦《解决汇票本票法律冲突公约》还规定，汇票或本票上有其他签字人所负债务的效力，应依签字地法律
票据转让	一般主张适用行为地法，即转让地法。关于该问题，争议不大
票据追索权行使期限	追索权是指票据不获承兑或不获付款时，持票人对其前手请求偿还的权利。追索权是票据权利人的第二次求偿权，对于实现票据权利起到保证作用，是一种非常重要的票据权利。为避免权利人长期不行使，无法确定法律关系，各国法律都对追索权规定了行使期限，持票人不在规定的期限内行使或者保全票据权利的，通常会丧失对其前手的追索权。但各国对行使追索权的期限规定有所不同。日内瓦统一法公约对这一冲突的解决适用票据成立地法即出票地法，德国和日本的票据法也有同样的规定。英国则规定适用行为地法或拒绝付款地法
票据权利保全与行使	各国关于票据权利保全与行使所一般规定适用付款地法律。英国票据法规定：关于承兑和付款的提示、拒绝证书或退票通知的必须或完备等，应以其行为所在地或者汇票退票地的法律决定。日本票据法规定：拒绝证书的方式、作成期间，以及其他行使保全票据权利的必要行为的方式，依应作拒绝证书地或应为该行为地所属国的法律定之。实际上，这些行为的所在地法律在很多情况下与付款地法律是重合的。日内瓦《解决汇票本票法律冲突公约》和日内瓦《解决支票法律冲突公约》的规定基本相同
持票人的责任	一般规定适用票据成立地法，即出票地法，英国规定适用行为地法或票据拒付地法，美洲国家间公约规定适用行为实施地或应予实施地法

三、中国关于票据法律适用的规定

《中华人民共和国票据法》第 5 章专门规定了涉外票据的法律适用问题，共 8 条，规定了涉外票据的范围、规定了国际条约和国际惯例的适用问题以及具体票据行为的法律适用等问题（如表 11.3所示）。

表 11.3　中华人民共和国票据法的规定

原则	《票据法》第 95 条："中华人民共和国缔结或者参加的国际条约同本法有不同规定的，适用国际条约的规定。但是，中华人民共和国声明保留的条款除外。本法和中华人民共和国缔结或者参加的国际条约没有规定的，可以适用国际惯例。"
票据当事人能力	《票据法》第 96 条规定：票据债务人的民事行为能力，适用其本国法律；票据债务人的民事行为能力，依照其本国法律为无民事行为能力或者为限制民事行为能力而依照行为地法律为完全民事行为能力的，适用行为地法律
票据行为方式	《票据法》第 98 条规定：票据的背书、承兑、付款和保证行为，适用行为地法律
票据形式	《票据法》第 97 条规定：汇票、本票出票时的记载事项，适用出票地法律。支票出票时的记载事项，适用出票地法律。经当事人协议，也可以适用付款地法律
持票人的责任	《票据法》在第 100 条中规定：票据的提示期限、有关拒绝证明的方式、出具拒绝证明的期限，适用付款地法律。与通行规定一致
票据追索权行使期限	我国《票据法》第 99 条规定：票据追索权的行使期限，适用出票地法律
票据丧失补救程序	《票据法》第 101 条规定：票据丧失时，失票人请求保全票据权利的程序，适用付款地法律
票据诉讼时效	《票据法》第 17 条规定，持票人对票据的出票人和承兑人的权利，自票据到期日起 2 年；见票即付的汇票、本票，自出票日起 2 年，对支票出票人的权利，自出票日起 6 个月。持票人对前手的追索权，自被拒绝承兑或被拒绝付款之日起 6 个月，对前手的再追索权，自清偿日或者被提起诉讼之日起 3 个月

第二节 破产关系的法律适用

一、破产的法律冲突

破产是指，当债务人不能以其现有财产清偿到期债务，法院根据债务人或债权人的申请，将债务人的财产进行公平清偿的一种法律制度。国际破产或涉外破产是指具有涉外因素的破产。

推本溯源，国际破产的概念出现于20世纪20年代，进入20世纪70年代后，随着世界范围内债权债务关系的扩大，涉外破产的出现越来越多，破产案件越来越多地含有涉外因素。各国破产法相继修订或重新制定，各国有关涉外破产的内容日趋丰富，形成了各自的涉外破产法制度。但是，各国在涉外破产法法律规定方面，存在较多冲突（如表11.4所示）。

表11.4 破产的法律冲突

各国立法对债权人、债务人保护的倾向方面	支持债权人的利益类型	
	支持债务人利益类型	
	折衷类型	
破产财团（指在破产程序中，当债务人依破产法被宣告破产时，为所有债权人分配偿还财产的需要而由破产管理人组织起来的破产全部财产的集合）	破产财团的范围而言，采用固定立法例的国家以破产宣告时属于破产人的全部财产为破产财团的构成	德国、日本等国
	采用膨胀立法例的国家则不仅包括破产宣告时破产人的全部财产，还包括破产宣告后程序终结前破产人新取得的财产	法国、比利时、奥地利、意大利、俄罗斯、英国、美国、瑞士等
关于破产宣告的域外效力（指在一国宣告的破产是否对位于他国的财产或者居住于他国的人具有约束力的问题）	普及破产主义（肯定主义）认为破产财团包括债务人位于外国和内国的所有财产	美国、法国、希腊、意大利、比利时、挪威、荷兰等国

续表

	属地破产主义（否定主义）认为破产财团仅包括债务人位于内国的所有财产。	阿根廷、德国、日本、瑞士等国
	折衷主义	有的主张本国对外的破产宣告实行普及破产主义，对他国的破产宣告实行属地破产主义，还有的国家是区分动产不动产实行不同的制度
破产要件（指开始破产程序必须具备的条件）	关于破产能力	英美普通法系国家实行不论是商人还是非商人，都适用破产程序处理；而大陆法系国家实行商人破产主义，只有商人才能适用破产程序处理
	破产的原因	英美法系国家多采取逐一列举的立法形式，即法律将可构成债务人破产的破产行为分别列举规定。1914 年英国《破产法》第 3 条第 1 款列举了 8 种可构成破产的行为。而大陆法系国家财采取概括式的立法形式，其重点在于对破产原因的规定而不是对破产行为的规定。如法国《商法典》规定："凡停止支付的商人，均为处于破产状态的商人。"

续表

破产债权（基于破产宣告前的原因成立，包括依破产程序申报并被确认的可以从破产财团中受到清偿的无财产担保债权以及放弃优先受偿权的有财产担保的债权和其他债权）	各国破产法对破产债权的构成、范围及清偿顺序的规定不同	日本破产法的规定，除斥债权可以作为破产债权，可以与其他债权一起按比例受偿，但其他国家的破产法则认为除斥债权不能作为破产债权

二、破产的法律适用

为了解决各国在破产问题上的法律冲突，国际上制定了一系列的有关国际破产的国际公约（如图 11.2 所示）。

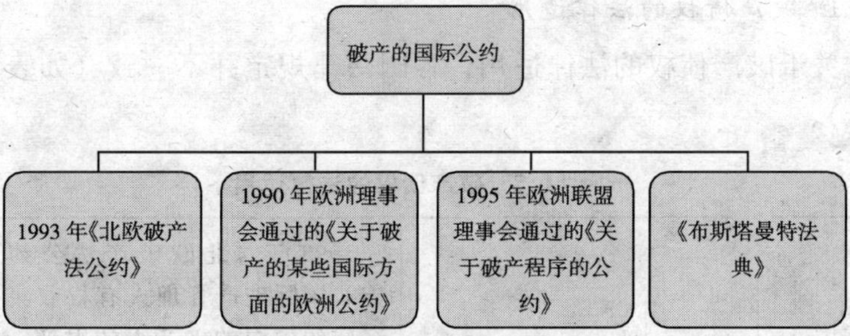

图 11.2 破产的国际公约

与此同时，各国还制定了大量的调整破产的冲突法立法。就破产法的性质而言，一方面破产法要调整债权人与破产人之间无法用民法规范处理的债权债务关系，这使得破产法具有实体法性质；另一方面破产法又是为了防止债权人之间出现受偿不公的现象而对破产人的财产清偿实行的特别执行程序，因此破产法又具有程序法性质。国际破产案件的法律适用可分为两个方面：程序问题的法律适用与实体问题的法律适用。

（一）程序问题的法律适用

在破产领域，属于程序方面的问题主要有：破产申请方式、任命破产财产管理人的方式、破产法官与破产管理人之间的权限分配、破产债权登记方式、债权人会议的权力、债权人会议的投票方式及法定表决人数等。

关于程序问题的法律适用，破产程序适用法院地法是国际上普遍际接受和认可的规则，但在程序问题中，有些方面不必或不可能适用法院地法。如外国债权人申报债权的期限及方式可适用他们自己的法律。

值得注意的是，关于破产要件，各国一般认为破产程序开始的要件，是诉讼程序问题，而程序问题多依法院地法决定，所以在国际私法上，对破产要件也多主张适用法院地法即破产开始地法。

（二）实体问题的法律适用

1. *破产债权的法律适用*

关于破产债权的法律适用，各国法律规定并不一致（如表 11.5 所示）。

表 11.5　破产债权的法律适用

破产债权的法律适用	国际立法多主张依破产宣告国法解决	1993 年《北欧破产法公约》规定，国际破产管理人有权收集处于各缔约国内的破产人的财产，并得依破产宣告国法律关于分配顺序和程序的规定进行分配。1995 年的《欧洲联盟理事会关于破产程序的公约》第 4 条规定，关于债权的等级及顺位适用破产程序地的法律。对于破产债权的法律适用也有主张适用支配债权的准据法的
	由破产债权所在地的法律来确定	日本的“双边示范条约”规定，如果存在外国一般优先权，其范围和地位应当由债权的实体法来确定，如工资债权应当由提供劳动所在地的法律来确定

续表

破产债权	否认权。否认权是指对于破产人在破产宣告前的一定期间内实施的危害破产债权人的行为，有予以否认并使之归于无效权利。对否认权的法律要件，危害债权行为的认定、是否需存在获益人，法院受理破产案件前多长时间为可撤销交易的法定期间等问题，各国的破产法的规定是不同的	大陆法系国家的破产法中，否认权是经破产管理人行使并由法院撤销的，故其又被称为撤销权；破产债务人所为的行为也被称为可撤销的交易。在破产法院所在地的一项可撤销交易，依法院地法当然可以撤销，但是如果破产债务人在其住所地法院开始破产程序时，在破产前与外国的债权人从事过一些依法院地法认定为可撤销的交易时，破产管理人向法院地、被给予优惠的债权人所在国提出撤销交易的申请时，就产生了应依哪国法来确定否认权的问题，国际破产实践中多主张适用适用法院法。如日本的理论认为，欺诈性转让等可撤销交易的要素和效力问题，应当由进行破产程序的法院法来确定。另外，在一国开始的协助外国主要破产程序的辅助程序中，如果涉及可撤销交易时，一般也适用主要程序的法律来确定有关交易的撤销，如美国《破产法》第 304 节规定，本国开始辅助程序的法院将适用外国主要程序撤销优惠的规定
	别除权是指不依破产程序就破产财产中的以特定财产担保的债权个别优先受清偿的权利，即是破产宣告前成立的有财产担保的债权。财产担保，通常是民法上所指的抵押、质押、留置等担保方式。将该特定财产排除于破产外	由于各国破产法中对可供担保的财产的范围、可以被担保的债务、履行担保手续的要求、对债权人的限制、破产程序是否可以冻结有担保债权的执行、是否有优于担保权的优行权存在等规定的不同，必然会在跨国破产中产生冲突。如，加拿大、美国对动产担保的手续要求很少，行使担保权也非常容易，担保

续表

	而个别受清偿，若该清偿能满足债权，债之关系即告消灭，若不能，不能清偿的部分债权就作为破产债权受清偿	权人可通过自行出售财产行使担保权，而法国、意大利反对非占有性的动产抵押，债权人只能通过司法性的公开拍卖行使担保权。因为抵押权、质权、留置权等都属于物权法的内容，所以在国际破产中，支配有担保债权的法律应是物之所在地法原则。即有担保债权的设立、存在及效力应由物之所在地法来确定，对于船舶或飞机等动产的担保债权，物之所在地为其登记注册地❶
	抵消权是指破产债权人与破产人互负债务时，可以不依破产程序，以对等数额进行抵消的权利	在通常情况下，抵消免除双方的债务，双方是同等受益，以抵消的方法实现清偿的结果，与双方分别向对方履行给付的结果是一致的。但是在破产的情况下，破产债权人与破产财产同破产抵消所受的利益是不均等的。因为破产债权人的通过破产清算获得的清偿是不足额的，而破产财产向它的有清偿能力的债务人获得的清偿则应当是足额的。所以破产抵消所实现的清偿结果是不一致的，前者有利于主张抵消的破产债权人而不利于破产财产，因而不利于全体破产债权人的一般清偿利益。多数国家的破产立法都允许破产抵消，但也有少数国家不允许抵消。对于破产抵消权的法律适用，一般有两种主张：一是适用法院地法；二是与在非破产情况下一样受支配主债权的法律的支配

❶ 屈广清总主编、李双元主编《国际私法》吉林大学出版社 2002 年，第 503 页。

2. 破产财团的法律适用

对于破产财团的法律冲突，一般认为依破产宣告国法即法院地法加以解决。1995 年破产程序公约第 4 条第 2 款指出，程序开始国法特别决定构成破产财团一部分的财产，以及对在破产程序开始后债务人获得或接受移交的处置。对于有关债权人对破产财团的物权，各国一致认为应适用物之所在地法，即取回权适用破产宣告时应取回的财产所在国的法律，别除权的行使适用对破产财产担保的物之所在地和留置物所在地国的法律。1925 年海牙国际私法会议关于破产的公约就采用了这样的规定。但是，对于债务人对抗债权人的抵消权和否认权，则一般认为应适用破产宣告国法律。1995 年破产程序公约对不动产、船舶、航空器及应受公共登记的证券等，规定适用其所在地法或保存该登记的机关的所在地法。

3. 破产管理的法律适用

涉外破产程序的进行，主要以破产管理人执行其职务，即进行破产财团的管理为核心内容。从总体上看，破产管理的内容主要包括破产管理人的任命、债权申报的方式、债权人会议的权利、投票方式、对破产财产的占有、清查、估计、变卖和分配等各个方面，其中既涉及债务人位于外国的财产，也涉及其位于内国的财产；既涉及程序法问题，也涉及实体法问题。

对于破产管理的法律适用，一般主张适用管理地法，即破产宣告地法或法院地法。

4. 和解的法律适用

和解指无清偿能力的债务人为避免被宣告破产或遭破产分配，经与债权人协议并经法院许可，以解决债权债务的一种安排。

和解既有公权的特征也有私权的特征。从私权来说，根据私权自治理论当事人可以协议选择适用于和解的法律。从公权来讲，和解需经法院许可，法院通常会依法院地法进行。

(三) 中国的相关规定

2006 年 8 月 27 日第十届全国人民代表大会常务委员会第 23 次

会议通过了《中华人民共和国企业破产法》，主要内容如下（如表11.6所示）。

表11.6 中华人民共和国企业破产法的规定

破产主体	第2条规定：企业法人不能清偿到期债务，并且资产不足以清偿全部债务或者明显缺乏清偿能力的，依照本法规定清理债务。 第135条规定：其他法律规定企业法人以外的组织的清算，属于破产清算的，参照适用本法规定的程序
管辖	第3条规定：破产案件由债务人住所地人民法院管辖
域外效力	第5条规定：依照本法开始的破产程序，对债务人在中华人民共和国领域外的财产发生效力
承认与执行问题	第5条第2款规定：依照本法开始的破产程序，对债务人在中华人民共和国领域外的财产发生效力。 对外国法院作出的发生法律效力的破产案件的判决、裁定，涉及债务人在中华人民共和国领域内的财产，申请或者请求人民法院承认和执行的，人民法院依照中华人民共和国缔结或者参加的国际条约，或者按照互惠原则进行审查，认为不违反中华人民共和国法律的基本原则，不损害国家主权、安全和社会公共利益，不损害中华人民共和国领域内债权人的合法权益的，裁定承认和执行
破产财产	第30条规定：破产申请受理时属于债务人的全部财产，以及破产申请受理后至破产程序终结前债务人取得的财产，为债务人财产
和解	第95条规定：债务人可以依照本法规定，直接向人民法院申请和解；也可以在人民法院受理破产申请后、宣告债务人破产前，向人民法院申请和解

第三节 海事关系的法律适用

海事关系是由海商法所确认和调整的海上运输关系和船舶关系。“海上运输关系”主要指承运人、实际承运人和托运人、收货人或者旅客之间，船舶出租人和承租人之间有关船舶运输的法律关系。这类关系具体体现为各种合同关系，例如，以提单为书面表现形式的班轮运输合同、旅客运输合同、航次租船合同、定期租船合同等。

“与船舶有关的关系”指船舶所有人、船舶经营人、出租人和承租人之间、船舶抵押人之间、海上侵权行为所涉及的当事人之间以船舶作为财产形式的物权和侵权法律关系。

由于各国海事法律规定不尽相同，因此，围绕海上运输关系和船舶关系常常会发生许多法律冲突，这些冲突包括船舶物权的法律冲突、海上运输合同的法律冲突、船舶碰撞的法律冲突、海难救助的法律冲突、共同海损的法律冲突、海事赔偿责任限制的法律冲突等。

例如，在船舶物权方面的法律冲突：关于船舶所有权登记，各国规定不同。新加坡规定船舶要在新加坡登记，船东必须是新加坡公民（或在新加坡有永久居留权的个人）或在新加坡注册成立的公司。巴拿马对船舶登记没有任何限制。关于船舶抵押权，有的国家规定设定抵押权必须登记，否则不发生法律效力；有的国家规定设定抵押权没有登记，仍然有效，但是不能对抗第三人。关于船舶优先权，各国对优先权的标的、优先权的受偿顺序、优先权的转移、优先权的消灭等规定极不一致。

为了解决海事法律领域的法律冲突，海事领域产生了大量的国际公约和国际惯例。与此同时，也形成了许多海事冲突规范，这些规定为解决海事冲突打下了良好的基础。关于这些内容，《中华人民共和国海商法》都有明确的规定（如表 11.7 所示）。

表 11.7 中华人民共和国海商法的规定

国际条约	《中华人民共和国海商法》第 268 条第 1 款：中华人民共和国缔结或者参加的国际条约同本法有不同规定的，适用国际条约的规定；但是，中华人民共和国声明保留的条款除外
国际惯例	《中华人民共和国海商法》第 268 条第 2 款：中华人民共和国法律和中华人民共和国缔结或者参加的国际条约没有规定的，可以适用国际惯例
船旗国法	《中华人民共和国海商法》第 270 条：船舶所有权的取得、转让和消灭，适用船旗国法律。《中华人民共和国海商法》第 271 条：船舶抵押权适用船旗国法律。船舶在光船租赁以前或光船租赁期间，设立船舶抵押权的，适用原船舶登记地的法律。《中华人民共和国海商法》第 273 条第 3 款：同一国籍的船舶，不论碰撞发生在何地，碰撞船舶之间的损害赔偿适用船旗国法律

续表

法院地法	《中华人民共和国海商法》第 272 条：船舶优先权，适用受理案件的法院所在地法律。《中华人民共和国海商法》第 269 条第 2 款：船舶在公海上发生碰撞的损害赔偿，适用受理案件的法院所在地法律。《海商法》第 275 条：海事赔偿责任限制，适用受理案件的法院所在地法律
侵权行为地法	《中华人民共和国海商法》第 269 条第 1 款：船舶碰撞的损害赔偿，适用侵权行为地法律
理算地法	《中华人民共和国海商法》第 274 条：共同海损理算，适用理算地法
意思自治与最密切联系原则	《中华人民共和国海商法》第 269 条：合同当事人可以选择适用的法律，法律另有规定的除外。当事人没有选择的，适用与合同有最密切联系的国家的法律

第四节　民用航空关系的法律适用

民用航空关系指在领空中形成的民商事法律关系。

关于民用航空关系的法律适用，国内国际私法教材极少有专门的论述。但是这些内容应该属于航空国际私法的范畴，而且也是国家司法考试大纲中的重要内容，因此，不容忽略。

在民用航空领域，各国的相关法律规定是各不相同的，例如在国际航空运输方面，各国对合同的形式、托运人与承运人的权利义务、赔偿数额与诉讼等规定不一。在为了解决这些冲突，形成了一些重要的国际公约和国际惯例，例如 1929 年的《统一国际航空运输某些规则的公约》即《华沙公约》，1999 年《统一国际航空运输某些规则的公约》即《蒙特利尔公约》等。与此同时，也形成了许多航空冲突规范。我国关于民用航空关系的法律适用的规定主要体现在《中华人民共和国民用航空法》中（如表 11.8 所示）。

表 11.8　中华人民共和国民用航空法的规定

国际条约	《中华人民共和国民用航空法》第 184 条第 1 款：中华人民共和国缔结或者参加的国际条约同本法有不同规定的，适用国际条约的规定；但是，中华人民共和国声明保留的条款除外
国际惯例	《中华人民共和国民用航空法》第 184 条第 2 款：中华人民共和国法律和中华人民共和国缔结或者参加的国际条约没有规定的，可以适用国际惯例
航空器国籍登记国法	《中华人民共和国民用航空法》第 185 条：民用航空器所有权的取得、转让和消灭，适用民用航空器国籍登记国法律。《中华人民共和国民用航空法》第 186 条：民用航空器抵押权适用民用航空器国籍登记国法律
法院地法	《中华人民共和国民用航空法》第 187 条：民用航空器优先权适用受理案件的法院地法律。《中华人民共和国民用航空法》第 189 条第 2 款：民用航空器在公海上空对水面第三人的损害赔偿，适用受理案件的法院地法律
侵权行为地法	《中华人民共和国民用航空法》第 189 条第 1 款：民用航空器对地面第三人的损害赔偿，适用侵权行为地法律
意思自治与最密切联系原则	《中华人民共和国民用航空法》第 188 条：民用航空运输合同当事人可以选择合同适用的法律，但是法律另有规定的除外；合同当事人没有选择的，适用与合同有最密切联系的国家的法律

本章研究了国际私法主要商事领域的法律适用问题。本章及前面章所研究内容均解决的是国际法律问题，在国际私法中，还存在一种问题介于国际法律问题与国内法律问题之间，即区际法律问题。解决区际法律冲突也是我国的合刃之急。关于这一点，且由下章分解。

本章相关知识掌握

■ 主要概念

涉外票据　涉外破产　破产要件　海上运输关系

■ 基础训练

▲ 选择题

1. 根据我国票据法律制度的规定，下列涉外票据的票据行为中，可以适用行为地法律的有（ ）。

   A. 票据追索权行使期限的确定

   B. 票据的背书

   C. 票据的付款

   D. 票据的承兑

【解答】应选 BCD。

2. 北京某公司经理王某携带以新加坡某银行为付款银行的汇票一张，赴东南亚办理业务，途中在香港不慎将该汇票丢失。失票人王某请求保全票据权利适用何地法律？（ ）

   A. 中国　　B. 新加坡

   C. 中国或者新加坡　　D. 香港

【解答】应选 B。

3. 下列关于我国涉外票据的说法正确的是哪几项？（ ）

   A. 美国甲公司向德国乙公司在中国上海开出了一张汇票，该汇票的背书、承兑、保证、付款等均在我国，但由于该票据主体涉外，所以该票据仍然是涉外票据。

   B. 某国人甲（19 岁），在我国出具了一张汇票，后来因此发生纠纷诉至我国法院，根据该国法律，甲为限制行为能力人，那么甲出具的汇票将无效。

   C. 根据我国法律，支票出票时的记载事项适用出票地法律，经当事人协议，也可以适用付款地法律。

   D. 票据的提示期间、有关拒绝证明的方式、出具拒绝证明的期间及票据丧失时失票人请求保全票据权利的程序，都适用付款地法。

【解答】应选 CD。

▲ 判断题

1. 在涉外票据的法律适用上，票据债务人的民事行为能力适用付款

地法律。 ( )

【解答】错误。

2. 在涉外票据的法律适用上，支票出票时的记载事项，适用付款地法律。 ( )

【解答】错误。

3. 涉外票据丧失时，失票人请求保全票据权利的程序，适用出票地法。 ( )

【解答】错误。

▲ 简答题

1. 简述海事关系的法律适用。

2. 简述我国民用航空关系的法律适用。

■ 案例分析

1999 年 3 月 24 日，不同国籍的甲、乙两船在中国南海珠江口海域互有过失碰撞，致使其中一船船体破损，其所载油类泄漏，造成海域污染。处理此案有两种意见：①两船互有过失碰撞，一船漏油，导致油污损害，构成共同侵权，两船的所有人或经营人应对油污损害承担连带责任。②对环境污染应适用无过错责任原则，案中不应再适用过错责任原则追究非漏油船所有人的责任，法院应依据调整油污损害的专门法律判令仅由漏油船所有人承担赔偿油污损害责任。问：你同意哪种观点?

分析：可以同意其中任何一种观点，但是应该说明理由。

■ 实践训练

实训项目：诉讼能力的训练项目。

具体组织与要求：

1. 案情

2000 年 5 月 20 日傍晚，从大连驶往上海的某船运公司的“彩光”轮，正在驶出中途停靠烟台港。突然，驾驶船舶的二副发现因操作失误导致船舶偏离了航道，误入了海带养殖场，即将与场内工作的渔船相撞。为了躲避对面的渔船，二副采取了紧急避碰措施。

虽然避免了两船相碰，但是，由于避碰措施过大，致使“彩光”轮剧烈摇摆，使得毫无防备的旅客纷纷跌倒，多人受伤，行李也不断掉到甲板上。经过核实，有五位旅客需要住院治疗。其中，两位是从床铺上跌下时造成骨折，另两位在甲板上散步的旅客因跌倒造成严重外伤，再有甲旅客是在擅自进入挂牌明示“旅客止步”的驾驶区域时，摔倒在驾驶区域内受伤。另四位旅客提出了行李灭失或者损坏的报告，其中，乙和丙两位旅客受损的是自行携带的高档瓷器(价值分别为人民币 1 000 元和 1 200 元)，丁客损坏的是手提电脑(修理费用为 600 元)，戊旅客报告丢失了钱包。

2. 要求

请同学们分别扮演恢复上述案情，并分别代表五位伤者要求赔偿，并对赔偿的依据进行表演，同时由同学扮演的法官进行宣判。由于同学们提供的材料，依据不同，所以法官判决赔偿与否，赔偿的多少可以作为成功的判断标准。

考核标准：在同学们获得法官判决的同时，其情况便可以作为老师给分数的参考依据。

第十二章 区际法律问题

第一节 区际法律冲突概述

引例：区际法律冲突

邝先生在中国内地的弟弟，一个不懂耒耜之勤的草野小子，与18岁的中国香港姑娘在湖北某婚姻登记处登记结婚。工作人员认为女方没有达到我国婚姻法规定的20岁婚龄，没有结婚能力，所以不给他们登记。女方认为，香港规定女方婚龄是16岁，自己符合法律规定。而且自己在香港已经结过婚而离婚，难道还没有结婚能力？

现代社会各国各地区交流发展快速，涉外婚姻比例逐渐增大，互联网更是把世界变得很小（如图12.1所示）。

图12.1 互联网问题

一、区际法律冲突的产生原因

区际法律冲突指在一国之内不同地区法律制度之间的冲突。调整区际法律冲突的法律被称为区际私法（Private Interregional Law, Private Interlocal Law）。区际私法，在不同的国家和地区有不同的称谓（如表12.1所示）。

表 12.1　区际私法的不同称谓

美国	州际冲突法	美国是一个联邦制国家，由 50 个州和哥伦比亚特区及 6 个准州（类似州地位的关岛等 6 个美国的海外属地）组成，而且美国各州都保留有相对独立的立法权，因而在美国每个州都有自己的私法或民法，并行着 57 个不同的民法或私法制度，法律冲突时时发生。因此，在美国，冲突规范（conflict rules）首先是要用来调整美国国内 57 个法域私法之间的州际冲突，同时也是用来处理国家之间的法律冲突
澳大利亚	州际冲突法	
加拿大	省际私法	
瑞士	州际私法	
中国台湾	准国际私法	
其他		

中国也是一个多法域国家。随着 1997 年和 1999 年我国恢复对香港、澳门行使主权以及将来大陆与台湾按“一国两制”方针实现统一，港、澳、台分别设立特别行政区，其原有的法律制度基本不变，我国将成为“一国两制三法系四法域”的多法域国家，区际法律冲突急待解决（如图 12.2 所示）。

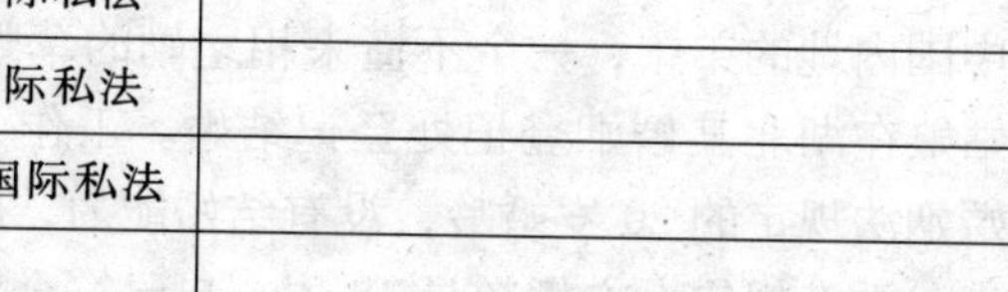

图 12.2　中国区际法律冲突

在这种情况下，中国关于区际私法制度的研究发展迅速，如椎轮大辂般渐趋成熟深入。

二、区际法律冲突的特征

区际法律冲突的特征与国际法律冲突比较，具有明显的法律特征（如表 12.2 所示）。

表 12.2　区际法律冲突的特征

区际法律冲突是空间上的法律冲突	区际法律冲突是一种空间上的法律冲突，是不同地区之间的法律冲突
区际法律冲突发生在一个主权国家内部	区际法律冲突通常发生于某个主权国家内部，是这个国家内部的法律冲突，区际法律冲突只能存在于这个国家的领土组成部分之间，而不能超越于这个国家领土之外
区际法律冲突系局部性法律冲突	第一，在同一个主权国家内部，尽管不同地区之间可能实行不同的法律制度，但这些不同地区的法律往往都要受到该国中央宪法的制约。第二，这些不同地区都拥有统一的国籍，不存在国籍法律上的冲突。第三，这些地区在外交特权与豁免等问题上也存在着统一性等
区际法律冲突体现了同一主权国家内的不同地区法律的自治性	区际法律冲突发生在同一个主权国家内部，是不同地区之间的法律冲突，这种法律冲突是同一主权下不同地区法律高度自治的产物或反映，是同一个国家内部分权的体现，是发生在统一宪法或基本法之下的法律冲突

三、区际法律冲突的产生原因及种类

（一）区际法律冲突的产生原因

尽管区际法律冲突产生的原因各种各样，但总体上看，区际法律冲突是产生于某个特定国家的内部。在这个特定国家内部产生区际法律冲突，通常有如下几个原因（如图 12.3 所示）。

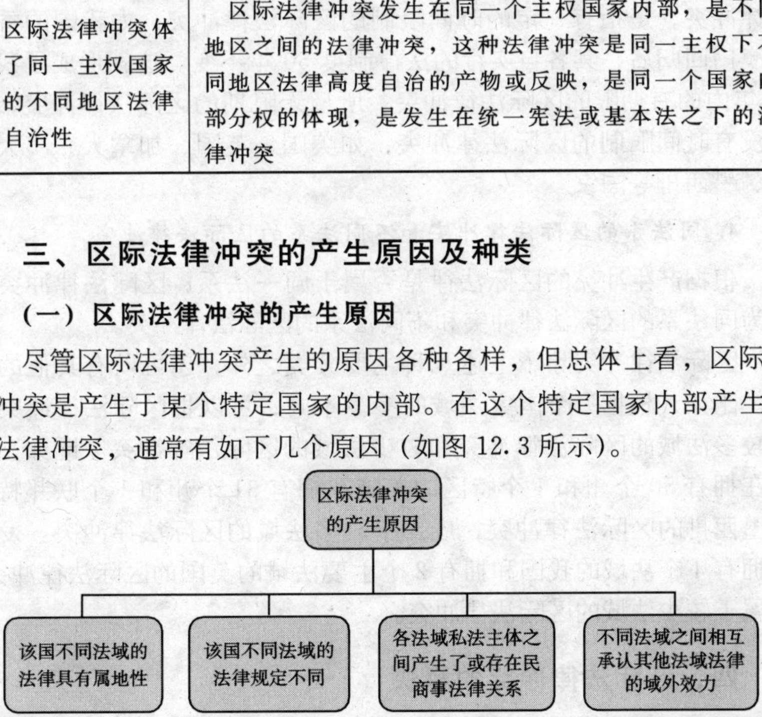

图 12.3　区际法律冲突的产生原因

（二）区际法律冲突的种类

区际法律冲突大致被分为如下几种：

1. 联邦制国家的区际法律冲突和单一制国家的区际法律冲突

根据一个国家的制度是否属于联邦制或单一制，区际法律冲突被分为联邦制国家的区际法律冲突和单一制国家的区际法律冲突两种。

2. “一国两制”下的区际法律冲突和“一国一制”下的区际法律冲突

根据一个国家的社会制度不同，区际法律冲突被分为“一国两制”下的区际法律冲突和“一国一制”下的区际法律冲突两种。

3. 有限期的区际法律冲突和无限期的区际法律冲突

根据区际法律冲突是否具有有效期限，区际法律冲突被分为有限期的区际法律冲突和无限期的区际法律冲突。所谓有限期的区际法律冲突，是指有一定的时间限制的区际法律冲突，如我国的香港和澳门回归后，其各自实行的法律制度 50 年不变。这就形成了我国 50 年内的有期限的区际法律冲突。所谓无限期的区际法律冲突，是指没有时间限制的区际法律冲突，如美国、英国、加拿大、澳大利亚、墨西哥等国家。

4. 同法系的区际法律冲突和不同法系的区际法律冲突

根据产生冲突的区际法律是否属于同一法系，区际法律冲突被分为同法系的区际法律冲突和不同法系的区际法律冲突。

区际法律冲突除了上述几种主要分类之外，还可以有其他的分法。比如，根据一个国家法域的多少不同，可以把区际法律冲突分为较多法域的区际法律冲突和较少法域的区际法律冲突。比如，发生在拥有 50 个州和 1 个特区的美国和拥有 31 个州和 1 个联邦特区的墨西哥的区际法律冲突，应属于较多法域的区际法律冲突。发生在拥有 4 个法域的我国和拥有 2 个主要法域的英国的区际法律冲突，应属于较少法域的区际法律冲突。

四、区际法律冲突的解决

综观各国的立法与实践，对于区际法律冲突的解决，不同国家有不同的解决模式。概括起来，各国解决区际法律冲突的方法主要模式有如下几种：

（一）区际冲突法的解决途径

1. 制定全国统一的区际冲突法

按照主权国家中央制定的统一冲突法，来确定应适用的法律，以解决区际法律冲突问题。采用这种模式来解决区际法律冲突的国家，主要有西班牙、瑞士等国家。

2. 各法域分别制定各自的区际冲突法

按照各法域自己的冲突法，来确定应适用的法律，以解决区际法律冲突问题。采用这种模式解决区际法律冲突的国家，主要有美国和英国等。美国没有统一的联邦冲突法规则，美国各州都有自己的立法权，有权制定其区际冲突法，并按照其区际冲突法来解决区际法律冲突问题。在英国，英格兰和威尔士适用英格兰法，苏格兰适用苏格兰法。

3. 类推适用国际私法解决

即参照或类推适用国际私法规则，来解决区际法律冲突问题。采用这种模式的国家，主要有前捷克斯洛伐克、前南斯拉夫等国。

4. 适用与解决国际私法冲突基本相同的规则

关于区际法律冲突的解决，各国没有统一的模式。我国最高人民法院《关于贯彻执行〈民法通则〉若干问题的意见（试行)》第192条规定，依法应当适用外国法律，如果该外国不同地区实施不同的法律，依据该国法律关于调整国内法律冲突的规定确定应适用的法律。该国法律未作规定的，直接适用与该国民事关系有最密切联系的地区的法律。这表明我国在处理区际法律冲突上，首先采用的是依该外国的“区际冲突规范”来确定准据法，在缺乏“区际冲突规范”的情况下，则依最密切联系原则来确定准据法。

（二）统一实体法的解决途径

统一实体法的解决方法主要有：

（1）制定全国统一的实体法解决区际法律冲突；

(2) 制定仅适用于部分法域的统一的实体法解决区际法律冲突；

(3) 各法域在立法时尽量采用相同或者类似的实体内容；

(4) 将在一个法域适用的实体法扩大适用于另一法域。

五、中国区际法律冲突的解决途径与步骤

1. 统一实体法途径

通过统一实体法途径以解决我国区际法律冲突问题，这是解决我国区际法律冲突最直接的途径。根据我国目前法域的具体情况，四法域可以利用共同缔结或参加的国际条约、共同制定或适用相同或相似的实体法规定或彼此日趋相同的做法，实现部分领域的统一，逐步采取统一实体法。至于实行统一实体法的具体范围、方式、方法和步骤等，需要根据各法域的实际情况来决定。

2. 冲突法途径

由于各法域都有相应的冲突法律规范，为了最大限度地维护各法域法律的独立性和稳定性，所以，类推适用国际私法途径是比较简单而可行的办法。关于统一冲突法途径，即制定统一的中国区际私法，这是解决中国区际法律冲突的较好的方式。这是因为，制定统一的中国区际私法有许多有利条件，如一个国家、一个中央政府、一部宪法、一部国籍法等。制定统一的中国区际私法可以避免“挑选法院”、反致等问题的产生，也有利于维护各法域的利益，有利于各法域之间的正常有序交往。

统一实体法途径和冲突法途径，应该结合起来使用。对于我国区际法律冲突的解决步骤，应采取渐进的稳妥的步骤。具体来说，在初期阶段，可以考虑采用准用国际私法、制定各自的区际私法（或区际冲突法）；在条件成熟时，制定统一的区际冲突法；最后，根据当时的具体情况适时制定统一实体法。

此外，世界上有的国家采用最高法院司法实践来解决区际法律冲突问题。我国各法域都有自己的终审法院，没有一个统一的终审法院。所以，最高法院来协调区际法律冲突的解决途径在我国目前还不太可行。

第二节　区际司法协助

一、区际司法协助的概念与特征

区际司法协助是指同一主权国家内部不同法域在司法领域的司法协作与互助。区际司法协助与国际司法协助相比，有自己明显的特征，主要表现在：(1) 区际司法协助是主权国家内部不同法域的法院之间的司法协助关系，因而其法律依据不同于国际司法协助。国际司法协助的法律依据主要有一国参加或缔结的司法协助条约以及国与国之间的互惠关系。而区际司法协助的法律依据主要有：①主权国家的宪法和某些全国性法律中所规定的国内各地区间相互提供司法协助的条款。②各地区自己制定的有关区际司法协助的法律。如《香港特别行政区基本法》第 95 条规定："香港特别行政区可与全国其他地区的司法机关通过协商依法进行司法方面的联系和相互提供协助。"③一国内各区之间签订的司法协助协议。(2) 区际司法协助是一国内不同法域间的司法协助。(3) 区际司法协助一般具有一定的强制性这主要是因为，从前述区际司法协助的依据看，无论是中央立法机关的适用于全国各法域的立法，还是各法域自己的立法及相互间的规定均属义务性条款。许多国家的有关司法协助的规定都体现出了这一点。

二、中国的区际司法协助的特点、方式与内容

(一) 中国区际司法协助的特点

第一，中国的区际司法协助是"一国两制"基础上的司法协助。而其他各法域国家的区际司法协助都是"一国一制"基础上的司法协助。

第二，中国的区际司法协助是不同法系并存条件下的司法协助，而其他各法域国家的区际司法协助一般是同一法系间的司法协助。

第三，中国的区际司法协助是单一制国家的司法协助，但各法域都拥有独立的立法权、司法权和终审权，各法域之间没有一最高

的司法机关来协调区际司法协助关系。

第四，由于台湾问题的存在，中国的区际司法协助关系的最终形成将是一个长期的过程。

（二）中国区际司法协助的方式与内容

我国的理论界和司法实践部门对区际司法协助的方式提出了一系列主张。归纳起来，大致有以下几种：

第一，准国际私法方式。这种方式是指各法域进行司法协助时，可比照各法域民事诉讼法中有关国际司法协助的规定。

第二，借助国际条约的方式。这种方式是指进行区际司法协助时，相关法域之间可依照有关国际条约的规定进行。

第三，区际协议方式。这种方式是指区际司法协助可根据内地与港澳台及其相互间签订的司法协助协议进行。

第四，中心机关方式。这种方式是指区际司法协助事务可由专门设立的中央机关来处理。

第五，多边协议方式。这种方式是指在司法部之下设立一个由各法域组成的“中国区际司法协助委员会”。由该委员会在“中国国际私法研究会”的协助下，制定《中国国际司法协助协议（草案）》，然后由各法域在此基础上谈判，以决定该协议如何适用于各法域。

关于中国区际司法协助的内容，我国理论界一般认为应当包括诉讼文书的送达、取证、法院判决以及仲裁裁决的相互承认与执行。

第三节　中国内地与港、澳、台地区之间的送达与取证

一、中国内地与港、澳、台地区之间的送达

中国内地与港、澳、台地区之间司法文书的送达问题，目前主要是参照中华人民共和国民事诉讼法有关域外送达的规定及最高人民法院的司法解释。司法解释主要是1999年3月29日最高人民法院发布的《最高人民法院关于内地与香港特别行政区法院相互委托送达民商事司法文书的安排》，及2001年8月7日最高人民法院发

布的《最高人民法院关于内地与澳门特别行政区法院就民商事案件相互委托送达司法文书和调取证据的安排》等。

（一）《最高人民法院关于内地与香港特别行政区法院相互委托送达民商事司法文书的安排》的主要内容（如表12.3所示）。

表12.3　内地与香港特别行政区法院相互委托送达民商事司法文书的安排

机构	依《最高人民法院关于内地与香港特别行政区法院相互委托送达民商事司法文书的安排》，双方委托送达司法文书，均需通过各高级人民法院和香港特别行政区高等法院进行。最高人民法院司法文书可以直接委托香港特别行政区高等法院送达
司法文书	《最高人民法院关于内地与香港特别行政区法院相互委托送达民商事司法文书的安排》中所指的司法文书在内地指：起诉状副本、上诉状副本、授权委托书、传票、判决书、调解书、裁定书、决定书、通知书、证明书、送达回证；在香港指：起诉状副本、上诉状副本、传票、状词、誓章、判案书、判决书、裁定书、通知书、法庭命令、送达证明。上述委托送达的司法文书以互换司法文书样本为准
送达的方式	委托方请求送达司法文书必须出具盖有印章的委托书，并在委托书中说明委托机关的名称、受送达人的姓名或者名称、详细地址及案件的性质。委托书应使用中文，未使用中文的，应提供中文译本。文件应一式两份
送达依据的法律	两地文书的送达应依受委托方所在地法律规定的程序进行
责任与费用	受委托方对委托方委托送达的司法文书的内容和后果不负法律责任。委托送达司法文书费用互免。但委托方在委托书中请求以特定送达方式送达所产生的费用，由委托方负担
完成期限	受托法院完成的期限最迟不得超过自收到委托书之日起两个月

（二）《最高人民法院关于内地与澳门特别行政区法院就民商事案件相互委托送达司法文书和调取证据的安排》关于送达的内容（如表12.4所示）。

表 12.4 内地与澳门特别行政区法院就民商事案件相互委托送达司法文书和调取证据的安排

机构	依《最高人民法院关于内地与澳门特别行政区法院就民商事案件相互委托送达司法文书和调取证据的安排》，双方委托送达司法文书，均需通过各高级人民法院和澳门特别行政区终审法院进行。最高人民法院与澳门特别行政区终审法院可以直接相互委托送达
司法文书	《最高人民法院关于内地与澳门特别行政区法院就民商事案件相互委托送达司法文书和调取证据的安排》中所指的司法文书在内地指：起诉状副本、上诉状副本、授权委托书、传票、判决书、调解书、裁定书、决定书、通知书、证明书、送达回证；在澳门指：起诉状副本、答辩状副本、反诉状副本、上诉状副本、陈述书、申辩书、声明异议书、反驳书、申请书、撤诉书、认诺书、和解书、财产目录、财产分割表、和解建议书、债权人协议书、传唤书、通知书、法官批示、命令状、法庭许可令状、判决书、合议庭裁判书、送达证明书以及其他司法文书和所附相关文件
送达的方式	委托方请求送达司法文书必须出具盖有印章的委托书，并在委托书中说明委托机关的名称、受送达人的姓名或者名称、详细地址及案件的性质。委托书应使用中文，未使用中文的，应提供中文译本。文件应一式两份
送达依据的法律	受委托方法院应当依本辖区法律规定执行委托事项
费用	委托送达司法文书费用互免。但委托方在委托书中请求以特定送达方式送达所产生的费用，由委托方负担

二、中国内地与港、澳、台地区之间的调查取证

中国内地与港、澳、台地区之间的调查取证主要依据中华人民共和国民事诉讼法的规定、1970 年海牙《关于从国外获取民事或商事证据的公约》及最高人民法院的司法解释，即《最高人民法院关于内地与澳门特别行政区法院就民商事案件相互委托送达司法文书和调取证据的安排》等。

下面主要介绍《最高人民法院关于内地与澳门特别行政区法院

就民商事案件相互委托送达司法文书和调取证据的安排》关于调查取证的规定（如表 12.5 所指示）。

表 12.5　内地与澳门特别行政区法院就民商事案件相互委托送达司法文书和调取证据的安排

机构	依《最高人民法院关于内地与澳门特别行政区法院就民商事案件相互委托送达司法文书和调取证据的安排》，双方委托调查取证，均需通过各高级人民法院和澳门特别行政区终审法院进行。最高人民法院与澳门特别行政区终审法院可以直接相互委托调查取证
取证的范围	委托方法院请求调取的证据只能是用于与诉讼有关的证据。代为调取的证据的范围包括：代为询问当事人、证人、鉴定人、代为进行鉴定和司法勘验，调取其他与诉讼有关的证据
期限	完成委托事项的期限，送达文书最迟不得超过自收到委托书之日起 2 个月，调查取证最迟不得超过自收到委托书之日起 3 个月
依据的法律	受委托方法院应当依本辖区法律规定执行委托事项
费用	委托调查取证费用互免。但委托方在委托书中请求以特定送达方式调查取证所产生的费用，由委托方负担

第四节　中国内地与港、澳、台地区之间的法院判决执行

一、内地与香港地区判决的相互承认和执行

内地与香港在 2006 年 7 月 14 日签署了《关于内地与香港特别行政区法院相互认可和执行当事人协议管辖的民商事案件判决的安排》，2008 年 8 月 1 日正式实施（如表 12.6 所示）。

表 12.6　内地与香港特别行政区法院相互认可和执行当事人协议管辖的民商事案件判决的安排

范围	该安排所称判决，在内地包括判决书、裁定书、调解书、支付令；在香港特别行政区包括判决书、命令和诉讼费评定证明书

续表

管辖法院	申请认可和执行符合本安排规定的民商事判决，在内地向被申请人住所地、经常居住地或者财产所在地的中级人民法院提出，在香港特别行政区向香港特别行政区高等法院提出。被申请人住所地、经常居住地或者财产所在地在内地不同的中级人民法院辖区的，申请人应当选择向其中一个人民法院提出认可和执行的申请，不得分别向两个或者两个以上人民法院提出申请。被申请人的住所地、经常居住地或者财产所在地，既在内地又在香港特别行政区的，申请人可以同时分别向两地法院提出申请，两地法院分别执行判决的总额，不得超过判决确定的数额。已经部分或者全部执行判决的法院应当根据对方法院的要求提供已执行判决的情况
文书语言	申请人是外国籍法人或者其他组织的，应当提交相应的公证和认证材料。向内地人民法院提交的文件没有中文文本的，申请人应当提交证明无误的中文译本
不予认可的情况	对申请认可和执行的判决，原审判决中的债务人提供证据证明有下列情形之一的，受理申请的法院经审查核实，应当裁定不予认可和执行：(1) 根据当事人协议选择的原审法院地的法律，管辖协议属于无效。但选择法院已经判定该管辖协议为有效的除外；(2) 判决已获完全履行；(3) 根据执行地的法律，执行地法院对该案享有专属管辖权；(4) 根据原审法院地的法律，未曾出庭的败诉一方当事人未经合法传唤或者虽经合法传唤但未获依法律规定的答辩时间。但原审法院根据其法律或者有关规定公告送达的，不属于上述情形；(5) 判决是以欺诈方法取得的；(6) 执行地法院就相同诉讼请求作出判决，或者外国、境外地区法院就相同诉讼请求作出判决，或者有关仲裁机构作出仲裁裁决，已经为执行地法院所认可或者执行的。内地人民法院认为在内地执行香港特别行政区法院判决违反内地社会公共利益，或者香港特别行政区法院认为在香港特别行政区执行内地人民法院判决违反香港特别行政区公共政策的，不予认可和执行
效力	根据本安排而获认可的判决与执行地法院的判决效力相同
处理	在法院受理当事人申请认可和执行判决期间，当事人依相同事实再行提起诉讼的，法院不予受理。已获认可和执行的判决，当事人依相同事实再行提起诉讼的，法院不予受理。对于

续表

处理	根据本安排第 9 条不予认可和执行的判决，申请人不得再行提起认可和执行的申请，但是可以按照执行地的法律依相同案件事实向执行地法院提起诉讼。依该安排，内地与香港特别行政区法院自本安排生效之日（含本日）起作出的判决，适用本安排

二、内地与澳门地区判决的相互承认和执行

内地和澳门相互承认和执行判决方面，2006 年 9 月最高人民法院通过了《内地与澳门特别行政区关于相互认可和执行民商事判决的安排》（如表 12.7 所示）。

表 12.7　内地与澳门特别行政区关于相互认可和执行民商事判决的安排

范围	该安排适用于两地民商事案件，包括劳动民事案件的认可和执行，但是不包该安排适用于两地民商事案件，包括劳动民事案件的认可和执行，但是不包括行政案件。安排所称的“判决”在内地包括：判决、裁定、决定、调解书、支付令；在澳门包括：裁判、判决、确认和解的裁定、法官的决定或者批示。包括行政案件。安排所称的“判决”在内地包括：判决、裁定、决定、调解书、支付令；在澳门包括：裁判、判决、确认和解的裁定、法官的决定或者批示
管辖法院	有权受理认可与执行的法院，在内地一方是被申请人住所地、经常居住地或者财产所在地的中级人民法院。两个或者两个以上中级人民法院均有管辖权的，申请人应当选择向其中一个中级人民法院提出申请。澳门一方有权受理认可判决申请的法院为中级法院，有权执行的法院为初级法院。被申请人在内地和澳门特别行政区均有可供执行的财产的，申请人可以向一地法院提出执行申请。申请人向一地法院提出执行申请的同时，可以向另一地法院申请查封、扣押或者冻结被执行人的财产。两地法院执行财产的总额。不得超过依据判决和法律规定所确定的数额
文书语言	认可与执行的申请书应当用中文制作。法院判决书、所附司法文书及其相关文件未使用中文制作的，应提供中文译本

续表

不予认可的情况	不予认可的情况包括：根据被请求方的法律，判决所确认的事项属被请求方法院专属管辖；在被请求方法院已经存在相同诉讼，该诉讼先于待认可判决的诉讼提起，且被请求方法院具有管辖权；被请求方法院已认可或者执行被请求方法院以外的法院或仲裁机构就相同诉讼作出的判决或仲裁裁决；根据判决作出地法律规定，败诉的当事人未得到合法的传唤，或者无诉讼行为能力的人未得到代理；根据判决作出地法律规定，申请认可和执行的判决尚未发生法律效力，或者因再审被裁定中止执行；在内地认可和执行判决将违反内地法律的基本原则或者社会公共利益；在澳门认可和执行判决将违反澳门法律的基本原则或者社会公共秩序
裁定	被请求方法院应当尽快审查认可与执行的请求，并作出裁定。当事人对认可与否的裁定不服的，在内地可以向上一级人民法院提出复议，在澳门可以根据其法律规定提起上诉；对执行中作出的裁定不服的，可以根据被请求方的法律规定，向上级法院寻求救济
处理	在被请求方法院受理认可与执行判决的申请期间，或者判决已获得认可与执行，当事人再行提起相同诉讼的，被请求方法院不予受理。对于不予认可的判决，申请人不得提起认可与执行的申请。但根据被请求方的法律，被请求方法院有管辖权的，当事人可以就相同案件事实向当地法院另行提起诉讼。在不予认可的情形消除以后，申请人可以再行提起认可与执行的申请。依该安排，在该安排生效以前提出的认可与执行请求，不适用本安排。两地法院自 1999 年 12 月 20 日以后至本安排生效前作出的判决，当事人未向对方法院申请认可与执行的，或者对方法院拒绝受理的，仍然可以于本安排生效后提出申请

三、内地与台湾地区判决的相互承认和执行

由于内地与台湾政治上的对立，长期以来互不承认和执行对方法院的判决。随着两岸间民商事交往的日益频繁，判决承认和执行问题已经引起了两岸的关注。内地目前虽没有针对性立法，但最高人民法院通过的《关于人民法院认可台湾地区有关法院民事判决的规定》的司法解释，已于 1998 年生效，其对内地承认台湾地区法院

的判决作出了专门性的规定。根据该规定，内地承认台湾地区法院判决的一个基本条件是台湾地区的判决不得违反一个中国的原则。对于下列几种台湾判决内地不予承认：（1）效力未确定的判决；（2）被告缺席又未经合法传唤或在被告无诉讼行为能力又未得到适当代理的情况下作出的；（3）案件属于人民法院专属管辖的；（4）当事人之间有仲裁协议的；（5）人民法院对同一案件已作出判决或外国、境外地区法院作出了判决或已由境外仲裁机构作了裁决已为人民法院所承认的；（6）违反国家基本法律原则或有损社会公共利益的。如果获得认可的判决需要在内地执行的，按照《中华人民共和国民事诉讼法》的有关规定进行。由此可以看出，公共秩序问题在内地承认台湾地区判决方面起着非常重要的作用，但在管辖权等问题上，与内地承认外国判决的相关规定相比，较为宽松。

第五节　中国内地与港、澳、台地区之间的仲裁裁决执行

中国内地与港、澳、台地区之间的仲裁裁决的执行主要依据是：中华人民共和国民事诉讼法、不同地区有关仲裁裁决执行的法律、1958 年《纽约公约》、内地与香港于 1999 年 6 月达成的《内地与香港特别行政区相互执行仲裁裁决的安排》等。

（一）中国内地与香港

由于内地与英国都是 1958 年《纽约公约》的缔约国，英国在 1977 年 1 月将《纽约公约》推广适用于香港地区。中国内地仲裁裁决可以根据 1958 年《纽约公约》在香港申请承认与执行。根据《中英联合声明》和《中华人民共和国香港特别行政区基本法》规定，1997 年 7 月 1 日香港回归祖国以后，1958 年《纽约公约》在香港地区继续适用。

为了更好地解决中国内地与香港之间的仲裁裁决执行问题，1999 年 6 月 21 日，最高人民法院与香港特别行政区律政司在深圳正式签署了《关于内地与香港特别行政区相互执行仲裁裁决的安排》（如表 12.8 所示）。

表 12.8 内地与香港特别行政区相互执行仲裁裁决的安排

仲裁裁决的相互执行	根据《内地与香港特别行政区相互执行仲裁裁决的安排》的规定，香港特别行政区法院同意执行内地仲裁机构（这些机构的名单由国务院法制办经国务院港澳事务办公室提供）依照仲裁法作出的裁决。内地法院同意执行在香港特别行政区依照《香港仲裁条例》作出的裁决
关于管辖法院	关于仲裁裁决执行的管辖法院，在内地为被申请人住所地或其财产所在地的中级人民法院。在香港为高等法院。被申请人住所地或其财产所在地在内地不同的中级人民法院辖区内的，申请人可以选择其中一个法院申请执行，不得分别向两个或者两个以上的法院提出申请。被申请人住所地或其财产所在地既在内地又在香港的，申请人不得同时分别向两地有关法院提出申请。只有一地法院执行不足以偿还其债务时，才可以就不足部分向另一地法院申请执行
提交文书	申请人向有关法院申请执行仲裁裁决时，应当提交执行申请书、仲裁裁决书、仲裁协议。执行申请书应以中文提出，没有中文的，应提交正式证明的中文译本。申请书应载明当事人的基本情况、申请执行的理由、被申请人的财产所在地及财产状况等
依据的法律	有关法院接到申请人的申请以后，应当依执行地的法律程序处理及执行
不予执行的情况	经证明内地或者香港仲裁裁决具有下列情形之一的，有关法院可以裁定不予执行：（1）仲裁协议当事人依对其适用的法律处于某种无行为能力的情形；或者该仲裁协议依约定的准据法无效，或者未指明应该适用的法律，依仲裁地的法律是无效的。（2）被申请人未接到指派仲裁员的适当通知，或者因为他故未能陈述案件的。（3）裁决所处理的争议不是交付仲裁的标地或者不在仲裁协议范围之内，或者裁决载有关于交付仲裁范围以外的决定的。但交付仲裁事项的决定可与未交付仲裁的事项划分时，裁决中关于交付仲裁事项的决定部分应当予以执行。（4）仲裁庭的组成或者仲裁程序与当事人之间的协议不符，或者在有关当事人没有达成这种协议时与仲裁地的法律不符。（5）裁决对当事人尚无约束力，或者业经仲裁地法院或者按仲裁地的法律撤销或停止执行的。（6）如执行法院认定，依执行地法律，争议事项不能以仲裁方式解决的，或者执行裁决将违背法院地社会公共利益或公共政策的，则可不予执行该裁决

续表

执行期限	1997 年 7 月 1 日至上述安排生效之日，因故未能向内地法院申请执行仲裁裁决的，如申请人为法人或者其他组织，可在该安排生效后 6 个月内提出执行申请；如申请人为自然人的，可在该安排生效后一年内提出执行申请。在 1997 年 7 月 1 日至上述安排生效之日拒绝受理或者拒绝执行仲裁裁决的案件，应允许当事人重新提出执行申请

（二）中国内地与澳门

1996 年以前，澳门地区没有自己的仲裁法规。葡萄牙《民事诉讼法典》中关于仲裁的规定延伸适用于澳门地区。1996 年 6 月11 日，澳门公布了第 29/96M 号法令，在澳门建立了新的本地仲裁制度。1998 年 11 月 13 日，经过澳门总督批准，澳门又公布了第 55/98M 号法令，在澳门建立起了涉外仲裁制度。第 55/98M 号法令几乎完全参照了 1985 年联合国国际贸易法委员会拟定的《国际商事仲裁示范法》。

从澳门关于涉外仲裁的第 29/96M 号法令规定来看，在承认和执行任何国家或者地区作出的仲裁裁决方面，其条件与 1958 年《纽约公约》规定的条件是一致的。在任何国家或者地区，包括中国内地作出的仲裁裁决，如需要在澳门申请承认和执行，澳门有关法院将适用第 29/96M 号法令。相比之下，在澳两地门地区作出的仲裁裁决如需要到内地申请承认和执行，还缺乏明确具体的专门法律规定。

2007 年 12 月 12 日最高人民法院、澳门特别行政区发布了《关于内地与澳门特别行政区相互认可和执行仲裁裁决的安排》，有效地解决了两地仲裁裁决的执行问题（如表 12.9 所示）。

表 12.9 内地与澳门特别行政区相互认可和执行仲裁裁决的安排

适用范围	内地人民法院认可和执行澳门特别行政区仲裁机构及仲裁员按照澳门特别行政区仲裁法规在澳门作出的民商事仲裁裁决，澳门特别行政区法院认可和执行内地仲裁机构依据《中华人民共和国仲裁法》在内地作出的民商事仲裁裁决，适用本安排。本安排没有规定的，适用认可和执行地的程序法律规定
管辖法院	在内地或者澳门特别行政区作出的仲裁裁决，一方当事人不履行的，另一方当事人可以向被申请人住所地、经常居住地或者财产

续表

管辖法院	所在地的有关法院申请认可和执行。内地有权受理认可和执行仲裁裁决申请的法院为中级人民法院。两个或者两个以上中级人民法院均有管辖权的，当事人应当选择向其中一个中级人民法院提出申请。澳门特别行政区有权受理认可仲裁裁决申请的法院为中级法院，有权执行的法院为初级法院。被申请人的住所地、经常居住地或者财产所在地分别在内地和澳门特别行政区的，申请人可以向一地法院提出认可和执行申请，也可以分别向两地法院提出申请。当事人分别向两地法院提出申请的，两地法院都应当依法进行审查。予以认可的，采取查封、扣押或者冻结被执行人财产等执行措施。仲裁地法院应当先进行执行清偿；另一地法院在收到仲裁地法院关于经执行债权未获清偿情况的证明后，可以对申请人未获清偿的部分进行执行清偿。两地法院执行财产的总额，不得超过依据裁决和法律规定所确定的数额
提交文件	申请人向有关法院申请认可和执行仲裁裁决的，应当提交以下文件或者经公证的副本：（1）申请书；（2）申请人身份证明；（3）仲裁协议；（4）仲裁裁决书或者仲裁调解书。上述文件没有中文文本的，申请人应当提交经正式证明的中文译本
执行期限	申请人向有关法院申请认可和执行内地或者澳门特别行政区仲裁裁决的期限，依据认可和执行地的法律确定
不予执行	对申请认可和执行的仲裁裁决，被申请人提出证据证明有下列情形之一的，经审查核实，有关法院可以裁定不不予认可：（1）仲裁协议一方当事人依对其适用的法律在订立仲裁协议时属于无行为能力的；或者依当事人约定的准据法，或当事人没有约定适用的准据法而依仲裁地法律，该仲裁协议无效的；（2）被申请人未接到选任仲裁员或者进行仲裁程序的适当通知，或者因他故未能陈述意见的；（3）裁决所处理的争议不是提交仲裁的争议，或者不在仲裁协议范围之内；或者裁决载有超出当事人提交仲裁范围的事项的决定，但裁决中超出提交仲裁范围的事项的决定与提交仲裁事项的决定可以分开的，裁决中关于提交仲裁事项的决定部分可以予以认可；（4）仲裁庭的组成或者仲裁程序违反了当事人的约定，或者在当事人没有约定时与仲裁地的法律不符的；（5）裁决对当事人尚无约束力，或者业经仲裁地的法院撤销或者拒绝执行的。有关法院认定，依执行地法律，争议事项不能以仲

续表

不予执行	裁解决的，不予认可和执行该裁决。内地法院认定在内地认可和执行该仲裁裁决违反内地法律的基本原则或者社会公共利益，澳门特别行政区法院认定在澳门特别行政区认可和执行该仲裁裁决违反澳门特别行政区法律的基本原则或者公共秩序，不予认可和执行该裁决

（三）中国大陆与台湾

台湾 1992 年的《台湾地区与大陆地区人民关系条例》第 74 条规定：在大陆地区作成之民事裁决或民事仲裁判断，不违背台湾地区公共秩序或善良风俗者，得请法院裁定认可。

1998 年 5 月 26 日最高人民法院公布了《关于人民法院认可台湾地区有关法院民事判决的规定》，该规定第 19 条规定：申请认可台湾地区仲裁机构裁决的，适用本规定。该规定为承认与执行台湾地区仲裁机构作出的裁决提供了明确的运作机制。

本章的问题实际属于准国际私法问题，但与国际私法问题的解决方法实质一致。现在的问题是，国际私法的知识和方法到底在什么场合才有大瓠之用呢？事实上，国际私法常用的一个地方就是：仲裁。关于这一点，且由下章分解。

本章相关知识掌握

■ 主要概念

法域　区际法律冲突　区际私法　区际司法协助

■ 基础训练

▲ 选择题

1. 1999 年 3 月 29 日，《最高人民法院关于内地与香港特别行政区法院相互委托送达民商事司法文书的安排》中规定，受委托方接到委托书后，应当及时完成送达，最迟不得超过自收到委托书之日起（　）。

A. 1 个月　　B. 2 个月　　C. 3 个月　　D. 4 个月

【答案】应选 B。

2. 2001 年 8 月 7 日，最高人民法院发布了《关于内地与澳门特别行政区法院就民商事案件相互委托送达司法文书和调取证据的安排》中规定，完成受托事项的期限，调取证据最迟不得超过自收到委托书之日起（　　）。

A. 1 个月　B. 2 个月　C. 3 个月　D. 4 个月

【答案】应选 C。

3. 解决中国区际冲突法的原则不包括（　　）。

A. 促进和维护国家统一原则

B. “一国两制”原则

C. 公共秩序保留原则

D. 促进和保障正常的区际民商事交往原则

【答案】应选 C。

4. 从各多法域国家的立法和司法实践来看，解决区际法律冲突的途径有（　　）。

A. 冲突法途径　B. 统一实体法途径

C. 国际条约途径　D. 国际惯例途径

【答案】应选 AB。

▲ 判断题

1. 1999 年《内港送达安排》和《内港执行安排》以及 2001 年《内澳送达和取证安排》，在内地由人大常委会以法律的形式公布施行。（　　）

【答案】错误。

2. 香港特别行政区、澳门特别行政区和台湾地区的立法管辖权是由中央宪法直接赋予的。（　　）

【答案】错误。

3. 我国现阶段有关区际司法协助的法律文件，可以适用于我国特定法域间的一切司法协助问题。（　　）

【答案】错误。

▲ 简答题

1. 简述区际冲突法的特征。

2. 简述区际法律冲突的解决途径。

■ 案例分析

甲公司为中国内地一注册企业，乙公司为香港公司，二公司因一买卖合同发生纠纷，甲公司根据双方在合同中的约定，向中国国际经济贸易仲裁委员会上海分会申请仲裁。仲裁庭作出裁决后，乙公司拒不履行该裁决，甲公司只能向香港法院申请承认和执行该仲裁裁决。

(1) 假如甲公司是在 1997 年 7 月 1 日之前向香港法院申请承认和执行该裁决，其申请的依据是什么?

(2) 假如甲公司是在 1997 年 7 月 1 日以后向香港法院申请承认和执行该裁决，其申请的依据是什么?

分析：(1) 假如甲公司是在 1997 年 7 月 1 日之前向香港法院提出申请，由于中国内地和香港都是 1958 年《承认与执行外国仲裁裁决公约》的成员方，其可依据该公约向香港法院申请承认和执行该裁决。

(2) 假如甲公司是在 1997 年 7 月 1 日向香港法院提出申请，其可根据内地与香港特别行 1999 年 6 月达成的《内地与香港特别行政区相互执行仲裁裁决的安排》，向香港法院申请承认和执行该裁决。

■ 实践训练

实训项目：处理区际法律问题能力的训练。

两岸法律规定的结婚的形式要件不同。大陆实行登记制，即“取得结婚证即确立夫妻关系”，其简便易行的登记结婚制度符合婚姻形式要件的世界立法趋势。中国台湾实行仪式制，即“结婚应有公开仪式及二人以上之证人”。修正后的民法典增加了“户籍法为结婚之登记者，推定其结婚”。

请问这两种结婚的形式要件的规定各有什么缺点？台湾实行仪式制，实践中在外国如何证明?

考核标准：根据大家提出的理由进行评价。

第十三章 国际商事仲裁

第一节 概 述

引例：仲裁条款问题

邝先生经过经营擘划，其所在的A国眼镜公司与日本乙公司签订了镜片买卖合同，合同规定："如双方发生任何纠纷，可将纠纷提交法院或有管辖权的仲裁机构仲裁。"合同订立后，在履行中，双方因货物质量问题发生纠纷，经协商各方同意解除合同，解除合同时乙公司未提出任何异议。但不久之后，乙公司向A国某仲裁机构提出仲裁申请，邝先生所在的公司接到仲裁通知后参加了仲裁，仲裁机构做出了对邝先生所在的公司不利的裁决。事后，邝先生所在的公司认为，该纠纷案不应仲裁解决，理由是：(1) 双方已经解除合同，不应再执行其中的仲裁条款。(2) 本公司依照合同规定也可以选择到法院解决。问：①合同已经解除，合同中的仲裁条款是否仍然有效？②本案中的仲裁条款是否有效？③邝先生所在的公司能否在仲裁后就本案再提起诉讼？

在实践中，确定仲裁协议的效力对于仲裁意义十分重大，与此同时，这一问题也比较复杂（如图13.1所示）。

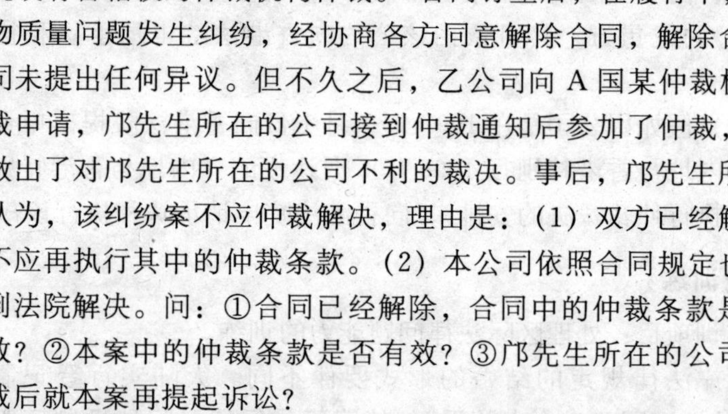

图13.1 仲裁协议的效力

一、国际商事仲裁的概念

仲裁通常是指争议的当事人在自愿的基础上将争议提交非司法机构的第三者审理并作出对争议各方有拘束力的裁决的一种解决争议的法律制度。仲裁的类型包括国际仲裁、国内仲裁和国际商事仲裁等。国际商事仲裁指含有国际因素或涉外因素的仲裁。国际商事仲裁是解决国际、跨国或涉外商事争议的仲裁，有时也被称为国际经济贸易仲裁、涉外仲裁、国际仲裁或跨国仲裁等。

（一）“国际”的含义

判断国际仲裁的标准大致可分为两种，这两种标准可单独适用，也可以合起来适用。

1. 以实质性联结因素为认定标准

该标准主要以当事人作为认定标准。如果当事人是个人，则当事人中至少一方的国籍是非内国国籍，或者当事人中至少一方的惯常居所不在内国，视为国际仲裁；如果当事人是法人，则当事人中至少一方的注册或登记地不在内国，或者当事人中至少一方的管理和控制中心所在地不在内国，视为国际仲裁。

2. 以争议的国际性质为认定标准

该标准主要以争议的性质是否涉及国际因素作为认定标准，如果争议涉及国际商事利益，则其仲裁就是国际的。

关于国际仲裁，在我国，凡仲裁协议的一方或者双方当事人为外国人、无国籍人或外国企业或实体，或者仲裁协议订立时当事人的住所或营业所位于不同国家，或者即使位于相同国家，但仲裁地位于该国之外，或者仲裁协议中涉及的商事法律关系的设立、变更或终止的法律事实发生在国外，或争议标的位于国外等，都是国际仲裁。

（二）“商事”的含义

国际社会对“商事”一词一直没有公认的定义。一般说来，多数国家认为“商事”的含义应尽可能作广义解释。

联合国国际贸易法委员会在起草《示范法》过程中，曾经就“商事”的含义展开讨论，但是却难以形成一致意见，最后因无法形成正式条文，只好对“商事”一词作了注释说明。《示范法》对“商事”所作的广义解释是：它包括不论是契约性或非契约性的一切商事关系所引起的种种事情。商事性质的关系包括但不限于下列交易：供应或交换货物或服务的任何贸易交易；销售协议；商事代表或代理；代理；租赁；建造工厂；咨询；工程；许可证；投资；融资；银行；保险；开发协议或特许；合资和其他形式的工业或商业合作；货物或旅客的航空、海上、铁路或公路的运输。

关于“商事”的含义，我国最高人民法院 1987 年《关于执行我国加入的〈承认与执行外国仲裁裁决公约〉（以下简称纽约公约）的通知》第 2 条规定，根据我国加入该公约时所作的商事保留声明，我国仅对按照我国法律属于契约性或非契约性商事法律关系所引起的争议适用公约。所谓“契约性或非契约性商事法律关系”，具体指由于合同、侵权或者根据有关法律规定而产生的经济上的权利义务关系，例如货物买卖、财产租赁、工程承包、加工承揽及海上、民用航空、铁路、公路的客货运输以及产品责任、环境污染、海上事故和所有权争议等，但不包括外国投资者与东道国政府之间的争端。

二、国际商事仲裁的特点

（一）完全的民间性

例如国际商事仲裁机构通常都是民间组织，仲裁员不代表国家行使权力，仲裁庭管辖权的基础是当事人合意等。

（二）高度的自治性

国际商事仲裁解决争议的前提条件是当事人之间自由达成的仲裁协议。仲裁当事人还可以自由地就仲裁机构、仲裁员、仲裁适用的法律、仲裁地点、仲裁使用的语言、仲裁适用的程序规则等作出选择。

（三）程序的快捷性

与法院判决相比，仲裁比诉讼更快捷和节省。例如只有在有限的情况下才能对仲裁裁决提出异议，而且仲裁有助于确保当事人随后不被卷入耗时而又费钱的上诉中等。

（四）很强的权威性

仲裁员一般从具有专业知识和实践经验的人士中选任，仲裁员多是各专业领域的优秀人才。仲裁员的专业知识决定了仲裁裁决的准确性更高、权威性更强，仲裁速度也更快。

（五）严格的保密性

国际商事仲裁一般以不公开审理为原则，而且各国仲裁法律和仲裁规则一般也都规定了仲裁员有保密义务，不得泄漏案件的程序与实体问题。

（六）便利的执行性

仲裁裁决比法院的判决更易于得到国际范围内的承认与执行。在很多仲裁案件中，胜诉的当事人都可以依赖《纽约公约》的规定来执行。

（七）广泛的国际性

这是由国际商事仲裁的性质决定的。

第二节　仲裁机构

一、国际商事仲裁机构的含义

商事仲裁机构是指通过仲裁方式独立公正地解决双方当事人在商事关系中发生的争议的民间机构。

二、商事仲裁机构的分类

依据商事仲裁机构的组成形式的不同，可以将其分为临时仲裁机构和常设仲裁机构。

（一）临时仲裁机构

临时仲裁机构是根据当事双方的仲裁协议而临时设立的审理某一特定案件的机构，案件审理终结并作出裁决后，该仲裁机构即行解散。临时仲裁的优点在于：

1. 仲裁程序上比较灵活

例如当事人双方可以自行起草仲裁规则，在起草的仲裁规则中，双方当事人可以就与仲裁有关的任何问题作出约定，如仲裁员的指定方法、仲裁地点、仲裁时限其中包括仲裁庭作出仲裁裁决的时限以及仲裁程序规则等。

2. 更加快捷与经济

因为多数常设仲裁机构都收取管理费和服务费，所以选择临时仲裁可以节省上述费用的开支。临时仲裁时，当事人只需要支付仲裁员的费用即可。

临时仲裁机构的缺点：

第一，仲裁效力的发挥依赖于当事人各方的合作

争议的双方当事人如果缺乏关于仲裁程序的知识、经验、专长，就不可能在仲裁协议中对仲裁涉及的全部问题作出规定，因而如果程序事项出现问题将使仲裁程序延误或难以进行。

第二，临时仲裁更依赖于仲裁地法律体系的支持

在临时仲裁中，仲裁将由仲裁员自行管理。然而，如果在启动仲裁程序或者组成仲裁庭方面出现问题，争议双方当事人将不得不请求法院的支持。对于每一个陷入僵局的程序问题，由法院行使管辖权，无疑将造成时间的延误和增加开支，而且法院的干预也将损害程序的秘密性。

（二）常设仲裁机构

常设仲裁机构：依据国际公约或一国的国内法设立的旨在通过仲裁方式解决国际商事争议的专门机构，有自己的名称、章程、固定的办公地点和比较完善的仲裁规则。

常设仲裁机构的优点：

1. 便利商事交易当事人

因为每一个常设仲裁机构都有自己的仲裁规则，当事人只要在订立仲裁协议时写明将争议提交某仲裁机构并依据该仲裁机构仲裁规则即可。

2. 保证仲裁程序有效进行

每个常设仲裁机构一般都设有秘书处或类似机构，秘书处按照仲裁规则和内部规章，提供日常管理和服务。

3. 办案质量较高

每个常设仲裁机构均设有仲裁员名册，双方当事人应当从仲裁员名册中选择仲裁员。列入仲裁员名册中的仲裁员都是来自各个领域的专家，并且具有审理仲裁案件的丰富经验。

4. 机构仲裁更易于得到法院认可

常设仲裁机构的仲裁规则能够有效地保证适当的仲裁程序，因而保证了仲裁裁决的质量和可执行性以及仲裁程序的声誉。

常设仲裁机构的缺点：

第一，费用较高

常设机构仲裁的收费比较高，尤其是争议金额较大，而仲裁机构的管理费用按照争议金额的百分比收取时更是如此。

第二，程序迟延

采用常设仲裁机构仲裁的当事人必须在仲裁机构框架内进行仲裁，仲裁机构所起到的职能关键在于确保仲裁员按照仲裁程序规则进行仲裁。这种机制有时候会造成仲裁程序的延迟。

第三，仲裁规则规定的时限非常短

许多仲裁规则规定的时限都非常短，这对于仲裁申请人来说，可能不存在什么问题，因为在其将争议提交仲裁之前，有足够的时间做准备。但是对于被申请人来说可能会面临时间上的压力，特别是当争议涉及大量的文件时更是如此。

根据以上分析可知，临时仲裁与机构仲裁是商事仲裁机构的两种不同组成形式，具有明显的区别（如表 13.1 所示）。

表 13.1 临时仲裁与机构仲裁的区别

名称	临时仲裁	仲裁机构
组成形式	临时仲裁机构，裁决后，即行解散	常设仲裁机构，不解散
仲裁程序	无自己的仲裁规则	有自己的仲裁规则
费用	无管理费和服务费	有管理费和服务费

三、主要的国际商事常设仲裁机构

(一) 国际商会国际仲裁院

作为国际商会的仲裁机构，国际仲裁院成立于 1923 年，其宗旨是为国际商业界提供仲裁解决争议的便利，总部位于巴黎。

(二) 解决投资争议国际中心

解决投资争议国际中心是根据 1966 年 10 月 14 日生效的《解决国家与他国国民之间投资争议公约》而设立的，是世界银行所属的一个自主性的国际性常设仲裁机构，总部位于华盛顿。

(三) 世界知识产权组织仲裁与调解中心

世界知识产权组织仲裁与调解中心设在日内瓦，属于世界知识产权组织国际局。该中心建立于 1994 年，旨在为私人间国际商事争议的解决提供仲裁与调解服务。

(四) 斯德哥尔摩商会仲裁院

斯德哥尔摩商会仲裁院 1917 年成立于瑞典斯德哥尔摩，它是斯德哥尔摩商会下属的一个独立的机构。

(五) 伦敦国际仲裁院

伦敦国际仲裁院成立于 1892 年，由伦敦市府、伦敦商会、女王特许仲裁员协会共同组成的管理委员会管理。

(六) 美国仲裁协会

美国仲裁协会成立于 1926 年，总部设在纽约。由美国仲裁社团、美国仲裁基金会、其他工商团体共同组成。

（七）中国的涉外常设仲裁机构

中国的涉外常设仲裁机构有两个，即中国国际经济贸易仲裁委员会（CIETAC），中国海事仲裁委员会（CMAC）。中国国际经济贸易仲裁委员会成立于 1956 年，是中国国际商会下属的一个民间性的常设仲裁机构，总部设在北京。并分别于 1989 年 1 月和 1990 年 4 月设立了两个分支机构，即中国国际经济贸易仲裁委员会深圳分会和中国国际经济贸易仲裁委员会上海分会。中国国际商会决定中国国际经济贸易仲裁委员会自 2000 年 10 月 1 日起同时启用“中国国际商会仲裁院”名称。

中国海事仲裁委员会（CMAC），成立于 1959 年，是中国国际商会下属的一个民间性的常设仲裁机构，总部设在北京。其宗旨是通过仲裁方式，独立、公正地解决产生于远洋、近洋、沿海和与海相同的可航水域的运输、生产和航行等有关过程中所发生的海事争议，以保护当事人的合法权益，促进国内外海商事业和经济贸易的发展。

中国的涉外常设仲裁机构都有自己的仲裁规则，这些仲裁规则，为了更有效地处理仲裁案件，通常规定了仲裁案件的一些具体的步骤或要求（如图 13.2 所示）。

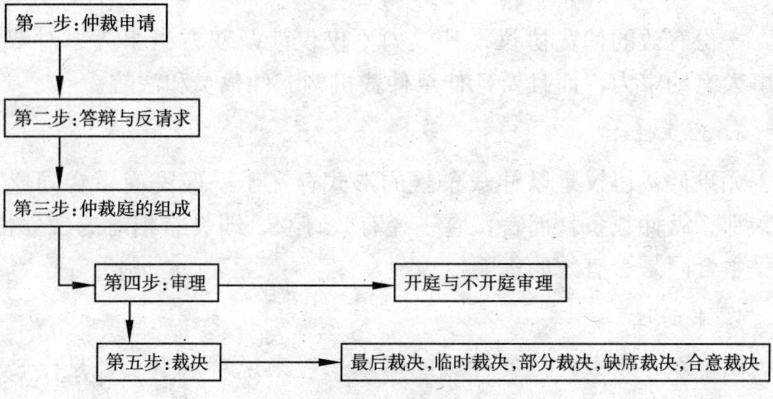

图 13.2　我国仲裁案件的步骤

第三节　仲裁协议

一、仲裁协议的概念和类型

（一）仲裁协议的概念

仲裁协议（Arbitration Agreement），是当事各方将它们之间可能发生的争议或者业已发生的争议，交付仲裁解决的书面协议。国际商事仲裁协议，是双方当事人合意将他们之间已经发生或者将来可能发生的国际商事争议交付仲裁解决的一种书面协议。

仲裁协议是进行仲裁的法律基础，没有仲裁协议就不能进行仲裁。

（二）仲裁协议的特征

1. 间接性

仲裁协议通过确认一种解决双方当事人之间纠纷的方式来明确当事人之间的权利义务，不像一般民商事合同直接地规定当事人之间的实体权利义务关系，从而体现出间接性。

2. 广延性

一份有效的仲裁协议，其效力不仅仅涉及双方当事人，对双方当事人有约束力，而且要延伸至仲裁机构、仲裁员和法院。

3. 独立性

如果仲裁协议是以仲裁条款的形式存在于一般民商事合同之中的，那么就仲裁条款而言，它一经有效订立，即具有相对的独立性，不受主合同是否有效的影响。

4. 书面性

由于双方当事人提交仲裁的事项一般来说对当事人都是比较重要的，并且仲裁协议又具有上述的广延性和独立性，所以，仲裁协议一般要以书面形式作成。如 2006 年意大利《仲裁法》第 807 条规定：仲裁协议应具有书面形式，并载明争议事项，否则无效。

（三）国际商事仲裁协议的类型

仲裁协议应该以一定的形式表现出来，如意大利《仲裁法》第808条规定：当事人可以在合同中，或者在其他单独的文件中规定，产生于合同的争议由仲裁员进行决定，只要此类争议属于仲裁协议规定的范围之内。

根据国际商事仲裁协议存在的方式不同，可将其分为三种类型（如表13.2所示）。

表13.2　国际商事仲裁协议存在的三种类型

仲裁条款	仲裁协议书	仲裁特别约定
仲裁条款，是指双方当事人在签订的合同中，在自愿基础上所订立的将有关合同的争议提交仲裁的条款	仲裁协议书，是指在争议发生之前或之后，双方当事人在自愿的基础上订立的、同意将争议提交仲裁的一种独立协议。仲裁协议书不依赖于其他契约而存在，无论形式上还是内容上，都是独立的契约	当事人之间实施民商事行为，除了订立合同之外，还反映在相互之间有信函、电报、电传、传真或其他书面材料（如经确认的电话记录）的往来中。这些文件中如果包含有双方当事人同意将他们之间已经发生或将来可能发生的争议提交仲裁的内容。那么，有关文件即可构成仲裁协议
是仲裁协议的一种最常见和最重要的形式	比较少见且多形成于争议发生后	由于合同的内容一般都会包括争议解决条款，所以仲裁特别约定是越来越少

二、仲裁协议的基本内容

仲裁协议的内容应该尽量明确，一般应该包括：提交仲裁的争议事项、仲裁地点、仲裁机构或者仲裁庭的组成、仲裁程序规则及仲裁裁决的效力等。仲裁协议的基本内容在临时仲裁与机构仲裁中会有所不同。

（一）提交临时仲裁的仲裁协议的内容

通常，提交临时仲裁的仲裁协议的内容，在临时仲裁协议中应该约定以仲裁方式解决的争议事项、仲裁所适用的法律，仲裁所适用的程序规则以及仲裁地点等。所适用的仲裁规则或由当事人自行拟定，也可以约定适用常设仲裁机构现有的仲裁规则。仲裁庭的组成方式是临时仲裁协议中一项非常重要的内容。

（二）提交机构仲裁的仲裁协议的内容

提交机构仲裁的仲裁协议的内容一般包括：请求仲裁的意思表示真实；约定的仲裁事项清楚；指定的仲裁机构明确；约定了仲裁程序等。《中华人民共和国仲裁法》第 16 条第 2 款规定，仲裁协议应当具备内容包括：(1) 请求仲裁的意思表示；(2) 仲裁事项；(3) 选定的仲裁委员会。

三、仲裁协议的法律效力

根据有关国际条约和大多数国家的法律规定，一项有效的仲裁协议在国际商事仲裁中具有以下法律效力：

（一）对双方当事人的法律效力

仲裁协议一旦有效订立，当事人即丧失了就特定争议向法院提起诉讼的权利，而只能以仲裁方式解决他们之间的争议。《中华人民共和国民事诉讼法》第 257 条规定，“涉外贸易、运输和海事中发生的纠纷，当事人在合同中订有仲裁条款或者事后达成仲裁协议，提交中华人民共和国涉外仲裁机构或者其他仲裁机构仲裁的，当事人不得向人民法院起诉。”

（二）对仲裁员和仲裁机构的法律效力

一方面，有效的仲裁协议是仲裁员或仲裁机构受理争议案件的法律依据。另一方面，仲裁协议也确定了仲裁事项的范围，从而使仲裁员或仲裁机构的管辖权受到仲裁协议的严格限制，仲裁机构可以审理的争议事项不得超越仲裁协议确定的可交付仲裁事项的范围。

（三）对法院的法律效力

1. 有效的仲裁协议可以排除法院的管辖权

国际公约和世界上大多数国家有关仲裁的立法都承认仲裁协议对法院的这一法律效力。例如《中华人民共和国仲裁法》第 5 条规定，“当事人达成仲裁协议，一方向人民法院起诉的，人民法院不予受理，但仲裁协议无效的除外。”德国《民事诉讼法》第 1027 条规定，“法院受理诉讼案件，而当事人对诉讼中的争议订有仲裁契约时，如果被告出示仲裁契约，法院应以起诉不合法而驳回之。”

2. 有效的仲裁协议是法院执行仲裁裁决的依据

国际公约和许多国家的国内立法都规定，如果一方当事人拒不履行仲裁裁决，他方当事人可以向有关国家法院提交有效的仲裁协议和裁决书，申请强制执行该裁决。

四、仲裁协议的有效性及其认定

一般来说，构成仲裁协议的有效要件主要涉及仲裁协议的形式、当事人的能力以及提请裁决事项的可仲裁性等。仲裁协议有效，才能成为仲裁的根据。关于仲裁协议是否有效的问题，在实践中经常会发生争议（如图 14.2 所示）。

关于仲裁协议的有效性问题，《中华人民共和国仲裁法》在第 17 条的规定，仲裁协议有下列情形之一的无效：（1）约定的仲裁事项超出法律规定的范围；（2）无民事行为能力人或者限制民事行为能力人订立的仲裁协议；（3）一方采取胁迫手段，迫使对方订立仲裁协议。《中华人民共和国仲裁法》第 18 条还规定，如果仲裁协议对仲裁事项和仲裁委员会约定不明的，当事人可以补充协议。如果不能够达成补充协议的，仲裁协议无效。此外，最高人民法院 2006 年《关于适用〈中华人民共和国仲裁法〉若干问题的解释》规定了仲裁协议约定不明确的具体处理办法：

（1）约定的仲裁机构名称不准确，但是能够确定具体仲裁机构的，应当认定选定了该仲裁机构。

（2）仅约定了适用的仲裁规则，视为未约定仲裁机构，但是当事人达成补充协议或者按照约定的仲裁规则能够确定仲裁机构的除外。

（3）仲裁协议约定两个以上仲裁机构的，当事人可以协议选择其中一个仲裁机构仲裁；当事人不能就仲裁机构选择达成一致的，仲裁协议无效。

(4) 仲裁协议约定由某地的仲裁机构仲裁且该地只有一个仲裁机构的，该仲裁机构视为约定的仲裁机构。该地有两个以上仲裁机构的，当事人可以协议选择其中一个仲裁机构仲裁；当事人不能就仲裁机构选择达成一致的，仲裁协议无效。

(5) 当事人约定争议可以向仲裁机构申请仲裁也可以向法院起诉的，仲裁协议无效。但一方向仲裁机构申请仲裁，另一方未在仲裁庭首次开庭前提出异议的除外。

关于仲裁协议效力的认定主体，《中华人民共和国仲裁法》第 20 条规定，当事人对仲裁协议效力有异议的，可以请求仲裁委员会作出决定或者请求人民法院作出裁定。一方请求仲裁委员会作出决定，一方面请求人民法院作出裁定的由人民法院裁定。根据最高人民法院 1998 年 10 月 21 日《关于确认仲裁协议效力的几个问题的批复》，如果仲裁机构先于人民法院接受申请并已就管辖权异议作出决定，人民法院不再受理当事人的申请。如果仲裁机构接受申请后尚未作出决定，人民法院应予受理，同时通知仲裁机构终止仲裁。当事人对仲裁协议的效力有异议的，应当在仲裁庭首次开庭前提出。

最高人民法院 1995 年 8 月 28 日《关于人民法院处理与涉外仲裁及外国仲裁事情项有关问题的通知》规定，凡起诉到人民法院的涉外、涉港澳和涉台经济、海事海商纠纷案件，如果当事人在合同中订有仲裁条款或者事后达成仲裁协议，人民法院认为该仲裁条款或者仲裁协议无效、失效或者内容不明确无法执行的，在决定受理一方当事人起诉之前，必须报请本辖区所属高级人民法院进行审查；如果高级人民法院同意受理，应当将其审查报最高人民法院。在最高人民法院未作答复前，可暂不予受理。

第四节　仲裁程序中的财产保全与证据保全

一、财产保全

仲裁程序中的财产保全是指法院或仲机构根据仲裁案件当事人的申请，就有关当事人的财产作出临时性的强制措施，以保全申请人的权益，保证将来作出的仲裁裁决能够得到执行。财产保全具有强制性和临时性，具体措施包括：查封、扣押、冻结、责令提供担保或法律允许的其他方法。财产一经保全，当事人就不能再行处分。只有在被申请人提供了有效的担保，或者案件已经审结并执行完毕，或原申请人申请撤销的，财产保全措施才应该解除。

财产保全，一般是由有关当事人在提出仲裁申请时一并提出，也可在仲裁审理过程中提出；而在英国等一些国家的商事仲裁法中规定，有关当事人也可以在申请仲裁前提起财产保全程序。

世界各国的商事仲裁立法和司法实践，以及各有关的商事仲裁规则大都规定了财产保全制度，但略有差异。有的国家如澳大利亚、瑞士等国规定只能由法院作出财产保全措施，有的国家如日本、美国规定由仲庭机构作出财产保全的决定，有的规定由法院或仲裁庭分别作出财产保全的决定。而且，在财产保全的具体内容方面，世界各国的有关规定也不尽相同。关于保全措施的范围问题，考虑到采取保全措施的目的在于保证仲裁裁决的顺利执行，使裁决所确定的当事人权益能够得到实现，故通常只能限于仲裁请求范围以内或与本案有关的财物，超出仲裁请求范围或与本案无关的财物都不能作为财产保全措施的标的，多数国家的仲裁立法及国际商事规则也是这样规定的。

在我国有关商事仲裁的法律制度中，规定有财产保全内容的主要有：《中华人民共和国仲裁法》《中华人民共和国民事诉讼法》和最高人民法院《关于海事法院诉前扣押船舶的规定》等法律及司法解释，以及《中国国际贸易仲裁委员会仲裁规则》《中国海事仲裁委员会仲裁规则》《上海仲裁委员会仲裁规则》等各常设仲裁机构的仲裁规则。《中华人民共和国仲裁法》第 28 条规定：“一方当事人因另一方当事人的行为或者其他原因，可能使裁决不能执行或者难以执行的，可以申请财产保全。当事人申请财产保全的，仲裁委员会应当将当事人的申请提交被申请人住所地或财产所在地的中级人民法院裁定。”《中华人民共和国民事诉讼法》第 258 条规定：“当事人申请采取财产保全的，中华人民共和国涉外仲裁机构应当将当事人的申请提交被申请人住所地或者财产所在地的中级人民法院裁定。”

关于决定采取财产保全的权力属于人民法院的做法，理论上有不同的看法。反对的观点认为，商事仲裁程序中的有关当事人要提出财产保全申请时，首先必须向受理或审理有关商事仲裁案件的商事仲裁机构或商事仲裁庭提出申请；然后再由该有关的商事仲裁庭或仲裁机构将当事人的该项申请转交给有管辖权的法院；再由该管辖法院依法进行审理或审查以后作出裁定。很显然，在这一过程中，无疑只是多出了一个不必要的中间环节。尤其是当事人申请财产保全大多都发生在紧急情况下，因而在经仲裁机构转至法院的这一过程中，很可能会贻误财产保全的时机，这一做法甚至可能导致错误的裁定。所以，最好是将裁定商事仲裁程序中的财产保全的权力直接交给具体负责审理有关商事仲裁案件的商事仲裁庭。因为该有关的商事仲裁庭，比有关的商事仲裁机构或法院更易直接了解和掌握当事人提出的财产保全的理由是否成立、是否妥当等相关情况，并且更加能够在较短的时间内作出决定。

二、证据保全

证据通常是指能够证明案件真实情况的客观事实，在司法实践中，凿凿有据的证据包括许多种类（如图 13.3 所示）。

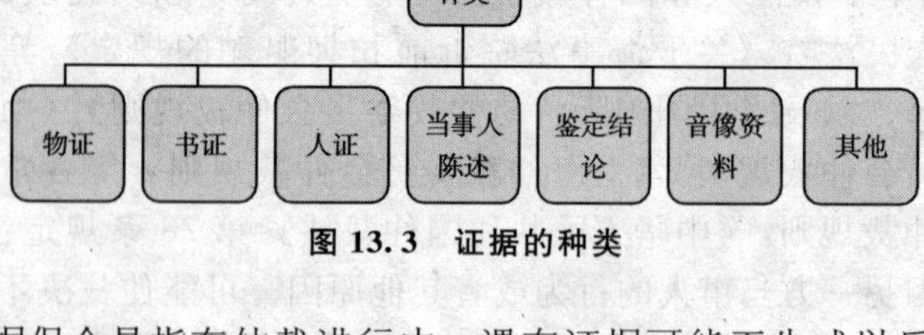

图 13.3　证据的种类

证据保全是指在仲裁进行中，遇有证据可能灭失或以后难于取得的情况时，由当事人提出申请或由仲裁机构将当事人的申请提交法院，由仲裁庭或法院对证据依法进行固定和保护的措施。

证据保全是一种强制措施，在证据的运用过程中是非常重要的，不可缺少的，因此，各国的商事仲裁制度中，均规定有这种措施，但因情况不同，各国在规定的内容上繁简不一。

《中华人民共和国仲裁法》第 46 条和第 68 条分别规定了国内仲裁和涉外仲裁当事人申请证据保全的做法。即凡在证据可能或以后难于取得的情况下，当事人可以申请证据保全。当事人申请证据保全的，如属国内仲裁案件，仲裁委员会应当将当事人的申请提交证据所在地的基层法院；如属涉外仲裁案件，仲裁委员会应当将当事人的申请提交证据所在地的中级法院。《中国国际经济贸易仲裁委员会仲裁规则》第 18 条规定："当事人申请证据保全的，仲裁委员会应当将当事人的申请转交证据所在地有管辖权的法院作出裁定。"

第五节 国际商事仲裁的法律适用

一、国际商事仲裁协议的法律适用

（一）依当事人选择的法律

仲裁协议作为一种特殊的契约——一种关于当事人争议解决方式的合同性安排，其准据法的确定通常是依据适用于一般合同的准据法原则，即首先依意思自治原则由当事人协商选择适用于仲裁协议的准据法；当事人没有选择或选择无效时，再依其他规则确定准据法。

（二）适用仲裁地法

如果当事人对可适用于仲裁协议的法律没有选择或选择无效时，国际上通行的做法是以仲裁地法为仲裁协议的准据法。

（三）依一般冲突法规则确定仲裁协议准据法

在当事人对可适用于仲裁协议的法律没有选择或选择无效，对仲裁地也未作约定或仲裁地尚未确定的情况下，依一般合同关系中的各种连结因素确定仲裁协议准据法，是一些国家经常采取的做法。而用以确定准据法的相关连结因素通常有：协议订立地、争议标的所在地、协议当事人的国籍、住所、居所、营业地等。

二、国际商事仲裁程序的法律适用

（一）依当事人选择的仲裁程序法

当事人可以协商选择支配仲裁程序的法律或规则，是当今大多数国家仲裁立法和实践以及有关国际条约所承认的一般原则。如果当事人未作明示选择，通常还可根据某些因素推定其默示选择。

（二）适用仲裁地法

当事人未就仲裁程序法作出选择时，仲裁地就是确定仲裁程序法最重要的连结因素。1958 年《纽约公约》第 5 条第 1 款第 4 项规定，如果仲裁程序在当事人没有协议时与仲裁地法的规定不相符，则被请求承认和执行地国法院可以拒绝承认和执行裁决。

另外，即使当事人就仲裁程序法作出了选择，也不能违反仲裁地法中的强制性规定，否则当事人的选择无效或不能得到采纳。

随着国际商事仲裁制度的发展，传统的“所在地（仲裁地）”理论日益受到质疑和挑战。与此同时，一种新的理论——非当地化理论被提出，并得到了一定的发展。根据该理论，当事人可以在其合同中约定，仲裁不依从任何特定国家的程序法、任何特定国家的冲突法规则或任何特定法律体系的实体法，以达到当事人意思自治和符合当事人利益的目的；仲裁将要依从的是当事人选择的程序规则，而不是仲裁地的强制性程序规则；仲裁员不必适用仲裁地的冲突法规则，除非其认为这些冲突法规则是合适的；仲裁员可以适用一般法律规则或习惯法，而不适用任何特定法律体系的实体规则。激进的观点甚至认为，仲裁裁决的强制执行力并不必然来自于仲裁地法，即使有关的仲裁程序违反了仲裁地法，甚至包括其强制性规则，有关裁决在仲裁地以外的其他国家仍能得到强制执行。总之，非当地化理论的目的就是期望建立一种不受仲裁地法，甚至不受任何特定国家国内法支配和约束的非当地化的仲裁体系。

三、国际商事仲裁实体问题的法律适用

（一）依当事人选择的实体法

在国际商事仲裁中，允许当事人协商选择解决争议的实体法，是各国普遍一致的做法。而且，随着国际商事仲裁制度的不断发展和完善，当事人协商选择实体法的自主权也不断扩大。一般而言，只要不违反与争议有最密切联系国家的公序良俗或其法律中的强制性规定，当事人所选择的法律都可以得到适用。

（二）依冲突法规则确定实体法

当事人未作法律选择或选择无效时，可供仲裁庭选择的冲突法规则主要有以下四种：（1）仲裁地国家的冲突法规则；（2）仲裁员本国的冲突法规则；（3）裁决执行地国家的冲突法规则；（4）与争议有最密切联系国家的冲突法规则。

（三）直接确定实体规则

所谓直接确定实体规则的方法，即仲裁庭无需确定和依赖冲突法规则，只需根据案件的实际情况，直接确定所应适用的实体规则。这既省去了仲裁庭确定和适用冲突法规则的麻烦，又大大拓展了国际商事仲裁中可供适用的实体规则的范围。

第六节　国际商事仲裁裁决的执行

一、国际商事仲裁裁决的自动履行与强制执行

国际商事仲裁裁决是指国际商事仲裁庭就双方当事人提交仲裁的争议事项所作出的对双方当事人均具有约束力的终局性的决定。

（一）国际商事仲裁裁决的自动履行

国际商事仲裁裁决的自动履行是指商事仲裁当事人在仲裁庭作出仲裁裁决之后，自动地履行仲裁裁决中所规定的义务。

（二）国际商事仲裁裁决的强制执行

国际商事仲裁裁决的强制执行是指通过国家强制力使已经发生

法律效力的商事仲裁裁决得以实施的一种形式。关于强制执行的方式，实践中大致有三种（如表 13.3 所示）。

表 13.3　国际商事仲裁裁决强制执行的方式

方　式	做　法	采用国家
视为本国仲裁	将外国仲裁裁决视为本国仲裁裁决加以执行。即将外国仲裁裁决视为本国仲裁裁决，适用与执行本国仲裁裁决一样的方式执行外国仲裁裁决	法国、德国等
视为合同之债	将仲裁裁决作为合同之债加以执行。这种方式要求申请执行的一方当事人依据仲裁裁决向外国法院提起普通的民事诉讼，执行地法院在对仲裁裁决作形式审查后决定是否执行该项仲裁裁决	英美法系国家
视为外国判决	将外国仲裁裁决视为外国判决加以执行	

二、中国仲裁机构的涉外仲裁裁决在我国的执行

根据《中华人民共和国民事诉讼法》第 257 条、《中华人民共和国仲裁法》第 70 条、第 71 条及我国有关司法解释的规定，凡是败诉方不能自动履行裁决，胜诉方可以向败诉方住所地或财产所在地的中级人民法院申请强制执行。

当被申请人提出证据证明涉外仲裁裁决有下列情形之一的，人民法院应裁定撤销或不予执行：

（1）当事人在合同中没有订立仲裁条款或者事后也没有达成书面仲裁协议的；

（2）被申请人没有得到指定的仲裁员或者进行仲裁程序的通知，或者由于其他不属于被申请人的原因未能陈述意见的；

（3）仲裁庭的组成或者仲裁程序与仲裁规则不符的；

（4）裁决的事项不属于仲裁协议的范围或者仲裁机构无权仲裁的；

(5) 人民法院认定执行裁决将违背社会公共利益的。

根据最高人民法院 1999 年 8 月 25 日《关于我国仲裁机构作出的仲裁裁决能否部分撤销问题的批复》规定，如果我国仲裁机构作出的仲裁裁决，其裁决事项超出仲裁协议的范围或者不属于当事人申请的事项，并且这些内容与仲裁机构作出裁决的其他内容是可分的，可以撤销该超裁部分。

人民法院驳回撤销裁决申请的，应当裁定恢复执行。如果人民法院裁定撤销或裁定不予执行的，当事人可以根据双方达成的书面仲裁协议重新申请仲裁，也可以向人民法院起诉。

最高人民法院 1998 年 4 月 23 日《关于人民法院撤销涉外仲裁裁决有关事项的通知》还规定，人民法院在裁定撤销仲裁裁决或通知仲裁庭重新仲裁之前，须报请本辖区所属高级人民法院审查。如果高级人民法院同意撤销仲裁裁决或通知仲裁庭重新仲裁，应将其审查意见报最高人民法院。待最高人民法院答复后，方可裁定撤销仲裁裁决或通知仲裁庭重新仲裁。

2007 年 11 月 21 日～22 日在南宁市召开的全国法院涉港澳商事审判工作座谈会，《全国法院涉港澳商事审判工作座谈会纪要》第 29 条规定当事人向人民法院申请撤销内地仲裁机构作出的涉港澳仲裁裁决，人民法院在裁定撤销裁决或者通知重新仲裁前，应当报所属高级人民法院审查，如果高级人民法院同意撤销裁决或者通知重新仲裁的，应将审查意见报最高人民法院，在最高人民法院答复后，才可以撤销裁决或者通知重新仲裁。第 30 条规定：当事人申请内地人民法院撤销香港特别行政区，澳门特别行政区仲裁机构作出的仲裁裁决或者临时仲裁庭在香港特别行政区，澳门特别行政区作出的仲裁裁决的，人民法院应不予受理。

三、中国仲裁机构的仲裁裁决在外国的承认与执行

中国仲裁机构的涉外仲裁裁决需要在外国承认与执行的，可以分为两种情况：第一，如果该外国为 1958 年《纽约公约》的成员国，则当事人应根据公约规定的程序和条件，直接向该外国有管辖权的法院提出请求承认与执行的申请，由该国法院作出是否承

认与执行的裁定。第二，如果该外国不是 1958 年《纽约公约》的成员国，则当事人应直接向有管辖权的该外国法院申请承认与执行，由该国法院根据有关司法协助条约或其本国法律裁定是否承认与执行。

四、外国仲裁裁决在我国的承认与执行

我国承认与执行外国商事仲裁裁决，通常按照互惠原则，或者按照两国之间签订的或共同参加的国际公约的规定才能进行。1958 年《纽约公约》已于 1987 年 4 月 22 日对我国生效。

根据《纽约公约》第 5 条第 1 款规定，如果被执行人能够举证证明外国商事仲裁裁决具有下列五种情形之一，则被请求执行地法院可以依被执行人的请求，拒绝承认和执行仲裁裁决：

(1) 订立仲裁协议的一方当事人依据对其适用的法律为无行为能力者；仲裁协议依据当事人选择适用的法律无效；如无此项选择，依据裁决地国的法律为无效者；

(2) 被申请人未能得到关于指定仲裁员或者进行仲裁程序的适当通知，或者由于其他原因，未能陈述案情的；

(3) 仲裁庭越权，即裁决事项超出了仲裁协议规定的范围。但如果当事人提交仲裁的事项可与未提交仲裁的事项区别开来的话，则裁决中关于当事人之间约定的提交仲裁的事项的部分仍然可以执行；

(4) 仲裁庭的组成或仲裁程序与当事人之间的约定不符；如无此项约定，与仲裁地国的法律不符；

(5) 裁决对当事人尚无拘束力，或已经被裁决地国的主管机关或者进行此项仲裁所适用的法律的国家的主管机关撤销。

上述 5 项可作为拒绝承认和执行外国仲裁裁决的理由，都属于程序性事项，很显然，对于一些涉及实体方面的事项，包括事实不清、认定事实有误或者适用法律不当等问题不得作为被申请人向法院提出要求拒绝执行有关商事仲裁裁决的理由。[1]

---

[1] 参见谢石松主编《商事仲裁法学》，高等教育出版社 2003 版，第 333 页。

此外，根据《纽约公约》第 5 条第 2 款规定，被请求承认和执行仲裁裁决的国家的法院如果查明，依据该国法律争议事项不属于可以通过仲裁方式解决事项，或者承认和执行仲裁裁决将违反该国公共政策等情况，法院可以不依当事人申请，自行决定拒绝执行。

当事人依照《纽约公约》规定的条件向人民法院申请承认与执行外国仲裁裁决，人民法院决定予以承认与执行的，应当在受理申请之日起 2 个月之内作出裁定。如无特殊情况，应在裁定后 6 个月之内执行完毕。决定不予承认与执行的，根据最高人民法院 1995 年 8 月 28 日《关于人民法院处理与涉外仲裁及外国仲裁事项有关问题的通知》的规定，在裁定不予执行或者拒绝承认与执行之前，须报请本辖区所属高级人民法院审查。如果高级人民法院同意不予执行或者拒绝承认与执行，应将其审查意见报最高人民法院。待最高人民法院答复后，方可裁定不予执行或者拒绝承认与执行。该审查意见应在受理申请之日起 2 个月之内上报最高人民法院。

本章研究了国际私法在仲裁中的应用问题，这是民间机构对国际私法的适用。与此相对应，官方机构也存在大量对国际私法适用的情况，例如诉讼。诉讼可以济人利物，关于这一点，且由下章分解。

本章相关知识掌握

■ 主要概念

国际商事仲裁　临时仲裁　常设仲裁机构　《纽约公约》

■ 基础训练

▲ 选择题

1. 关于仲裁协议的法律效力，不正确的说法是　（　）。

A. 排除法院管辖权的依据

B. 决定仲裁实体法适用的依据

C. 仲裁机构得以行使管辖权的依据

D. 仲裁裁决得以强制执行的依据

【解答】应选 B。

2. 在国际商事仲裁中，对于仲裁程序，虽允许当事人自主选择，但最终起制约作用或支配作用的还是 ( )。

A. 仲裁地法

B. 法院地法

C. 合同缔约地法或履行地法

D. 当事人本国法或住所地法

【解答】应选 A。

3. 我国 G 公司与荷兰 H 公司正就签订一项商务合同进行谈判。针对该合同可能产生的争议，H 公司提出，如发生争议应尽量协商调解解决，不成再提请仲裁或进行诉讼。在决定如何回应此方案之前，G 公司向其律师请教。该律师关于涉外民商事纠纷调解的下列哪一表述是错误的? ( )

A. 调解是有第三人介入的争议解决方式

B. 当事人双方在调解人的斡旋下达成的和解协议不具有强制执行的效力

C. 在涉外仲裁程序中进行的调解，仲裁庭无须先行确定双方当事人对调解的一致同意即可直接主持调解

D. 在涉外诉讼中，法官也可以对有关纠纷进行调解

【解答】应选 C。

4. 中国公司与新加坡公司协议将其货物买卖纠纷提交设在中国某直辖市的仲裁委员会仲裁。经审理，仲裁庭裁决中国公司败诉。中国公司试图通过法院撤销该仲裁裁决。据此，下列选项中哪一项是正确的? ( )

A. 中国公司可以向该市高级人民法院提出撤销仲裁裁决的申请

B. 人民法院可依“裁决所根据的证据不充分”这一理由撤销该裁决

C. 如有权受理该撤销仲裁裁决请求的法院作出了驳回该请求的裁定，中国公司可以对该裁定提起上诉

D. 受理该请求的法院在裁定撤销该仲裁裁决前须报上一级人民法

院审查

【解答】应选 D。

▲ 判断题

1. 解决投资争议国际中心的管辖权只限于一方为国家，另一方为他国国民的当事人双方在投资范围内所发生的争议。　（　）

【解答】错误。

2. 最高人民法院在《关于执行 1958 年纽约公约的通知》中指出，申请我国法院承认和执行在另一缔约国领土内作出的仲裁裁决，应由仲裁的另一方当事人提出，并由被执行人住所地或居住地、主要办事机构所在地或财产所在地的人民法院受理。　（　）

【解答】正确。

3. 依我国《民事诉讼法》的规定，仲裁裁决被人民法院裁决不予执行的，当事人既无权根据双方达成的书面协议重新申请仲裁，也无权再向人民法院起诉。　（　）

【解答】错误。

▲ 简答题

1. 简析仲裁中实体问题的法律适用。
2. 简析仲裁裁决的法律效力。

■ **案例分析**

甲公司为一中国公司，乙公司为一新加坡公司，两公司于 1999 年 6 月签订了合作经营企业合同，在湖南长沙设立了双方合作经营的丙公司。该合同规定“与本合同履行有关的争议事项的解决应该在北京进行仲裁。”2000 年 4 月两公司由于在公司利润的分配上产生了争议，乙公司将争议提交北京中国国际经济贸易仲裁委员会进行仲裁。甲公司在第一次开庭前对仲裁的管辖权提出了异议，理由是按照《民事诉讼法》的规定，中国法院对于由于在中国境内履行的合作经营企业合同引起的争议具有专属的管辖权。问：甲公司的管辖权异议是否成立？为什么？

分析：甲公司认为中国国际经济贸易仲裁委员会没有管辖权的异议成立。但其异议的理由不正确。

■ 实训题 仲裁抗辩能力的训练

假如你是某外贸企业的销售经理，在对美国的贸易中，有一种产品给美国的消费者造成了损害，案件在美国提起仲裁并适用美国法律，你作为中方代表，可以提出那些抗辩理由争取免责？

考核标准：从两个方面考核：一是评价对仲裁规则的了解情况。二是对提出的抗辩理由进行评价。

第十四章　国际民事诉讼

第一节　概　　述

引例：民事诉讼问题

邝先生在A国计穷势蹙，没有太大发展，不顾酒女士拊膺顿足的反对，决定回国。酒女士对法官说我老公对我不忠。法官问："有根据吗?"酒女士答道："我认为，他不是我孩子的父亲。"酒女士分别向我国湖北某中级人民法院及其居住地的法院起诉要求与邝先生离婚。邝先生恍惚刚刚经历了一场浑浊而又模糊的梦，感觉自己单薄的身子悬浮在一个没有尽头的黑洞之中，在窒息和压迫中飘荡，摇晃。

虽然邝先生不同意离婚，但是在我国法院受理后还未审结前，酒女士居住地的法院已就同一案件作出了判决。这种情况下我国受诉法院是否还应作出判决？是否承认酒女士居住地的法院的判决(如图14.1所示)？

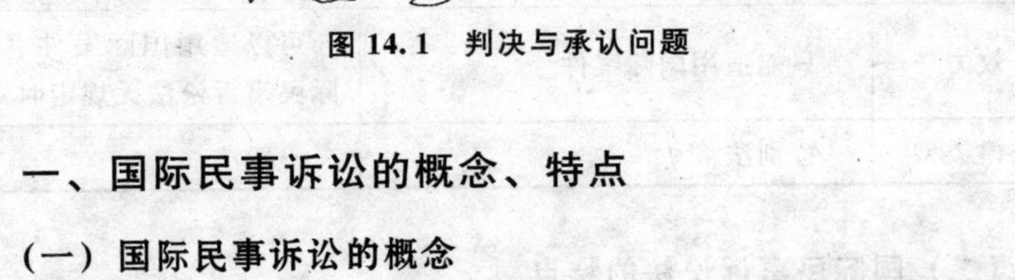

图14.1　判决与承认问题

一、国际民事诉讼的概念、特点

(一) 国际民事诉讼的概念

所谓国际民事诉讼，系指含有国际因素或涉外因素的民事诉讼。

（二）国际民事诉讼的特点

1. 含有国际因素或涉外因素

国际民事诉讼是含有国际因素或涉外因素的民事诉讼，其目的是处理国际民事案件。

2. 一般适用法院地法

国际民事诉讼一般适用法院地法，而不适用外国法，这是国际民事程序的特点所决定的。

3. 内国民事诉讼规范与国际民事诉讼规范相互作用

尽管一国法院在审理国际民事案件遵循法院地法为基本原则，法院地法实际上包括两类规范，即国际民事诉讼规范和国内一般民事诉讼规范，前者指专门处理国际民事案件所适用的特殊程序规范；后者指一国法院审理国内民事案件时所适用的一般程序规范。二者相互交错，相辅相成，缺一不可。

二、国际民事诉讼法的概念、特点

（一）国际民事诉讼法的定义

国际民事诉讼法是指规定国际民事诉讼的各种法律规范的总和。国际民事诉讼法与国内民事诉讼法有较大差别（如表 14.1 所示）。

表 14.1　国际民事诉讼法与国内民事诉讼法的差别

比较点	国际民事诉讼法	国内民事诉讼法
性质	属于民商事程序性规范，通常具有公法的性质	属于民商事程序性规范，通常具有公法的性质
适用范围	国际或涉外案件	国内案件
效力	只能适用国际案件	可以适用国际案件（国际民事诉讼法无规定时）
法律类型	特别法	一般法

（二）国际民事诉讼法的特点

（1）国际民事诉讼法专门适用于涉外案件。

(2) 国际民事诉讼法的渊源包括国内立法、国际立法两个方面。
(3) 国际民事诉讼法规范属于程序规范。

第二节 外国人的民事诉讼地位

一、有关外国人的民事诉讼地位的一般原则

外国人的民事诉讼地位，是指根据内国法或国际条约的规定，外国人在内国境内享有什么样的民事诉讼权利，承担什么样的民事诉讼义务，并能在多大程度上通过自己的行为行使民事诉讼权利和承担民事诉讼义务的实际状况。在现今，国际社会的普遍实践是给予外国人以对等为条件的国民待遇原则。

二、当事人的民事诉讼权利能力与诉讼行为能力

一般认为当事人的民事诉讼权利能力应依法院地法，至于当事人是否具有民事诉讼行为能力的问题，则应该由当事人的属人法决定。但即使根据其属人法无民事诉讼行为能力，如果依法院地国的法律却有民事诉讼行为能力时，应当认为有民事诉讼行为能力。

三、诉讼费用担保

诉讼费用担保，是指审理国际民事案件的法院依据本国程序法的规定，为防止原告滥用其诉讼权利，或防止其败诉后不支付诉讼费用，要求作为原告的外国人或者在内国无住所的人，在起诉时预先缴纳一定金额的行为。

在外国人民事诉讼权利能力方面，诉讼费用担保制度常常成为其行使诉讼权利的障碍。为此，通过国际合作缔结有关条约相互免除对方国家公民的诉讼费用担保，便成为各国努力的方向。1954 年订于海牙的《民事诉讼程序公约》第 17 条就规定，对在其中一国有住所的缔约国国民在另一国法院作为原告或诉讼参加人时，不得以他们是外国人或者在境内没有住所或居所，命令他们提供任何的担保或保证金。其后，1980 年在海牙订立的《国际司法救助公约》第

14 条作了类似规定，并扩大适用于缔约国一方的法人。

对于诉讼费用担保问题，我国经历了从要求外国人提供担保到实行在互惠前提下互免担保的变迁过程。

溯流徂源，在 20 世纪 80 年代前期，我国曾实行诉讼费用担保制度。最高人民法院于 1984 年发布的《民事诉讼收费办法（试行)》第 14 条第 2 款特别规定："外国人、无国籍人、外国企业和组织在人民法院进行诉讼，应当对诉讼费用提供担保。"随着我国对外开放的全方位展开，此种要求外国人提供诉讼费用担保的做法已很不适宜。因此，在目前，我国已经改为实行在互惠对等条件下的国民待遇原则。1989 年最高人民法院审判委员会通过并于同年 9 月 1 日起实行的《人民法院诉讼收费办法》第 35 条明文规定："外国人、无国籍人、外国企业和组织在人民法院进行诉讼，适用本办法。但外国法院对我国公民、企业和组织的诉讼费用负担，与其本国公民、企业和组织不同等对待的，人民法院按对等原则处理。"自 1987 年以来，我国相继跟四十几个国家签署的双边司法协助条约或协定中，一般都包括有互相免除缔约对方国民诉讼费用保证金条款，并规定它也适用于缔约对方国家的法人。例如《中华人民共和国和法兰西共和国关于民事、商事司法协助的协定》第 1 条就明确规定："缔约一方的法院对于另一方国民，不得因为他们是外国人而令其提供诉讼费用保证金"，此项规定也"适用于根据缔约任何一方的法律、法规组成的或者准许存在的法人"。

四、诉讼代理

根据《中华人民共和国民事诉讼法》和有关司法解释，外国人在我国法院参与诉讼时，可以亲自进行，也可以通过一定程序委托我国律师或者我国其他公民代为进行。

涉外民事诉讼中的当事人，还可以委托其本国人为诉讼代理人，也可以委托本国律师以非律师身份担任诉讼代理人。另外，外国当事人还可以委托其本国驻华使领馆官员以个人名义担任诉讼代理人。

关于涉外民事诉讼代理授权委托书的认证手续，《中华人民共和国民事诉讼法》第 240 条规定，如果在我国境内无住所的外国人委托我国律师或其他人代理诉讼，委托书是从我国境外寄交或者托交的，应当经所在地国公证机关证明，并经我国驻该国使领馆认证，或者履行我国与该所在国订立的有关条约中规定的证明手续后，才具有效力。

第三节　国际民事诉讼管辖权

一、国际民事案件的管辖权概述

(1) 国际民事案件的管辖权 (Jurisdiction)，是指一国法院或具有审判权的其他机构，依国际条约和国内法受理及审判涉外民商事案件的权限。

(2) 确定国际民事案件管辖权的原则。

确定国际民事案件管辖权的原则包括属地管辖原则（指一国法院依据本国与某涉外民事案件的地域关系而行使的管辖权）、属人管辖原则（指凡涉案当事人，只要具有某国国籍，即构成了该国行使管辖权的根据）、专属管辖原则（指一国法院对与本国国家及其国民的根本利益有密切联系的案件具有排他、独占的管辖权）、协议管辖原则（指双方当事人在争议发生前或争议发生后达成协议，将他们之间的争议案件交由某一国家法院管辖的制度）、平行管辖原则（或选择管辖原则，指一国国家在主张自己对某些案件有管辖权的同时，并不否认其他国家法院对这些案件行使管辖权）等。一般情况下，各国主要是依据属地管辖原则或属人管辖原则，同时采用平行管辖、专属管辖和协议管辖等原则。[1]

二、中国关于国际民事案件管辖权的规定

中国关于国际民事案件管辖权的规定比较全面（如表 14.2 所示）。

---

[1] 李毅编著：《2008 年国家司法考试考点精讲：国际法、国际私法国际经济法》，中国检察出版社，2008 年版第 150 页。

表 14.2 中国关于国际民事案件管辖权的规定

适用条约优先	《中华人民共和国民事诉讼法》第 236 条规定：中华人民共和国缔结或者参加的国际条约同本法有不同规定的，适用该国际条约的规定，但中华人民共和国声明保留的条款除外
普通地域管辖	《中华人民共和国民事诉讼法》第 22 条规定：对公民提起的民事诉讼，由被告住所地人民法院管辖；被告住所地与经常居住地不一致的，由经常居住地人民法院管辖。对法人或者其他组织提起的民事诉讼，由被告住所地人民法院管辖
特别地域管辖	《中华人民共和国民事诉讼法》第 241 条的规定
专属管辖	《中华人民共和国民事诉讼法》第 34 条、第 244 条的规定
协议管辖	《中华人民共和国民事诉讼法》第 242 条的规定
默示接受管辖	《中华人民共和国民事诉讼法》第 243 条规定：涉外民事诉讼的被告对人民法院管辖不提出异议，并应诉答辩的，视为承认该人民法院为有管辖权的法院
集中管辖	《关于涉外民商事案件诉讼管辖若干问题的规定》的规定
管辖豁免	《中华人民共和国民事诉讼法》第 237 条规定：对享有外交特权与豁免的外国人、外国组织或者国际组织提起的民事诉讼，应当依照中华人民共和国有关法律和中华人民共和国缔结或者参加的国际条约的规定办理

三、海牙《协议选择法院公约》关于管辖权的规定

2005 年 6 月 30 日，在第 20 届“海牙国际私法会议”外交大会上，通过了《协议选择法院公约》。《协议选择法院公约》的主要内容如下（如表 14.3 所示）。

表 14.3 《协议选择法院公约》的内容

公约的结构	共 5 章 34 条
排他选择法院协议的定义	按照该公约第 3 条的规定，排他选择法院协议是指双方或多方当事人缔结为解决与某一特定法律关系有关的已发生或可能发生的争议，而指定某个缔约国的法院或某个缔约国的一个或

续表

排他选择法院协议的定义	多个特定法院的并且排除其他任何法院管辖的协议；同时，除非当事人另有明示约定，指定某个缔约国的法院或某个缔约国的一个或多个特定法院的选择法院协议应被视为排他的
排他选择法院协议的证明	排他选择法院协议必须用以下方式签订或以文件形式证明：(1) 以书面形式；(2) 以其他任何联系方式，且该方式能提供可获取的信息，使其日后能够被引用。另外，该公约还确立了排他选择法院协议有类似于“仲裁条款自治”的效力，即构成合同一部分的排他性选择法院协议应被视为是独立于合同其他条款的条款。排他性选择法院协议的有效性不能仅因合同无效而产生异议
适用范围	规定了适用范围——适用于国际案件。本公约第 1 条的规定是区分管辖权阶段和判决承认与执行阶段来定义“国际案件”的。按公约的规定，在管辖权阶段，除去当事人均在受理案件的缔约国居住，并且当事人的关系以及其他与纠纷有关的所有其他因素，无论被选择法院的处所，均只与该缔约国有关的情况外，一起案件就是国际性的。在判决承认与执行阶段，只要寻求承认和执行一项外国判决，一起案件就是国际性的
排除事项	公约第 2 条还明确排除了国际案件一些特定事项的适用，包括：(1) 本公约不应适用于下列排他性选择法院协议：(a) 自然人主要为个人、家庭或家人（用）之目的（消费者）作为协议的一方；(b) 涉及雇佣合同，包括集体合同。(2) 本公约不应适用于下述事项：(a) 自然人的身份及法律能力；(b) 扶养义务；(c) 其他家庭法事项，包括婚姻财产制度以及由婚姻或类似关系引起的其他权利义务关系；(d) 遗嘱与继承；(e) 破产、清偿或类似事项；(f) 运输货物及旅客；(g) 海洋污染，海事诉讼的责任限制，共同海损以及紧急拖船和救助；(h) 反托拉斯（竞争）事项；(i) 核损害的责任；(j) 自然人或其代表提起的人身伤害诉讼；(k) 不因合同关系产生的侵权而对有形财产造成的损害；(l) 不动产物权以及不动产租赁权；(m) 法人的效力、无效或解散，以及其机关所作决定的效力；(n) 版权和邻接权以外的知识产权的有效性；(o) 侵犯除版权和邻接权以外的知识产权，但有关侵权诉讼是基于违反当事人间与此种权利有关的合同提起，或者可以根据违反合同提起的除外；(p) 公共登记项目的有效性

续表

基本规则	原则一，当事人选择的法院具有管辖权并且必须受理案件；原则二，当事人选择的法院以外的其他法院必须拒绝行使管辖权。除非该协议按照被选择法院地法是无效和不能生效的；按照被请求地法律一方当事人缺乏签订该协议的能力；该判决与较早以前第三国就相同当事人相同诉因所作出的判决相冲突，且这一判决满足在被请求国得到承认或执行的条件等；原则三，当事人选择的法院作出的判决应当得到承认与执行
关于惩罚性赔偿	《协议选择法院公约》规定，如果判决确定的损害赔偿，包括惩戒性或惩罚性赔偿，并非赔偿当事人的实际损失或所受伤害，则可以在此限度内承认或执行判决

第四节 国际民事诉讼的期间、诉讼保全与诉讼时效

一、期间

期间是指法院或诉讼参与人单独进行或完成某种诉讼行为所必须遵守的时间期限。

在国际民事诉讼程序中，往往涉及国外当事人或者需要在国外完成一定诉讼行为，需时较长。为此，作为通例，世界各国的民事诉讼法律对国际民事诉讼中期间通常规定得比纯粹国内民事诉讼中的期间要长（如表 14.4 所示）。

表 14.4 我国国内案件与涉外案件的期间规定

比较点	国内案件	涉外案件
公告送达期	六十日	六个月
提出答辩状	十五日，不可延长	三十天，可延长
上诉期	十日（裁定）十五日（判决）	三十天，可延长
被上诉人提出答辩状	十五日，不可延长	三十天，可延长
一审审理期	六个月，可延长	无限制
二审审理期	三十日（裁定），三个月（判决）	无限制
申请执行期	二年	无规定

二、诉讼保全

诉讼保全是指一国法院在判决作出之前为保证将来判决的执行而应当事人申请或者依职权对有关当事人的财产采取的一种强制措施。

根据《中华人民共和国民事诉讼法》的规定，在涉外民事诉讼中，法院只基于当事人的申请或者在起诉前基于利害关系人的申请，裁定是否采取财产保全措施，而不依职权主动采取该类措施。

三、诉讼时效

诉讼时效在有的国家如德国、日本、波兰等，称为消灭时效。当今世界各国法律一般都对诉讼时效作了规定。然而，由于各国文化传统、法律观念，乃至政治制度和经济制度的差异，不同国家对诉讼时效的规定是各不相同的。对于涉外民事诉讼时效的准据法，目前各国的趋势是适用该诉讼请求的准据法。

第五节　国际司法协助

一、国际司法协助概述

国际司法协助，是指一国法院或其他主管机关根据另一国法院或其他主管机关或有关当事人的请求，代为或协助实行与诉讼有关的一定的司法行为。

国际司法协助有广义和狭义之分。狭义的国际司法协助仅限于两国之间送达诉讼文书和司法外文书、代为调查取证；而广义的司法协助还包括承认和执行外国法院判决和仲裁机构裁决。

国际司法协助请求的提出一般通过的途径有：外交途径、使领馆途径、法院途径、中央（心）机关途径等。

（一）我国司法协助的范围

根据《中华人民共和国民事诉讼法》第 260 条至第 263 条的规定，关于司法协助的范围，我国法院和外国法院可以在我国缔结或参加的国际条约或互惠的基础上，相互请求进行司法协助，包括送达文书、调查取证、承认和执行外国法院判决和仲裁机构裁决以及进行其他诉讼行为。但外国法院请求司法协助的事项有损我国的主权、安全或社会公共利益的，我国法院不予执行。

（二）我国提出司法协助请求的途径

关于司法协助请求提出的途径，应当根据我国缔结或参加的国际条约所规定的途径进行。我国先后参加了《关于向国外送达民事或商事诉讼文书和非诉讼文书公约》《关于从国外调取民事或商事证据的公约》等。没有条约关系的，通过外交途径进行。

（三）我国提供司法协助的程序

关于提供司法协助的程序，我国法院提供司法协助，应当依我国法律规定的程序进行。外国法院请求采用特殊方式进行的，在不违反我国法律的情况下，也可以按照特殊方式进行。

二、域外送达

域外送达，是一国法院根据国际条约或本国法律或按照互惠原则将司法文书和司法外文书送交给居住在国外的诉讼当事人或其他诉讼参与人的行为。

根据《中华人民共和国民事诉讼法》第 245 条的规定，我国法院对于在我国领域内没有住所的当事人送达文书，可以采用下列方式：(1) 我国缔结或参加的国际条约规定的方式；(2) 通过外交途径送达；(3) 委托我国驻受送达人所在国的使领馆向我国公民送达；(4) 向受送达人委托的有权代其接受送达的诉讼代理人送达；(5) 向受送达人在我国领域内设立的代表机构或有权接受送达的分支机构、业务代办人送达；(6) 邮寄送达。受送达人所在国允许邮寄送达的，可以邮寄送达。自邮寄之日起满 6 个月，送达回证没有退回，但根据各种情况足以认定已经送达的，期间届满之日视为送达；(7) 公告送达。不能用上述方式送达的，公告送达。自公告之日起满 6 个月，视为送达。

根据《中华人民共和国民事诉讼法》第 235 条的规定，人民法院向外国公司的驻华代表机构送达诉讼文书时，可以采用留置送达的方式。2006 年《最高人民法院关于涉外民事或商事案件司法文书送达问题若干规定》第 12 条规定，人民法院向受送达人在中华人民共和国领域内的法定代表人、主要负责人、诉讼代理人、代表机构以及有权接受送达的分支机构、业务代办人送达司法文书，可以适用留置送达的方式。该规定第 13 条还规定，受送达人未对人民法院送达的司法文书履行签收手续，但存在以下情形之一的，视为送达：(1) 受送达人书面向人民法院提及了所送达司法文书的内容；(2) 受送达人已经按照所送达司法文书的内容履行；(3) 其他可以视为已经送达的情形。

关于外国法院向在我国的受送达人送达，应当根据该国与我国缔结或共同参加的条约所规定的途径送达。没有条约关系的，按外交途径送达。外国驻我国使领馆可以向其本国公民送达文书，但不得违反我国法律，并不得采取强制措施。

三、域外取证

域外取证是指基于国际条约或互惠，被请求国协助请求国调查案情，获得或者收集证据的活动。域外取证的方式主要有：(1) 代为取证；(2) 领事取证（采取该方式不得违反当地的法律，也不得采取强制措施）；(3) 特派员取证（我国原则上不允许外国特派员在我国取证，特殊情况下经特许可以在我国取证）；(4) 当事人或诉讼代理人自行取证（外国当事人或诉讼代理人在我国自行取证要经过主管机关准许）。

四、外国法院判决的承认与执行

（一）外国法院判决的承认与执行界定

所谓外国法院判决的承认与执行，是指一国法院依据其内国立法或相关的国际条约承认有关外国法院的民商事判决在内国的效力，并在必要时依法予以强制执行的司法程序。

关于承认与执行外国法院判决的程序，各国在实践中主要有三种不同的做法：

(1) 经过形式上的审查发给执行令的程序。

(2) 经过实质上的审查发给执行令的程序。

(3) 重新起诉的程序。

我国法院和外国法院作出的判决、裁定，要在对方国家得到承认与执行，可以由当事人直接向有管辖权的法院提出，也可以由法院按照条约的规定或者互惠原则请求对方国家的法院承认与执行。

(二) 中国关于承认与执行外国法院判决的规定

对于向我国法院申请承认与执行的外国判决、裁定，无论是由当事人直接申请还是由外国法院请求，我国法院都必须依照我国与该国缔结或参加的国际条约的规定，或者互惠原则进行审查。审查以后，如果外国判决、裁定不违反我国法律的基本原则，或者不危害我国国家主权、安全和社会公共利益的，裁定承认其效力，需要执行的，发出执行令。外国法院的判决要在我国获得承认与执行，一般需要满足一定的条件（如图 14.2 所示）。

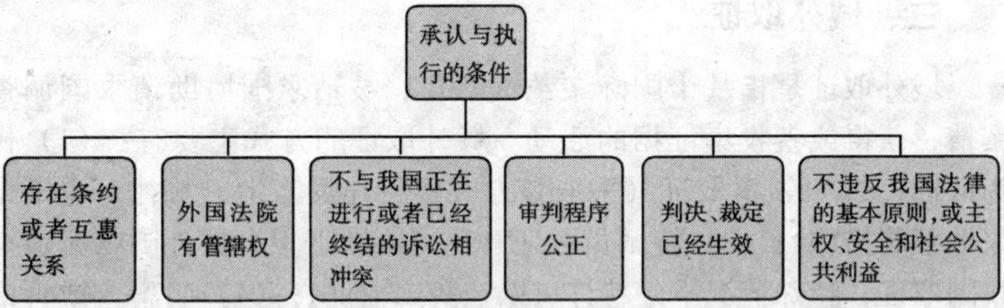

图 14.2　外国法院的判决在我国获得承认与执行的条件

本章是国际私法在诉讼中的应用情况。国际私法源于法律冲突而生，必将在法律无冲突时而亡。但愿无冲突，全球法通用。或许这也应该是实现和谐世界的必备条件之一。

本章相关知识掌握

■ **主要概念**

管辖根据　对等原则　领事代理　长臂管辖　国际司法协助

■ 基础训练

▲ 选择题

1. 荷兰人迈克在中国工作期间被一同事过失伤害。因双方就损害赔偿标准达不成协议，迈克向工作所在地某人民法院提起诉讼，他可以委托下列哪些人为其诉讼代理人？（　）

A. 荷兰人

B. 以律师身份担任诉讼代理人的荷兰律师

C. 以非律师身份担任诉讼代理人的荷兰律师

D. 以个人名义出任诉讼代理人的荷兰驻华使领馆官员

【解答】 应选 ACD。

2. 西班牙公民图文在北京购置了一套房屋，在买卖合同中设有这样的条款，买卖双方的争议由西班牙法院管辖。以后因所有权问题双方发生纠纷，图文被告到我国法院，此时我国是否具有管辖权？（　）

A. 我国具有管辖权

B. 我国没有管辖权

C. 西班牙法院行使管辖权的，我国就不行使管辖权

D. 在诉讼中图文同意我国法院管辖的，我国法院才可以行使管辖权

【解答】 应选 B。

3. 英国法人凯英公司与我国法人贝尔华公司签订合同在我国共同投资建立中外合资经营企业。关于此合同如果凯英公司与贝尔华公司之间发生纠纷，提起诉讼，依照我国法律的规定，下列表述中正确的是哪几项？（　）

A. 可以在英国诉讼

B. 必须在中国诉讼

C. 如果双方当事人在合同中选择英国管辖，我国法院就没有管辖权

D. 如果双方当事人在合同中选择第三国管辖，我国法院就没有管辖权

【解答】应选 B。

▲ 判断题

1. 我国人民法院审理涉外民事案件，可以使用中华人民共和国通用的语言、文字，经当事人同意，也可以选择双方认可的语言、文字。 （ ）

【解答】错误。

2. 依我国民事诉讼法，涉外合同当事人通过协议选择管辖法院，可任意选择管辖法院。 （ ）

【解答】错误。

3. 如果诉讼时效被识别为程序问题，那么有关诉讼时效的认定应适用法院地法。 （ ）

【解答】正确。

4. 人民法院在审理涉外民事案件期间，也要接受我国民事诉讼法有关审理期限的限制，只是审理期限可以适当放宽。 （ ）

【解答】错误。

▲ 简答题

1. 简述我国有关协议管辖的规定。
2. 简析管辖权积极冲突的消除。

■ 案例分析

甲公司与乙公司同为在中国香港注册成立的企业法人。1986 年 3 月，乙公司与广州市丙公司签订了合作经营广州某酒店合同。为筹措合作经营的资金，乙公司与甲公司于 1986 年 9 月在香港签订贷款协议，合同中约定，贷款协议适用中国香港法律和中华人民共和国法律。后乙公司多次拖欠到期贷款和利息，甲公司要求乙公司还贷不成，遂向广州市中级人民法院起诉。乙公司应诉，并且同意适用中国法律处理本案。问：对于本案，广州市中级人民法院是否有管辖权?

分析提示：广州市中级人民法院对本案有管辖权。

■ 实践训练

实训项目：涉外审判能力的训练项目。